A Legal and Economic Analysis of Antimonopoly Law

独禁法審判決の法と経済学

事例で読み解く日本の競争政策

岡田羊祐
川濵　昇 編
林　秀弥

東京大学出版会

A Legal and Economic Analysis of Antimonopoly Law:
Japanese Competition Policy Evolving
through Recent Court and Tribunal Decisions
Yosuke OKADA, Noboru KAWAHAMA, Shuya HAYASHI, Editors
University of Tokyo Press, 2017
ISBN978-4-13-040279-8

はしがき

独占禁止法と経済学の貢献

後藤 晃

　本書は独占禁止法の具体的な事件・案件についての審決・判決等を経済学者と法学者・弁護士とが協同で研究し，その成果をまとめたものである。同様の内容をもつ『独占禁止法の経済学─審判決の事例分析─』（東京大学出版会）が 2009 年に出版されており，本書では基本的にその後の新たなケースが対象となっている。法学者・弁護士による審決・判決の評釈は様々な形でおこなわれているが，本書では独占禁止法にかかわる審判決等について経済学的な分析が法学者・弁護士との協力の下におこなわれており，このことが特色となっている。

　米国においてはすでに *The Antitrust Revolution*[1] という題名で経済学者による反トラスト法上の事件を分析した本が継続的に出版されており，2014 年に第 6 版が刊行されている。この本をヒントに，欧州，ブラジルなどでも競争法にかかわる事件の法的な判断についての経済学的分析の出版がなされている。世界的に競争法についてのディスコースにおいて経済学の果たす役割が大きくなっていることを反映しているといえよう。また，研究レベルだけではなく，米国，EU では競争当局にチーフ・エコノミストのポストとそれをサポートする部署が設けられており，大学の第一線の経済学者がフルタイムでこのポストにつき，経済学的観点から高度な分析をおこない，あるいは新たな分析の手法を提案している。日本でも，公正取引委員会のなかに競争政策研究センターが設けられているほか，委員としてあるいは事務局においてエコノミストが活躍しており，独占禁止法の執行の場における経済分析の利用も進みつつある。

　本書およびそれに先立つ 2009 年の本に結実した共同研究は，その過程で

---

1)　J. Kwoka and L. White eds., *The Antitrust Revolution: Economics Competition and Policy*, 6th edition, Oxford University Press（2013）.

経済学者が法学を，また，法学者・弁護士が経済学を学ぶ機会となり，経済学者と法学の研究者・実務家を包摂した，共通の言語で議論することができる独占禁止法のコミュニティを形成することに大きく貢献した。このことは，経済学者が独占禁止法そのものやその執行のあり方，法律の議論の立て方や検討のしかたについて学ぶことを，また，法律学者が経済学という万国共通の論理と言語に親しむようになることを，促すこととなったのである。独占禁止法にかかわる問題はかねてより産業組織論の分野を専門とする経済学的な分析がおこなわれてきており，その意味では法律，経済それぞれの専門家の垣根は他の分野に比べて比較的低いようにも思われるかもしれないが，実際はそれぞれの専門家が独自のコミュニティをつくり，独自の言語と文化をもっており，相互の交流が活発であったとはいい難い状況にあった。上述したように，米国では実際の事件において競争当局には経済学の博士号をもつスタッフが多数おり，また，当事会社，弁護士事務所は経済学者や経済分析を専門とするコンサルティング会社を雇用しており，これらが両方のサイドで主張をたたかわせることが広くおこなわれている。また法律，経済両方の資格，学位をもつ人も研究者・弁護士に少なくなく，米国では反トラスト法に関しては法律，経済の垣根がはるかに低いように思われる。日本ではこのいずれもあまり見られないままであった。その意味からも，日本で独占禁止法の具体的事件等の分析を法律家と経済学者が共同で行うという本書の価値は極めて大きなものがあるのである。

　独占禁止法の実際の事件について経済学的な分析をおこなうことの意義は序章に述べられている。個々の事件についての法的な判断を，普遍的な論理をもつ経済学によって分析することを通じて，企業の行動が消費者や社会全体の厚生に与える効果をよりよく理解することができる。また経済分析の論理・言語は世界的に共通であり，各国の事件の判断，さらには法そのものの特色を浮かび上がらせることとなる。上述した *The Antitrust Revolution* の第6版の前書きにおいて，編者のクオカとホワイトは，米国の反トラストにおける長いポピュリスト的な歴史から決別し，それを現代の経済学に基礎をおくものへと変えていく著しい変化がおこっている，とし，それを「アンチ・トラストにおける革命」と呼んでいるのである。どこの国でも，競争法

の執行は，一方で反大企業，中小企業保護を主張するポピュリスト的なセンチメントと，他方で大企業側の強い政治的な影響力とのはざ間におかれる。このようななかで，経済学的論理に基づいた判断は極めて貴重なのである。

さらに，経済学は独占禁止法の事件の判断において効果的なツールを提供してくれる。例えば，市場の確定，合併の影響の予測などにおいて，新たな経済分析の成果がとりいれられている。そこでは，GUPPI（Gross Upward Pricing Pressure Index）と呼ばれる概念が用いられるようになっているが，これはともに米国の反トラスト当局のチーフ・エコノミストも務めた経済学者ファレルとシャピロによって提案された UPP（Upward Pricing Pressure）が基礎になっており，最近日本でもコンビニの企業結合の審査に用いられている[2]。

このように，経済学が独占禁止法についての議論においてより大きな役割を果たすようになってきているが，その経済学も時代とともに変化する。顕著な変化は，市場の役割を高く評価しハード・コアのカルテル以外の分野での競争当局の介入に批判的なシカゴ学派の考え方から，ポスト・シカゴへの転換である。ポスト・シカゴの新しい経済理論では情報の不完全性，企業の戦略的行動などについての理論的な分析が進み，市場が必ずしもうまく機能しない様々なケースが指摘されている。かつての市場構造をストレートに重視した考え方や，シカゴ学派的な市場メカニズムへの信頼だけでは不十分であり，個別のケースの実情に合わせた注意深い分析がおこなわれるようになっているのである[3]。

独占禁止法の事件の分析に経済学が大きな力をもつことを述べてきたが，そもそも経済学的な判断は事実認定や因果関係の判断といった事件の判断においてどのような役割を果たすべきなのであろうか。法廷における科学の役割をめぐっては様々な議論がなされている。

医療過誤をめぐる裁判において，医師の行為が医療ミスといえるかどうかについての判断の際に科学的知見がどのような役割を果たすべきかについて

---

2) 公正取引委員会「平成 27 年度における主要な企業結合事例について」平成 28 年。

3) シカゴ学派，ポスト・シカゴの考え方の違いを端的に現している論文として，例えば以下がある。Ide, Montero, and Figueroa, "Discounts as Barrier to Entry," *American Economic Review* 106 (7), 1849–1877 (2016).

問題となったルンバール事件と呼ばれる事件がある[4]。この事件では，1，2審では疑いもなく医師の側に過誤があったと科学的に因果関係を示すことはできないということから医師の過誤は問えない，という判断であったが，最高裁はこれをひっくり返し，「一点の疑義も許されない自然科学的証明ではなく，高度の蓋然性を証明することであり，その判定は，通常人が疑いを持たない程度に真実性の確信をもちうることを必要とし，かつそれで足りるものである」と判示している。

　経済学で「一点の疑義もない」証明をすることは，マクロ経済学ではいうまでもなくミクロ経済学でも極めて困難であろう。経済学が科学かどうかという議論はさておいて，経済分析によって例えば，合併は認めるべきか，認めるべきでないか，価格の上昇がカルテルによるものか，別の理由によるものか，といった問いに絶対的な正しさをもって一点の疑義もないほど明確に答えることは困難であるかもしれない。しかし，経済学の一層の深化により「通常人が疑いを持たない程度に真実性の確信をもちうる」経済分析をおこない，独占禁止法の研究・執行に貢献していくことが可能となっている。本書はその更なる進展のための極めて効果的なプラットフォームである。さらにそう遠くない将来に続編が続いていくことを期待したい。

4）「特集　法廷における科学」『科学』2010年2月号（岩波書店）。

目　次

はしがき　独占禁止法と経済学の貢献　　　　　　　　　後藤　晃　i

序　章　独禁法審判決の法と経済学　　　　岡田羊祐・林　秀弥　1
　　──意義と課題──

1. はじめに──本書の目的と意義　1
2. 日本における独禁法審判決の歴史的展開　3
3. 独禁法の目的──経済学的解釈　12
4. 市場支配力　14
5. 独禁法・競争政策における厚生基準　17
6. 独禁法の概要　21
7. 独禁法の運用　33
8. 独禁法の民事上のエンフォースメント　40
9. 本書の構成　42

I　談合・カルテル

第1章　入札談合と基本合意　　　岡田羊祐・越知保見・林　秀弥　49
　　──多摩談合事件──

1. はじめに　49
2. 多摩談合事件　50
3. 法学的視点からの考察　54
4. 経済学的考察　59
5. おわりに　67

第2章　自動認可運賃と監督官庁による指導　大久保直樹・鈴木彩子　69
　　──新潟タクシー価格協定事件──

1.　はじめに　69

2.　新潟タクシー事件　70

3.　法的視点からの考察　74

4.　経済学的視点からみた正当化理由の考察　79

5.　おわりに　86

Ⅱ　企業結合

第3章　水平合併における競争の実質的制限と問題解消措置
　　──新日鐵・住友金属合併事件──　　　　　　　　　岡田羊祐・武田邦宣　91

1.　はじめに　91

2.　新日鐵・住友金属合併事件　93

3.　法的論点の整理　94

4.　経済学的視点からの考察　98

5.　おわりに　106

第4章　市場の確定と供給能力の調整　柏木裕介・西脇雅人　109
　　──BHP ビリトン及びリオ・ティント JV 型統合事件──

1.　はじめに　109

2.　BHP ビリトン及びリオ・ティント JV 型統合事件　109

3.　法的論点の整理　112

4.　経済学的視点からの考察　118

5.　おわりに　126

第5章　垂直統合による市場閉鎖　池田千鶴・松島法明　127
　　──ASML・サイマー統合事件──

1.　はじめに　127

2.　ASML・サイマー統合事件　128

3.　本件審査結果の法学的視点からの検討　131

目　次　　　　vii

4. 経済学的視点からの検討　137

5. おわりに　146

III　私的独占・不公正な取引方法

第6章　音楽放送業者の低料金設定による競争者の顧客奪取
──有線ブロードネットワークス事件──　　　　川濵 昇・玉田康成　151

1. はじめに　151

2. 法学的議論　152

3. 経済学的議論　159

4. おわりに　168

第7章　マージンスクイーズによる排除　　　　岡田羊祐・柴田潤子　171
──NTT東日本事件──

1. はじめに　171

2. NTT東日本事件　172

3. 最高裁判決の検討　176

4. 比較法的視点からの考察　179

5. 経済学的視点からの考察　183

6. おわりに　188

第8章　包括徴収による排除　　　　池田毅・大木良子・川濵 昇　191
──JASRAC事件──

1. はじめに　191

2. JASRAC事件　192

3. 法的論点の検討　193

4. 経済学的論点　200

5. おわりに　208

viii　　　　　　　　　目　次

第9章　プラットフォームにおける取引妨害　　佐藤英司・林 秀弥　211
　　——DeNA 事件——
　　1.　はじめに　211
　　2.　双方向市場の特徴　212
　　3.　事件の概要　214
　　4.　法的論点の整理　218
　　5.　経済学的論点の整理　223
　　6.　おわりに　227

第10章　再販売価格の拘束と公正競争阻害性　　土井教之・中川晶比兒　229
　　——ハマナカ事件・アディダス事件——
　　1.　はじめに　229
　　2.　ハマナカ事件　230
　　3.　アディダスジャパン事件　233
　　4.　法的論点の整理　233
　　5.　経済学的観点からの考察　237
　　6.　おわりに　244

IV　優越的地位の濫用

第11章　優越的地位濫用の規制趣旨と要件該当性
　　——トイザらス事件——　　　　　　　　　岡室博之・伊永大輔　249
　　1.　はじめに　249
　　2.　トイザらス事件　250
　　3.　法的視点からの考察　251
　　4.　経済学的視点からの考察　259
　　5.　おわりに　265

第12章　フランチャイズ契約における優越的地位の濫用
　　——セブン-イレブン事件——　　佐原浩太・渕川和彦・堀江明子　267
　　1.　はじめに　267

目　次　　　　　　　　　　　ix

  2.　事件の概要　　268

  3.　法的論点の整理　　271

  4.　経済学的論点　　276

  5.　おわりに　　283

終　章　本書の達成と今後の展望　　　　　　川濵　昇　285

  1.　独禁法の「法と経済学」――本書の達成と今後の展望　　285

  2.　独禁法と経済学の関係――近時の世界的潮流　　285

  3.　本書の取り組み　　289

  4.　今後の課題　　290

資　料　　294

あとがき　　305

事件索引　　308

事項索引　　310

執筆者一覧　　315

序　章

独禁法審判決の法と経済学
意義と課題

岡田羊祐・林　秀弥

1.　はじめに——本書の目的と意義

　1947 年に『私的独占の禁止及び公正取引の確保に関する法律』——いわゆる原始独占禁止法——が施行されてから 70 年が経過しようとしている。この間，紆余曲折を経ながらも，独占禁止法（以下，独禁法という）は日本の競争政策の基本法制として定着してきた。ただし，現実の市場競争に見られる様々な行為の違法性を，独禁法の簡潔な条文から判断することはほとんど不可能といってよい。それゆえ，審判決の蓄積を通じて違法性の判断基準を明確化していくことが，法的ルールの形成・定着のプロセスとして必要不可欠となる。

　個別事件の審判決から普遍的ルールを抽出し定型化していく作業は，多くの独禁法の研究から窺われるように，きわめて難渋かつ長い道程を要する作業である。しかしながら，すでに法学者による重厚な判例研究の蓄積があることは十分に承知しつつも，本書で法学と経済学の双方の視点から独禁法の審判決を分析する意義を簡潔に述べておきたい。

　第 1 に，経済学的視点から審判決を検討することによって，日本の独禁法解釈の普遍性と特殊性を浮き彫りにできると期待できる。なぜならば，経済学の分析ツールは世界共通なので，日本の審判決を経済学的視点から整理することによって，世界との共通点と相違点を一層明確にできるからである。

市場競争の現場で見られる多様な行為への理解は，情報の経済学，ゲーム理論，契約理論などの発展によって格段に進歩してきた。これによって，経済合理性に基礎付けられた企業行動の精密な分析が可能となった[1]。また個別産業の実証分析の方法も格段に進歩しつつある[2]。こうした経済学の発展によって，より合理的な解釈に基づく審判決の積み重ねが促され，違法性の判断基準の精緻化が進むようになると期待できるのである。

第2に，経済学の視点から審判決をみる場合には，その違法性の判断基準の前提となる「事実認定」の妥当性も検討対象となる。個々の審判決の判断において，どのような事実が重視され，あるいは重視されなかったか，その事実認定は客観的に見てどこまで正しいかを判断する際，経済分析はきわめて有効な手段となる。残念ながら，このような観点から個別事件を分析した研究は日本では必ずしも多くなかった[3]。

第3に，しかしながら，以下の留保を急ぎ付け加えなければならない。特定の経済理論に強く依拠したまま，かつ，現実の事業活動を取り巻く複雑な要因に十分な注意を払わないまま，個々の審判決事例の経済学的解釈を拙速に論じることには十分に慎重でなければならない。編者の偽らざる印象を述べれば，どんなに優れた経済理論モデルでも，それを個別の事件に当てはめていく際には，個々の事件に固有の文脈を与える細部の事象が，その理論モデルを無効化してしまうことがしばしば起こるのである。経済理論は切れ味鋭いナイフであることは確かだが，決して万能のナイフではない。それゆえ，審判決事例の経済分析に対しては，法学者・実務家による厳しい吟味と批判が不可欠なのである。本書がこのような共同作業にどこまで成功しているか，賢明な読者によるご判断を仰ぐよりほかない。

次節で詳しく述べるように，日本経済を取り巻く様々な環境変化は，独禁法違反事件および企業結合事例の特徴に大きな影響を与えている。そのような観点から，本書は，最近の傾向をより良く反映していると思われる審判決

---

1) 競争法の経済学に関する優れたテキストに Motta（2004），Viscusi et al.（2005）がある。小田切（2008）は，日本の独禁法事例を交えつつ競争政策の経済理論を簡潔に説明している。

2) 例えば，市場支配力を推計する手法を詳しく説明した Perloff et al.（2007）を参照されたい。

3) 欧米では経済学者と法学者・実務家の共同研究が活発に行われている。例えば，米国のケースについては，すでに第6版まで出版されている Kwoka and White eds.（2014），欧州のケースについては Lyons ed.（2009）を参照のこと。

や企業結合事例を抽出し[4]，その法的論点を整理しつつ，違法性の判断基準や事実認定の妥当性を吟味することを目的とする。その意味で，多数の類書がある判例集や評釈集の類とはまったく性格が異なることを強調しておきたい[5]。ただし，本書が対象とする独禁法違反事件や企業結合事例は，法的観点のみならず経済学的観点から見て興味深いもの，審決にとどまらず高裁・最高裁の判決があり，先例としての価値が高いものを選ぶように努めた。それゆえ，経済学者のみならず，法学者・実務家にとっても十分に興味深い素材を提供しているものと思う。

2. 日本における独禁法審判決の歴史的展開

　審判決を通じた法形成のプロセスを分析する際には，その審判決が下された時代の日本経済を取り巻く歴史的・制度的背景について理解を深めておくことが有益である。そこで，独禁法が市場経済の基本ルールとして日本に定着していく流れをごく簡潔に振り返っておこう。

2.1. 独禁法執行の停滞から強化への転換期——1970 年代末から日米構造協議まで

　日本では，1970 年代に至るまで，独禁法の執行機関である公正取引委員会（以下，公取委という）の組織や権能は脆弱なままに止めおかれ，公的規制によって競争が制限された事業分野が数多く残されていた[6]。さらに，合理化カルテルや不況カルテルなど，独禁法の適用除外も広範に認められていた。このような状況のもとでは，個別事件の審判決を通じて法的ルールの有効性が検証され彫琢されるプロセスが日本で有効に機能することはきわめて困難であった。

---

4) ただし，日本の企業結合事例には排除措置命令を争った審判審決は存在しない。したがって，本書が取り上げる企業結合事件では，公取委から毎年公表されている「主要な企業結合事例」が，実務上の判断基準を窺うための数少ない情報源となっている。

5) このため，本書では，伝統的な判例評釈のスタイルに則って事件の引用を行っていない。また，個々の事件の判審決への評釈を網羅的に掲げることもしていないことを予めお断りしておく。事案の詳細と評釈に興味ある読者は，例えば，「経済法判例百選」（ジュリスト，2010）や，金井ほか編著（2013）などのケースブックを参照されたい。

6) 上杉（2007）を参照。また，後藤（2013）は，経済学者の立場から日本の独禁法と競争政策を簡潔に展望しており有益である。

このような独禁法の消極的執行の時代は1970年代末以降に大きな転機を迎えることになる。まず，石油ショック後の物価高騰を契機に，寡占的市場構造が価格引上げを容易にしているのではないかとの批判が高まり，1977年（昭和52年）に，独禁法施行後初めての強化改正（課徴金制度の導入，独占的状態の規制，大規模事業会社や金融会社の株式保有規制の導入など）が実施された。

さらに，1980年代に入ると，日本企業の輸出拡大に伴う貿易摩擦が激化したことを背景に，欧米諸国から日本市場の閉鎖性や排他性に対する批判が高まった[7]。とりわけ日本の独禁法と競争政策にとって大きな画期となったのは，1989年に開始された「日米構造問題協議」（Structural Impediments Initiative）である。これは1989年から1990年までに合計5回開催された日米二国間協議である。この協議では，市場開放要求と合わせて独禁法の強化が重要なアジェンダと位置付けられた[8]。この協議以降，日本でも独禁法の強化が重要な政治的課題として強く意識されるようになり，それまでほぼ横ばいに推移していた公取委の職員定数も，日米構造協議を機に増加に転じるようになった。この日米構造協議は，1993年に「日米包括経済協議」と名称を変え，日米双方が定期的に「年次改革要望書」に基づく規制改革の要望を述べ合う場となった。

なお，これらの協議が流通規制に与えたインパクトは大きく，例えば，1991年に大型店の出店を規制する大規模小売店舗法（大店法）が改正され出店規制の緩和が実施された。また，日本トイザらスの新潟への出店が政治問題化したのもこの時期である。公取委から「流通取引慣行に関する独占禁止法上の指針」と呼ばれるガイドラインが公表されたのも同じく1991年であった。

---

7) 日本と欧米諸国との間で，輸入数量制限（繊維協定，1972年），トリガープライス制度（鉄鋼，1978年），輸出自主規制（鉄鋼・自動車，1981年），日米半導体協定（第1次協定1986年，第2次協定1991年）などの通商交渉が行われるとともに，市場重視型個別協議（MOSS協議）（1985年）と呼ばれる結果重視型の包括的な交渉も行われた。しかし，これらの協議や協定のもつ介入的性格から窺われるように，日本では，1980年代においても本格的な独禁法・競争政策の定着には至らなかった。

8) 貯蓄・投資，土地利用，流通，排他的取引慣行，系列関係，価格メカニズムが日米構造協議のアジェンダである。このうち後者の4つが競争政策に関係している。

2.2. 規制改革と独禁法の執行強化の時代——1990年代から2005年独禁法改正まで

　日米構造問題協議以降，日本でもようやく規制改革の機運が高まることとなる。まず1995年に「規制緩和推進計画」が閣議決定された。この計画では，11分野，109項目の規制緩和計画が含まれていた[9]。1996年には内閣府・行政改革推進本部に，規制緩和委員会（1998年～1999年），規制改革委員会（1999年～2001年）が設けられた。2001年には規制改革推進3か年計画が公表され，法務，金融，教育，医療，雇用，流通，エネルギー等の15分野，554項目が対象とされた。また，IT，環境，競争，基準認証，資格制度等の横断的な改革も104項目含まれていた。これらの項目からも窺われるように，非製造業・サービス産業の規制改革が1990年代には明確に意識されていた。

　これらの規制改革と並行して，1990年代に適用除外カルテルの縮小・廃止が進み，1966年に1,079件あった適用除外カルテルは40件（2014年末）まで激減することとなった。このような独禁法の適用除外立法の廃止・縮小や，規制緩和による公益事業分野への競争導入が着実に進行したことによって，独禁法の適用対象となる事業分野や行為類型が大幅に拡大することとなったのである。

　1990年代末から始まったこれらの規制改革は，2001年～2004年には「総合規制改革会議」が承継し，さらに規制改革を主導することになる。この会議は，アクションプランや構造改革特区の推進など，3年間で900項目の規制改革事項を答申した[10]。この他，規制影響分析の推進[11]，公取委審査機能・体制の見直し・強化，政府調達制度の見直し等も総合規制改革会議のア

---

9) 具体的には，①住宅・土地，②情報・通信，③流通，④運輸，⑤基準・規格・認証・輸入，⑥金融・証券・保険，⑦エネルギー，⑧雇用・労働，⑨公害・廃棄物・環境保全，⑩危険物，防災・保安，⑪その他，の11分野である。1997年には教育改革が追加され，項目総数は2,823まで拡大した。

10) この答申のなかには，2013年以降に設置された「規制改革会議」の場で引き続き検討されている項目が数多く含まれていた。例えば，混合診療，幼保一元化，医薬品小売，大学等設置基準自由化，農地法改革などである。

11) 規制影響分析（RIA: Regulatory Impact Analysis）とは，規制の導入や修正に際し，想定されるコストや便益を客観的に分析・公表することにより，規制制定過程の客観性と透明性の向上を目指す手法である。2007年8月に「規制の事前評価の実施に関するガイドライン」が総務省から公表されるとともに，各行政機関にその実施が義務付けられることとなった。

ジェンダとして俎上に載せられていた。また，2004 年以降には「規制改
革・民間開放推進会議」（2004 年〜2007 年）が設置され，官製市場の民間開放，
市場化テストなどが提案された。

　1990 年代は，カルテル・談合の原則違法化が徹底されていく過渡期でも
あった。その過程で，公取委はしばしば激しい政治的抵抗に直面した。例え
ば，独禁法違反行為がなかば慣行化していた建設業の抵抗は凄まじく，公取
委は「公共工事に関わる建設業における事業者団体の諸活動に関する独禁法
上の指針」を 1984 年に公表せざるを得なかった。すなわち，「一定のルール
を定めること等により受注予定者又は入札価格を決定することにならない限
り」，建設業者の情報提供活動や経営指導等は独禁法違反とはならないとさ
れたのである。これは実質的には入札談合を黙認する効果を伴うものであっ
た 12)。また，いわゆる「埼玉土曜会事件」では 13)，国会議員が公取委員長
に刑事告発を取り下げるように要求する事件まで起きた。これら建設業ガイ
ドラインの公表や埼玉土曜会事件，また，古くは八幡製鉄・富士製鉄合併事
件から 14)，2006 年の新聞業特殊指定の見直し問題に至るまで 15)，独禁法執
行の経緯から浮かびあがってくるのは，公取委の内閣からの「職権行使の独
立性」（独禁法 28 条）が侵害される危機がしばしば生じてきたということで
ある 16)。

　このような紆余曲折を経て，ようやく 2005 年の独禁法改正において，課
徴金算定率・罰金額上限の引上げ，犯則調査権限の導入，課徴金減免制度な
ど，独禁法執行体制の本格的な強化改正が実施されることとなった。日本で

---

12)　この指針は，1994 年に「公共的な入札に係る事業者及び事業者団体の活動に関する独占
　　禁止法上の指針」が公表されるまで 10 年以上も存続した。

13)　埼玉土曜会事件とは，1992 年から 1994 年にかけて発覚した一連のゼネコン談合・汚職
　　事件である。例えば，公取委勧告審決 1992 年 6 月 3 日を参照。

14)　八幡製鉄と富士製鉄の合併の審査に際しては，これに反対する公取委・学界と賛成する
　　政財界が鋭く対立した。この事件の経緯について小宮隆太郎教授へのインタビューを整理し
　　た岡村ほか（2009）は，当時の学会側の主張とその背景を知る上で参考となる。

15)　「特殊指定」とは，公取委が特定の事業分野の不公正な取引方法を具体的に指定したもの
　　である。公取委は，2005 年 11 月以降，制定から長期間が経過し運用実績が乏しい 5 つの特
　　殊指定（食品缶詰，海運，オープン懸賞，教科書業，新聞業）について見直しを行い，この
　　うち新聞特殊指定を除く 4 つを廃止した。しかし，新聞特殊指定については政治的抵抗が強
　　く結論を出すことができず廃止を見合わせることとなった。

16)　公取委の職権行使の独立性に係る包括的な検討を行っている平林（2008）を参照された
　　い。

も審判決事例の蓄積を通じて市場競争のルールが形成される環境がようやく整ったのである。

2.3. 日本経済を取り巻く環境変化——独禁法の国際的共通化の必要性の高まり

2000 年代に至ると，先進国はもとより発展途上国でも，競争法が積極的に導入されるようになった[17]。そして，執行手続や運用実務の「共通化」（convergence）を促進するための様々な協力・連携の動きも活発となっている[18]。例えば，経済協力開発機構（OECD）における競争委員会（Competition Committee）・消費者政策委員会（Committee on Consumer Policy）・競争に関するグローバルフォーラム（Global Forum on Competition），競争当局による執行の手続・実体の両面での収斂を目指す国際競争ネットワーク（International Competition Network: ICN），さらにアジア太平洋経済協力（APEC）で採択された「競争と規制改革を促進するための APEC 原則」に基づく実務家研修プログラムなど，多くの国・地域にわたって，二国間・多国間を含め幅広い協力関係が構築されている。

このように，日本はもとより国際的規模で独禁法の執行手続や運用実務の共通化が促されるようになった背景には，①市場のグローバル化，②国有・公営企業の民営化・規制緩和，③情報通信技術の革新という 3 つの連動した動きがあった。

第 1 に，市場のグローバル化を通じた国際的な市場統合によって，これまで国際競争から隔離されてきた事業分野にも価格競争圧力が浸透するようになった。このような価格競争圧力の上昇は，同時に，それを回避しようとする動機を事業者に与えることとなる。こうして，幅広い事業分野にわたって，競争を回避しようとする行為をどのように規制するかという課題が生じるようになったのである。

第 2 に，1980 年代以降に進展した民営化・規制緩和から始まる規制改革

---

17) 競争法を有する国・地域は，1980 年の 26（うち先進国・地域は 19）から，2004 年の 101（うち先進国・地域は 31）へ劇的に拡大した。近年の増加の多くは発展途上国によるものである。Kronthaler and Stephan（2007）を参照。また，中国でも 2008 年に独禁法が制定され，その経済規模とも相俟って，執行機関としての国際的存在感を一気に高めている。

18) ただし，国際的な収斂化が顕著な分野はカルテル・入札談合規制や企業結合規制であって，競争者排除などの単独行為規制については依然として各国・地域の執行の差は大きい。

の流れのなかで，欧米諸国を中心に，電力・ガス・電気通信・鉄道・航空，小売，銀行などを中心に独占的市場が数多く誕生した。日本でも，通信，鉄道，航空，海運，バス・タクシー，流通，著作権管理事業など，多くの産業が規制改革の対象となるに及び，各種の「業法」と独禁法との相互調整が問題となる場面が増えていった[19]。こうした規制産業で独占的地位を占める事業者による競争者の排除行為が，競争政策上の新たな課題として浮上したのである。

第3に，インターネットなど情報通信技術（ICT）革新を駆動力とする新市場創出型のイノベーション競争が活発化したことから，設備投資・研究開発投資を通じた動学的資源配分を考慮した独禁法ルールの明確化が求められるようになった。また，ICTの発展によって，プラットフォームを通じて複数の市場が連結される「双方向市場」（two-sided market）における競争という新しい独禁法上の課題が登場することとなる[20]。双方向市場のもとでは，水平・垂直両方向での複雑に細分化された市場構造が生じやすく，国際的な水平分業が深く広がる傾向を強める。このような市場構造のもとで，顧客の囲い込みを狙った低価格販売，不可欠施設・役務（サービス）への取引拒絶，抱き合わせ販売，特許集積による競争者排除などといった行為が観察されており，これらの行為の違法性の判断基準について国際的に整合性ある法的ルールを構築する必要性が高まっているのである[21]。

2.4. 独禁法の立法過程の変質——2005年独禁法改正から現在まで

これまで見てきたように，2000年代に入り，ようやく日本でも本格的に独禁法と競争政策が定着するようになった。しかし，この時期は，奇しくも，バブル崩壊以降の「失われた20年」と呼ばれる時期と重なる。皮肉なこと

---

19) 1990年代までの経緯については鶴田（1997）が詳しい。また，最近の事例分析として，舟田編（2014）も参照。

20) 双方向市場（あるいは両面市場）については，岡田・林編（2014）を参照されたい。本書第8章と第9章でも，具体的事件に即して双方向市場について検討されている。

21) ネットワーク型市場構造における競争法の適用ルールを検討した根岸ほか編（2007）を参照。また，忠誠リベートやバンドリング等の「条件付き価格設定」（conditional pricing practices）に関する，米国連邦取引委員会と司法省との共催によるジョイントワークショップ（Conditional Pricing Practices: Economic Analysis and Legal Policy Implications）（2014年6月）も参考になる。https://www.ftc.gov/news-events/events-calendar/2014/06/conditional-pricing-practices-economic-analysis-legal-policy

に，競争政策が未整備であった高度成長期は，新規参入を通じた活発な市場競争が展開されてきたのと対照的に，2000年代以降は，独禁法が本格的に整備されてきたにもかかわらず，市場競争を通じた成長というサイクルが十分に機能してこなかったのである[22]。

その大きな原因の1つは，日本経済で大きな重みをもつようになった非製造業・サービス業の規制改革が不徹底に留まっていることである。2007年1月に設置された規制改革会議（2007年1月～2010年3月）では，非常に幅広い分野にわたり包括的なアジェンダが設定され[23]，革新的な提言・答申（例えば，解雇規制，学校選択制，保育士資格など）が数多く提出された。しかし，政治的抵抗によって改革案の多くが阻まれたことにより，成果を挙げた分野は電力料金や携帯電話などごく一部に留まった。

現在の日本経済は，いくつかの生産性の高いセクター（製造業の一部）と生産性の低いセクター（非製造業・サービス業と公的部門）が並存する産業構造となっている。Caballero et al.（2008）や星・カシャップ（2006）が指摘するように，1990年代以降の日本経済は，破綻企業の救済が手厚く行われたことによって，生産性の高い事業者の利潤機会が奪われ，また新規事業の参入や投資が抑制されてきた。いわゆる「ゾンビ企業」の支配する競争圧力の働かない産業では，雇用創出力が弱く低生産性が持続する傾向が強まる。したがって，日本の潜在成長力を高めるためには，非製造業分野を中心に規制改革を徹底することによって，市場競争を通じた生産性の向上が実現する環境を整えることが必要である。特に，教育，医療・介護，労働，土地利用など，強い政府規制が残る分野の規制改革・市場改革は，依然として重要な政策課題と位置付けられるべきである[24]。

しかしながら，改革のメニューはほぼ出尽くしているにもかかわらず，実効的な規制改革は一部の業種を除いてあまり進展していない。2000年代前半までは強まるかに見えた規制改革や独禁法強化のモメンタムは次第に失わ

---

[22] この指摘については岡田（2013）を参照。

[23] この会議では，①医療，②福祉・保育・介護，③教育・研究，④住宅・土地，⑤農林水産業，⑥貿易，⑦金融，⑧労働，⑨海外人材，⑩ネットワーク産業，⑪競争政策・基準認証・法務・資格，⑫基本ルール，⑬官業改革，の合計13のタスクフォースが設けられた。

[24] 同様に，日本経済の停滞の原因と再生への処方箋を説得的に論じている深尾（2012）も参照のこと。

れつつあり，市場競争を主体とする「民主導」の競争を通じた成長という考え方は徐々に後退し，産業構造調整，ターゲティング，イノベーション政策など，政府が積極的な役割を果たすべきだとする考え方が強まっている[25]。

このような政治的環境の変化に対応して，独禁法・競争政策を取り巻く立法過程も大きく変質し，最近の独禁法改正や規則改正の端緒も多様化している[26]。その特徴は以下の4点にまとめることができる[27]。

第1に，内閣府・規制改革会議の場において業界団体等の要望を受けて独禁法改正の検討が開始されるケースが増えている。例えば，不当廉売・優越的地位の濫用規制の強化，審判制度の廃止，課徴金減免制度の拡充（最大5社，グループによる申請も可），意見聴取手続の整備，流通取引慣行ガイドラインの改定，独禁法9条（一般集中規制）の見直しなどである。こうした各種業界からの要望を吸い上げる場として，規制改革会議が活用されているといえよう。

第2に，いわゆる「新成長戦略」の一環として[28]，グローバル競争に配慮した企業結合規制や事業・組織再編手続の見直しが求められるようになった。これに対応して，例えば，2011年6月には，企業結合における事前相談制度の廃止や審査基準の見直しが行われた。しかしながら，グローバル市場における巨大企業同士の合併・吸収は，国際的な規模での寡占化・独占化を助長しているのではないかという懸念を拭いがたい。この懸念への温度差から，各国・地域の競争当局の規制スタンスに微妙な違いがある。グローバル市場における企業結合規制は，必ずしも十分に共通化に向かっているとは

---

25) 岡田（2013）を参照。

26) 法と経済学会（第13回全国大会，2015年7月，東京大学）のパネルセッション「立法過程の法と経済学」（「法と経済学研究」11巻1号に所収予定）も参照されたい。

27) ただし，以下の4つの分類は必ずしも排他的なものではなく，複数の特徴を併せもつ立法や規則改正のケースも含まれる。

28) 2010年（平成22年）6月18日閣議決定。この新成長戦略のなかで，金融戦略の一環として，「企業の戦略的な事業再編の促進」を図ることが謳われており，そのために，①グローバル市場にも配慮した企業結合規制（審査手続および審査基準）等の検証と必要に応じた見直し，②事業再編に伴う労働移動の円滑化のための施策パッケージの策定，③M&A等の組織再編手続の簡素化・多様化のための措置の在り方の検討，④コーポレート・ガバナンスの強化の検討（会社法の改正等），を行うことの4点が列挙されている。①〜③は企業結合規制に関わる論点である。なお，④については，東京証券取引所と金融庁が2014年8月に「コーポレートガバナンス・コード」と呼ばれる企業統治指針を公表し，2015年6月1日から上場企業に適用されている。

いえないであろう[29]。

第3に，独禁法の国際的な共通化の要請を契機として法改正が行われるケースが増えている。例えば，課徴金減免制度の導入，課徴金・刑事罰等の厳罰化の要請が強まっている。特に，日本企業が海外競争当局からカルテル・入札談合で摘発される事例が増えるにつれて，日本国内の比較的緩やかだったカルテル・入札談合規制は，国際基準に添うように徐々に強化改正されてきた[30]。しかし，日本のカルテル・入札談合規制は依然として欧米の水準よりも緩やかな水準に留まっているといえるだろう[31]。

第4に，独禁法への様々な政治的圧力を反映して競争ルールの変更が要請されるケースが増えつつある。例えば，タクシー事業における需給調整を認める特別措置法の制定（2009年）[32]，JALへの公的支援を契機として検討が始まった「競争政策と公的再生支援の在り方について」のガイドラインの公表（2014年），また，酒類の廉売への対処を求める政治的要請を受けた議員立法による酒類小売規制（酒税法改正，2016年）など，業法との調整を求める法改正や規則・ガイドラインの改正が行われる事例が増えている。

このような立法過程の変質が，現在の独禁法の執行にどのような影響を与えているかは定かでない。しかし，このような背景に十分留意しつつ，今後の審判決事例の成り行きを注意深く観察していく必要があるといえよう。例えば，排除型私的独占などの単独行為に関する審判決事例は，独禁法の執行強化が実現した1990年代に一時的に増加したが，最近10年間に限るとほとんど見られなくなっている[33]。この理由として，独占に許容的となった日

29）　大久保ほか（2014）は日米欧の企業結合規制を比較検討している。また，最近は，課税逃れを目的とした多国籍企業による合併への懸念も強まりつつある。例えば，OECDによる「税源浸食と利益移転」（BEPS: Base Erosion and Profit Shifting）に対処するための国際体制に関する第1次提言（2014年9月）を参照。

30）　独禁法と直接関係はないが，官製談合を防止するための「入札談合等関与行為防止法」（2003年）もそのような一環として制定されたといえるだろう。

31）　武田ほか（2013）は日米欧のカルテル規制を比較検討している。

32）　需給調整を厳格にするために，「特定地域における一般乗用旅客自動車運送事業の適正化及び活性化に関する特別措置法」（2009年10月）。なお，本書第2章で紹介する新潟タクシー事件は，この法律が施行される以前の事件である。

33）　最近の主な私的独占事件としては，日本医療食協会事件（勧告審決1996年5月8日），パチンコ機製造特許プール事件（勧告審決1997年8月6日），パラマウントベッド事件（勧告審決1998年3月31日），ノーディオン事件（勧告審決1998年9月3日），北海道新聞社事件（同意審決2000年2月28日），有線ブロードネットワークス事件（勧告審決2004年

本の競争政策の変化があるのか，あるいは，単独行為の事例のもつ複雑さが独禁法の執行を難しくしているのか，今後の重要な検討課題であるといえよう。

3. 独禁法の目的──経済学的解釈

独禁法に一貫性のある解釈を与えるためには，独禁法の目的と手段の関係をあらかじめ明確にしておく必要がある。判例による理解では，独禁法の目的は「公正且つ自由な競争を促進」することと理解され，そのための手段として，私的独占，不当な取引制限，不公正な取引方法を禁止するとされる。そして通説では，「一般消費者の利益」は独禁法がその機能を有効に発揮していることを証拠立てる役割を担っているものとされ，「公正且つ自由な競争」の促進という目的と独立に存在するのではなく，その「反射的利益」あるいは「事実上の利益」に過ぎないとされている[34]。

しかし，消費者選択の機会と自由を保障すること自体が独禁法の重要な目的とみなす有力な見解もある[35]。この見解によれば，通説的見解に依拠しつつも，消費者の合理的意思決定が可能となる環境を整えることも独禁法の目的と位置づけようとする。すなわち，「一般消費者の利益」を，消費者の「選ぶ権利」（市場を競争的に維持して個々の消費者による購入選択の機会と自由を保障する）と「知らされる権利」（不当表示・過大広告などから保護され，市場に登場する商品の情報を十分かつ適切に消費者に与えること）から成るものとみなし，独禁法の目的規定のなかに明確に位置づけようとする。

これは，消費者保護の望ましいあり方に関連する重要な問題提起である。なぜならば，根岸・舟田（2006, 33 頁）が明確に指摘するように，もし消費

---

10 月 13 日），インテル事件（勧告審決 2005 年 4 月 13 日），ニプロ事件（審判審決 2006 年 6 月 5 日），NTT 東日本事件（審判審決 2007 年 3 月 26 日，最高裁判決 2010 年 12 月 17 日），JASRAC 事件（最高裁判決 2015 年 4 月 28 日）などがある。しかし，最近 10 年に限ると，私的独占事件はほとんど見られない。なお，本書では，このうち NTT 東日本事件（第 7 章）と JASRAC 事件（第 8 章）を取り上げている。

34) ジュース表示事件（最高裁判決 1978 年 3 月 14 日）。金井ほか編（2015）4–5 頁を参照。

35) 根岸・舟田（2006）32–33 頁を参照。また，経済学の立場から，米国反トラスト政策の文脈のなかで，消費者利益を重視すべきであると主張する興味深い議論を展開した Salop（2005）も参照されたい。

者法的性格が独禁法に与えられるならば，一般消費者の利益をどのように捉えるかによって，独禁法による消費者行政の範囲やそのウェイトに重要な影響を与えるからである [36]。例えば，消費者保護を行政組織の観点から眺めれば，消費者保護を担当する機関と生産者保護を担当する機関との交渉が必ず発生する。行政機関の間で消費者保護機能がどのように分担されるかは，この交渉力の配分に影響する。通常，行政機関に対して行使できる政治的影響力という観点からみると，消費者が集団で行使する政治的影響力は，生産者によるロビー活動の影響力より大きく劣っている。このように考えれば，消費者保護を担う競争当局が消費者利益に重いウェイトをおくことにも一定の合理的理由があるというべきである [37]。

　一方，経済学では，競争を通じて，効率化やイノベーションの誘因が高められる機能，より優れた競争者が競争を通じて選別されていく機能を重視する考え方が有力である [38]。しかし，これは競争の目的というよりも期待される成果と解釈されるべきであろう。このような文脈から，後藤・鈴村編（1999, 6-10頁）は，独禁法・競争政策の目的をより広義に定義する。すなわち，「競争の保護」を通じて達成される公共善は，公正で自由な競争環境そのものであると解釈される。そして，独禁法・競争政策の目的を「公正で自由な競争環境という公共善を供給することによって，個々の経済単位にその目標を自律的に追求する機会を公平・透明に保証する」ことにあると述べる。本書も，この後藤・鈴村編（1999）による定義に従って独禁法の目的を理解することとしたい。

　ここで，競争政策の成果として強調される，市場競争を通じた効率化やイノベーション，競争者淘汰による生産性の改善の効果は，旧社会主義経済圏の非市場経済体制下で見られたさまざまな非効率性や国営企業における生産性の低劣さによって直観的に理解されるものの，厳密に実証的根拠を提示す

---

36)　例えば，規制手段として，一般消費者による損害賠償請求や差止請求がどの程度認められるべきか，公取委に不服がある一般消費者による行政訴訟における不服申立資格や原告適格を認めるべきかといった点にも影響が及ぶ。

37)　同様の主張を展開するものとして，Besanko and Spulber（1989, 1993），Neven and Röller（2005），Salop（2005）を参照。

38)　Vickers（1995）を参照。この論文では競争概念の学説史的展開も簡潔に紹介されている。また，Buccirossi ed.（2008）は，独禁法の目的に関する経済学者の議論を簡潔に整理している。

ることは必ずしも容易ではなかった。しかし，実証分析手法の進歩に伴って，市場競争による生産性向上の効果は相当に大きいことが次第に明らかとなってきた[39]。このように，競争環境の維持あるいは独禁法1条にいう「公正且つ自由な競争」の促進を独禁法の主要目的に据えることが「事業者の創意を発揮させ，事業活動を盛んにし，雇傭及び国民実所得の水準を高め」るとする実証的根拠は十分にあるといってよい。したがって，一般消費者の利益，あるいは総余剰といったベンチマークを明確に定義しなくとも，競争政策・独禁法の目的は，「公正且つ自由な競争」の促進であるとすればよく，追加的に何らかの目的関数を改めて設定する必要は必ずしもない。

ただし，審判決分析をはじめ，独禁法・競争政策の評価を行う際に，経済学者が何らかの具体的尺度を用いて政策評価を行うことはもちろん許されるべきである[40]。どのような資源配分と所得分配が実現したか，また，競争政策の遂行に要した費用を実現された便益が上回っているかを検討することは，「公正競争」というメタレベルの価値判断が的確に行われるための基礎的情報を提供してくれるからである[41]。

4. 市場支配力

ここで「公正且つ自由な競争」の促進を独禁法の主要目的と理解すると，その対立項としての「市場支配力」（market power）の存在を，どのように定義し測定すべきかが重要な課題として浮上する[42]。経済学で定義される市場支配力は，価格を「限界費用」（marginal cost）からどの程度引き上げることができるかによって測られる。これを「ラーナー指数」と呼ぶ。ここで，限界費用とは追加的に生産量を増加させるときに必要となる費用の増加

---

39) Aghion and Griffith（2005）は，競争と生産性の関係を理論・実証の両面からサーベイしている。日本の製造業に関する実証分析として，Okada（2005），元橋ほか（2005），Inui et al.（2012）を参照。また，競争政策と生産性の関係を国際比較した Buccirossi et al.（2013）も参照されたい。

40) 後藤・鈴村編（1999）9-10頁を参照。

41) 井上（2003）を参照。

42) Landes and Posner（1981）を参照。なお，Landes and Posner は米国反トラスト法の法理から，market power（Sherman Act, Section 1）と monopoly power（Sherman Act, Section 2）を区別して議論しているが，以下の説明では特に区別せず「市場支配力」と呼ぶことにする。

序　章　独禁法審判決の法と経済学　　15

分のことである。

　理論的には，需要関数から推計される価格弾力性が，市場支配力を推定する際のもっとも基本的な情報となる[43]。基礎的な経済理論が示すように，市場支配力の行使が可能となるためには，事業者の直面する需要が非弾力的となっている必要がある。非弾力的な需要のもとでのみ，事業者は価格を引き上げることによって，その利潤を増加させることが可能となるからである。したがって，市場支配力の行使が牽制される程度は，価格引上げによって他の事業者に需要が代替される程度に依存する。この牽制の程度は，需要の価格弾力性によって知ることができるのである。

　以下，経済学で定義される市場支配力を，数式を用いて簡潔に説明しておこう（数学的説明に興味のない読者はこのパラグラフを読み飛ばしても構わない）。今，市場支配力をもつ企業の需要の価格弾力性を η_d と表記すると，

$$\eta_d = \frac{\eta + (1 - s_d)\varepsilon_f}{s_d}$$

と表すことができる[44]。ここで，s_d は支配的企業の市場シェア，η は市場全体の需要の価格弾力性，ε_f は支配的企業以外の競争的周縁企業の供給の価格弾力性である。ここで，η_d が小さくなるほど，価格を引き上げても需要量が減少しなくなるので，支配的企業の独占的市場支配力は大きくなる。支配的企業の設定する価格を p_d とし，その限界費用を c_d とおくと，ラーナー指数 L_d は，

$$L_d = \frac{p_d - c_d}{p_d} = \frac{s_d}{\eta + (1 - s_d)\varepsilon_f}$$

と定義できる[45]。この式から直ちに分かることは，支配的企業の市場支配力は，①市場シェア s_d のみならず，②市場全体の需要の価格弾力性 η，および，③競争的周縁企業の供給の価格弾力性 ε_f に影響を受けるということ

---

43)　需要の価格弾力性とは，価格が 1% 上昇した場合に需要量が何 % 減少するかを表したものである。需要関数を推計することによってパラメトリックに需要の価格弾力性を計測するのが標準的な手法である。

44)　この式の導出については Landes and Posner（1981）を参照。市場需要量は支配的企業の需要量と周縁企業の需要量の和と定義して，周縁企業をプライステイカーとみなして支配的企業の利潤最大化条件を解くことによって求められる。なお，完全な独占企業のもとでは $\eta_d = \eta$ である。

45)　ラーナー指数は，支配的企業の需要の価格弾力性 η_d の逆数となる。

である。市場全体の需要が弾力的であるほど，また，周縁的企業の供給が弾力的であるほど，支配的企業の市場支配力は小さくなるのである。

実務的に市場の画定を行う場合には，独占企業（事前的に行われる合併審査の場合には仮想的な独占企業）によって市場支配力が発揮される製品グループの範囲および地理的市場の範囲を識別する必要がある。しかし，そのような作業を的確に行うためには需要の価格弾力性に関する情報が不可欠となる[46]。

ここで注意すべきこととして，共同行為や単独行為等の観点から市場支配力の影響を評価しようとする場合には，そもそも現行の価格水準がどのような競争のもとで成立している価格かを慎重に考慮する必要がある。現行の価格水準が競争的水準からどの程度乖離しているかによって，需要の価格弾力性と市場支配力との関係について異なる帰結をもたらす可能性があるからである。これは広く知られている「セロファンの誤謬」（cellophane fallacy）に他ならない[47]。

すなわち，市場支配力を適切に把握するには，現行価格からの価格引上げが可能であるかではなく，競争価格（あるいは限界費用）からの価格引上げがどの程度可能であるかが問われなければならない。現行価格からの引上げに基づいて判断すると，すでに独占価格が設定されている場合，それだけ市場を広く画定してしまう危険がある。なぜならば，独占価格に現行価格が接近しているほど，需要の代替の程度（需要の交差弾力性）は高くなるからである。したがって，需要の交差弾力性が高いことが，むしろ独占的市場支配力の存在を示唆するということになってしまう。

独禁法の実務において市場を画定しなければならないそもそもの理由は，市場支配力を分析する際に，市場シェアを利用すべき審査上の要請があるた

---

46) 必要なデータの有無や時間的制約などから，需要の価格弾力性の測定が常に可能であるとは限らない。そのため，需要の価格弾力性を計測せずに実行できる簡便な代替的市場画定の方法が，欧米の競争当局の実務家や訴訟専門家たちによって利用されてきた。その代表的手法に，①エルジンガ・ホガティ（Elzinga-Hogarty）の方法，および②クリティカル・ロス分析（critical loss analysis）がある。これらの手法を含め，様々な手法に関する分かりやすい説明として Motta（2004）を参照されたい。

47) セロファンの誤謬とは，セロファンと他の包装材との交差価格弾力性が大きいことを理由として市場を「包装材全体」と米国最高裁が（経済学的に誤って）認定したことに由来する。例えば，Motta（2004）p. 105 を参照されたい。

めである。日米欧を問わず，どの競争当局においても，市場支配力の分析の際には，集中率，市場シェア，ハーフィンダール指数などの情報を頻繁に利用している[48]。審査実務上のガイドラインでも，市場シェア等が審査対象案件を絞り込むためのベンチマーク（セーフ・ハーバー）として重要な役割を果たしている。

しかし，集中率，市場シェア，ハーフィンダール指数などの指標のみを用いて市場支配力を推定することはミスリーディングである。例えば，カルテルなどの共謀行為の容易さは，市場シェアの分布だけでなく費用構造や製品特性・消費者属性など多くの市場構造要因に影響を受ける。また，ハーフィンダール指数は，同質財競争ではない異質財の競争市場では市場支配力の測度としてそもそも問題がある。そこで，製品差別化された市場における市場支配力のベンチマークとして「価格上昇圧力」（upward pricing pressure: UPP）という考え方が米国の合併ガイドラインで採用されている[49]。また，地域市場を均等に分割するカルテルが行われる市場では，ハーフィンダール指数からカルテルの存在を判別することは不可能である。さらに，市場シェアは潜在的競争の程度を何ら反映していないことにも注意すべきである[50]。既存の競争者からの競争圧力以外にも，潜在的競争や輸入競争の可能性も考慮すべきだからである。

5. 独禁法・競争政策における厚生基準

5.1. 消費者余剰基準 vs. 総余剰基準

市場競争がもたらす具体的な社会厚生（social welfare）の尺度をどのように定義すればよいのだろうか。経済学で広く依拠される社会厚生の基準に「パレート効率性」（Pareto efficiency）がある。すなわち，誰も厚生を悪化させることなく，少なくとも一人の厚生が改善されるならば，その変化は社会

---

48) ハーフィンダール指数とは，個別市場ごとに計算されるすべての企業の市場シェアの二乗和である。したがって，独占の場合には 1，完全競争の場合には理論上無限大となる。実務ではこれに 10,000 を掛けた値が用いられる。

49) UPP については第 3 章で説明している。

50) サンクコストが小さいために自由参入が可能となっているために，潜在的競争が働いている市場を「コンテスタブル市場」と呼ぶ。コンテスタブル市場では，市場シェアは市場支配力の指標としてまったく意味をもたない。

的に望ましいと判断する。しかし，この厚生基準は，多くの政策課題に対して有益な指針を与えることはできない。なぜならば，現実に課題となるほとんどすべての政策では，一部の人の厚生を悪化させることが避けがたいからである。

そこで，多くの経済学者は，社会厚生の基準として消費者余剰（consumer surplus）と生産者余剰（producer surplus）の合計である総余剰（total surplus）を最大化すべきであると考える[51]。この総余剰による厚生基準は，「仮説的補償原理」（hypothetical compensation principle）と呼ばれる考え方によって正当化される。すなわち，ある政策変更によって利益を得た人が，損失を被った人に補償することによって，すべての人の厚生が改善することが可能であるならば，そのような政策変更は望ましいと判断するのである。この際，補償が現実に行われることは必要でなく潜在的可能性があるだけでよい。そのような所得分配は，他のより効率的な政策手段（税制や所得移転）を用いればよいからである。

この他，消費者余剰ではなく総余剰を重視すべきと経済学者が考える理由として，第1に，企業の利害関係者となる株主や年金基金や投資ファンドの投資家らは，生産者余剰のみならず消費者余剰の受益者でもある。このような消費者は社会全体に広く分布しているので，生産者と消費者を二項対立させて消費者余剰に重いウエイトを置くべき根拠は乏しい。第2に，消費者余剰基準を重視する政策によって企業の短期利益が損なわれると，設備投資や研究開発投資など，消費者の長期的利益を促進するための投資への資金調達が阻害されることになる[52]。これらの要素を考慮しつつ，競争政策という政策手段によって繊細な所得再分配政策を的確に行うことは困難であり，敢えてそのような政策を遂行しようとすれば，却ってコストがかかり過ぎる危険がある。

---

51) ほとんどの経済学者はこの立場を支持している。例えば，Motta (2004), Viscusi et al. (2005), Whinston (2006), Neven and Röller (2005), Buccirossi ed. (2008) を参照。また，法学者の立場からこのような厚生基準を唱道する Posner (1976)，および Bork (1978) も参照。ただし，Bork 自身の記述は消費者余剰基準と総余剰基準の区別が曖昧であり，折衷的立場に留まっているという印象は否めない。また，法哲学の立場から積極的に厚生基準を推奨する Kaplow and Shavell (2002) も参照。

52) 以上の2点は Motta (2004) p. 21 に基づく。

5.2. 実務上の厚生判断の基準

　以上に述べた消費者余剰基準と総余剰基準という2つの見解の対立は，実務家の世界では，実はそれほど明確ではない。消費者保護に関わる制度は，国・地域によって歴史的経緯が相当に異なるため，実際に，ある国・地域の競争当局が消費者余剰基準を採用しているのか，それとも総余剰基準を採用しているのかを見極めることは容易でない。

　しかし，敢えていえば，消費者余剰をより重視した実務および判例が定着している国・地域が多いといってよいだろう[53]。例えば，企業結合規制に関しては，欧州競争法の企業結合規則（第2条1項）は，「消費者の利益，競争を阻害せず消費者に利益をもたらす技術進歩・経済発展」を考慮要素として挙げている。日本の企業結合規制も，当事会社の結合による効率性を考慮する際に，「①企業結合に固有の効果として効率性が向上するものであること，②効率性の向上が実現可能であること，③効率性の向上により需要者の厚生が増大するものであること，の3つの観点から判断する」（企業結合ガイドライン，第4・2（7））と述べており，このうち③の条件によって，消費者余剰を重視する立場が明確にされている。

　米国の反トラスト法は，「競争者の保護」でなく「競争の保護」を重視し，「能率競争」（competition on the merits）を通じた独占的地位の獲得には許容的であり，一方で，低価格販売による競争者排除においても将来の再値上げによる「埋め合わせ」（recoupment）が生じにくい場合には違法とされないなど[54]，消費者利益を優越させる判断基準が，欧州・日本以上に明確にされている。例えば，米国の合併規制では，合併によって市場支配力が形成・維持・強化されたとしても，効率性の増大によって価格低下が生じるなど消費者利益が見込まれる場合にのみ合併を容認する考え方が主流となっている。すなわち，消費者余剰が明確に損なわれると判断される合併は認められず，そのような場合には生産者による効率性の抗弁（efficiency defense）は認めら

53）　ただし，ハードコア・カルテルの場合には，消費者余剰が減少すると総余剰もほぼ必ず減少すると考えられるし，逆もまた真となるので，厚生基準の違いに応じて違法性の判断基準が異なってくる可能性は低い。

54）　不当廉売規制の日米欧の実際については，中川（2001），川濱（2013）を参照。また，本書の第6章と第7章も参照されたい。

れない[55]。

5. 3.　効率性と衡平性

　これまで，総余剰基準にも消費者余剰基準にもそれなりの合理性があること，実務的には，どちらかといえば消費者余剰基準に依拠したルールが定着していることを述べた。しかし，どちらの基準を採るにせよ，効率性のみに依拠した判断が個々人の常識的判断からかけ離れてしまう危険は常に残っている。経済学でしばしば前提とされる「功利主義的」立場によれば，個人間比較が可能な基数的効用を仮定してすべての関係する個人の効用の総和を社会厚生と定義する。総余剰とは金銭的価値によって裏付けられた個人間比較可能な基数的効用の指標に他ならない。このような余剰概念に基づいて社会厚生の序列を決定しようとするわけである。しかし，功利主義的な社会厚生の原理的基礎は脆弱であり，社会的選択が不可能となる可能性を排除できない。あるいは，望ましい制度のあり方は，資源配分を規定する制度の状況が明確に規定されたもとで初めて厳密な分析が可能となるともいえる[56]。それにもかかわらず，あるいはそれゆえに，衡平性と効率性を分離する分析的態度が多くの経済学者に採用されてきたのは，まったく便宜主義的理由によるという他はない[57]。したがって，「仮説的補償原理」の限界を十分に意識しつつ，総余剰基準に基づく厚生比較を慎重に行う態度が求められるというべきである。

　法哲学者らによる「公正競争」や「世代間衡平性」の考え方は，先にわれわれが定義した独禁法の目的と整合的であり，効率性基準のみでは図れない競争ルールの存在がありうることを強く示唆している[58]。総余剰基準に代

---

55)　Salop（2005）を参照。

56)　奥野・鈴村（1988）34 章〜36 章は，これら厚生経済学の基礎に関する簡潔かつ明快な説明を与えている。

57)　例えば，奥野・鈴村（1988）362-363 頁は，「現実には，人の厚生判断はさまざまな考慮事項を慎重にウェイトづけながら，代替的方法の間に相対的な望ましさの順序づけを構成するという形をとるものではなかろうか。社会的厚生判断も，効率性と衡平性を敢えて分離させる『新』厚生経済学の方法を退け，代替的資源配分の方法を社会的にランクづけるという方法を考えるべきではあるまいか」と述べている。

58)　井上（2003），宇佐美（2004），鈴村編（2006）を参照。一方，厚生基準を強く推奨し，公正競争という考え方を排除すべきとする法哲学者として Kaplow and Shavell（2002）を参照。

表される「新厚生経済学」的基準のみでは，優越的地位の濫用に対する規制や不当廉売規制のすべてを正当化することは難しいであろう。これら規制の根拠を考えるにあたっては，競争の公正性への配慮が不可欠となるのである。しかし一方で，公正概念の定義について広く共通の諒解が得られない状況のもとでは，公正競争の確保を名目とする過剰なパターナリスティック的規制とそれに伴う非効率性を招く危険が隣り合わせとなっている[59]。独禁法は，「公正」競争と「自由」競争の適切なバランスを図っていくという難しい課題に直面しているのである。

6. 独禁法の概要

6.1. 独禁法の規制内容

独禁法は，市場支配力を形成・維持・強化する反競争的な市場行動を禁止するとともに，市場構造を競争的に維持するための規制を行っている。また，市場支配力を形成・維持・強化するとまではいえないが，市場秩序に悪影響を及ぼす危険性がある行為や優越的地位の濫用とみなされる行為も禁止の対象となる。すなわち，競争の実質的制限をもたらすわけではないが，その危険性があり，顧客にとって望ましい品質・価格での商品・役務の提供という公正な競争秩序が阻害される行為を禁止しているのである。

このように，独禁法の体系は，市場支配力（競争の実質的制限）をもたらす行為の規制と不公正な取引方法（公正競争阻害性をもつ行為）の規制の2つに大別される。このうち前者の対象は，競争の回避行為（カルテル・談合等による不当な取引制限）と排除行為（私的独占）に分かれる。これらの〈行為規制〉に，〈構造規制〉としての企業結合規制を加えて，独禁法の四本柱と称することがある。以下では，本書を読み進むうえで最小限必要となる独禁法の概要を説明しておこう[60]。

6.1.1. 競争回避をもたらす行為——不当な取引制限

競争回避を通じて競争を実質的に制限するものとして不当な取引制限がある。独禁法上，不当な取引制限は，2条6項が定義している。それによると

59）　Kaplow and Shavell（2002）はこのような危険を強調する。
60）　独禁法の条文（抜粋）の一覧を本書巻末に掲示してあるので，適宜参照されたい。

「契約，協定その他何らの名義を以ってするかを問わず，他の事業者と共同して対価を決定し，維持し，若しくは引き上げ，又は数量，技術，製品，設備若しくは取引の相手方を制限する等相互にその事業活動を拘束し，又は遂行することにより，公共の利益に反して，一定の取引分野における競争を実質的に制限すること」である。これは要するに，複数の独立した企業が競争を回避して，価格，生産量，販売地域等を人為的に設定する取り決めをさす。このような行為は3条後段によって禁止される。不当な取引制限は事業者団体によって行われることも多い。事業者団体には，競争を制限するのに十分な数の事業者が結集する可能性が高く，その組織決定によって容易に不当な取引制限を実施できるからである。

6.1.2. 競争の排除をもたらす行為——私的独占

私的独占とは，「単独に，又は他の事業者と結合し，若しくは通謀し，その他いかなる方法を以ってするかを問わず，他の事業者の事業活動を支配し，又は排除することにより，公共の利益に反して，一定の取引分野における競争を実質的に制限すること」（2条5項）であり，3条前段がこれを禁止している。注意しなければならないのは，市場の独占それ自体が禁止されているわけではない。人為的手段により，市場支配力を形成・維持・強化しようとする行為が私的独占規制の対象となる。ただし，ここでいう「人為性」の判断基準については学説上，議論がある。具体的事例に応じて「人為性」の意義が問われることになる。

6.1.3. 公正競争阻害性をもつ行為——不公正な取引方法

独禁法は競争を実質的に制限する行為のみならず，公正な競争を阻害するおそれのある行為類型をも規制対象としている。すなわち，2条9項が掲げた6つの行為類型に基づき公取委が公正な競争を阻害するおそれ（公正競争阻害性）があるものを「不公正な取引方法」として指定している。この指定には，すべての業種に適用される「一般指定」と，特定の業種にだけ適用される「特殊指定」とがある。一般指定では，15の行為類型が不公正な取引方法として指定されている。

不公正な取引方法の実体規定は，独禁法旧2条9項に基づき，これまでは「一般指定」によって具体的な類型化がなされてきた。それが，2009年独禁法改正により，課徴金の対象となる違反行為の実体規定が法定化されたこと

に伴い，一般指定も改正された 。2条9項が2009年改正独禁法によって改正されたのは，不公正な取引方法に課徴金制度が導入されたことに基づく。というのも，公取委の告示による従来の指定制度を維持したままで課徴金を導入するならば，公取委が自ら違法行為を創設的に定義しつつ，その定義された行為を行った事業者に対して課徴金が賦課されるという制度とならざるをえない。しかしそれでは，構成要件の明確性および事業者の予測可能性の観点から必ずしも適当ではないと考えられたためである。そこで，不公正な取引方法に対する課徴金制度については，旧一般指定における関係規定を参考としつつ，課徴金の対象となる違反行為の実体規定についてはこれを法定化することとされた。これが，現行の2条9項である。

　現行2条9項の構造において，従来の2条9項にいう「不公正な取引方法」は「公正な競争を阻害するおそれがあるもの」という限定を伴って指定されていた。すなわち，旧2条9項は不公正な取引方法を「公正な競争を阻害するおそれがあるもののうち，公正取引委員会が指定するものをいう」と定義していた。しかし，現行1号から5号には「公正な競争を阻害するおそれがあるもの」という限定文言がない。このため，一見すると，「公正な競争を阻害するおそれ」の有無を考慮しないということのようにも読める。しかし，独占禁止法2条9項各号は，「公正な競争を阻害するおそれがあるもの」として指定されていた従前の一般指定の文言を新たに法定化したものであり，「公正な競争を阻害するおそれ」の有無を考慮するということは，改正前後で変わるものではない。具体的には，法2条9項1号から5号のうち，「正当な理由がないのに」，「不当に」との要件は，従来の一般指定におけるのと同様，公正な競争秩序に及ぼす影響という観点から解釈すべきものである。公取委実務でもこのように解されている。

　不公正な取引方法には，私的独占にも該当しうる不当廉売（6項）や排他条件付取引（11項）もあれば，ぎまん的顧客誘引（8項）のように消費者の意思決定を阻害するタイプの行為，また，優越的地位の濫用のように，強い立場の者が，その立場を利用して相手方に不利益を与える行為それ自体を規制するものまで含まれる。このように，不公正な取引方法は，種々雑多な規制内容を含んでおり，それらを公正競争阻害性という統一的な違法性基準で理解するのは本来難しいことである。公取委の実務では，公正な競争を阻害

するおそれがある場合として，①自由競争の減殺，②競争手段の不公正さ，③自由競争基盤の侵害，という3類型があるとしており，学説上も非常に有力となっている。

このうち，①の自由競争の減殺とは，市場への参入の自由，または市場における競争の自由が妨げられていることを意味する。②の競争手段の不公正は，良質・廉価な商品・サービスの提供という能率競争を妨害する競争手段を用いる場合に認められる。顧客の意思決定を歪曲する場合や競争者の事業活動をあからさまに妨害する場合がこれにあたる。③の自由競争基盤の侵害とは，取引主体が取引の諾否や取引条件について主体的判断を行うことは自由競争の基盤であるにもかかわらず，それが侵害されることをいう。このような考え方は，1953年の独禁法改正で導入された「取引上の地位の不当利用」（2条9項5号）のもつ公正競争阻害性を説明するために導入されたものである。

本書でも，公正競争阻害性を，公取委の実務に倣い，以下の3つの条件のいずれかが侵害されている状態と捉える。すなわち，①事業者の自由な競争が妨げられていないこと，および事業者がその競争に参加することが妨げられていないこと（自由な競争の確保），②価格・品質・サービスを中心とした能率競争により，自由な競争が秩序付けられていること（競争手段の公正さの確保），③取引主体が取引の諾否および取引条件について，自由かつ自主的に判断することによって取引が行われること（自由競争基盤の確保）である。このような不公正な取引方法の規制は，私的独占や不当な取引制限の要件である「競争の実質的制限」に至らなくとも，その危険性がある段階で予防的に規制するものと理解できる。

6.1.4. 企業結合

近年，グローバル化による競争の激化や，技術革新の急速な進展と，これに伴う製品のライフサイクルの短縮化等，事業者を取り巻く環境は大きく変化している。このような競争環境の変化へ対処するため，事業者は生産体制の効率化や製品開発の促進，経営リスクの縮減等を図ることを迫られており，これらの経営課題への対応手段として，合併をはじめとした事業者間の結合が様々な形で展開されている。事業者間の企業結合については，コスト削減等による製品価格の引下げ，新商品や改良品の早期市場投入や販売先の拡大

等により，市場における事業者間の競争を促進する効果を有すると考えられるものも存在する反面，有力な競争業者間における生産数量・販売価格等の重要な競争手段に関する意思決定の一体化等により，市場における競争を制限する効果を生じる場合も考えられる。独禁法上は，株式取得・所有（10条），役員兼任（13条，14条），合併（15条），事業譲受等（16条），会社分割（15条の2），株式移転（15条の3）というように，企業結合の行為類型別にそれぞれ規定を置いている。現実には，企業の再編・統合はこれらの様々な手法を用いて行われるが，その独禁法的検討にあたっては，現実の企業の合併と買収（M&A: Merger & Acquisition）がそれぞれどの規定に該当するか検討する必要がある。

　企業結合は次の3形態に分類することができる。第1は，水平型結合であり，これは，同一の一定の取引分野において競争関係にある会社間の企業結合をいう。本書第3章の新日鐵・住友金属合併事件は水平的結合の事例である。第2は，垂直型企業結合であり，これは，メーカーとその商品の販売業者との間の合併などのように，川上と川下の取引段階にある会社間の企業結合をいう。本書第5章のASML・サイマー統合事件は垂直的結合の事例である。第3は，混合型企業結合であり，例えば，異業種に属する会社間の合併，一定の取引分野の地理的範囲を異にする会社間の株式保有など水平型企業結合または垂直型企業結合のいずれにも該当しない企業結合をいう。

　水平型企業結合は，一定の取引分野における競争単位の数を減少させるので，競争に与える影響が最も直接的であり，一定の取引分野における競争を実質的に制限することとなる可能性は，垂直型企業結合や混合型企業結合に比べ高い。これに対し，垂直型結合および混合型結合は，一定の取引分野における競争単位の数を減少させないため，水平型結合に比べて競争に与える影響は大きくなく，一定の場合を除き，通常，一定の取引分野における競争を実質的に制限することとなるとは考えられないとされる。

　企業結合審査の対象となる企業結合が，水平型結合，垂直型結合，混合型結合のいずれに該当するかによって，当該企業結合が一定の取引分野における競争を実質的に制限することとなるか否かを判断する際の検討の枠組みや判断要素が異なる。公取委による企業結合審査手続の流れについては図0-1を参照されたい。

図 0-1 公取委による企業結合審査手続の流れ

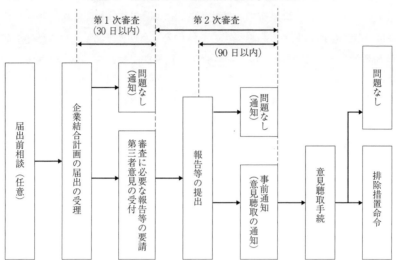

6.2. ガイドライン

　公取委は，企業結合ガイドラインや流通・取引慣行ガイドライン，フランチャイズ・ガイドラインなど数多くのガイドライン（指針）を公表している。良くも悪くも，公取委の執行はガイドライン行政である。ここでは，本章に関係するガイドラインを取り上げて簡単に解説を加えておく。

6.2.1. 企業結合ガイドライン

　大型合併を中心に，これまで正式届出以前の事前相談での事実上の解決が常態化していた。これに対しては規制の透明性が害されるという批判が強いが，合併等の企業結合はいったん取引の日程に載せた後で事後的に違法とされると多大なコストが生じるため，企業側としてもできるだけ早く法的判断をして欲しいという要請や，規制当局の側からも事前相談があった方が効率的であるという要請もあった。企業結合規制の正式事例は，1973 年の広島電鉄事件同意審決が最後である。

　公取委は，企業結合審査における独禁法の適用の考え方を示すものとして「企業結合審査に関する独占禁止法の運用指針」を策定している。以下，企業結合ガイドラインの審査基準の概要を簡潔に説明する。

（1）企業結合審査の対象

どのような場合が企業結合審査の対象となるかについては，各行為類型ごとに判断する。企業結合審査の対象となる企業結合の事例として，①会社の株式保有で，株式所有比率が50％を超える場合，②役員兼任で，兼任する役員が双方の会社の代表権を有する場合，③合併，分割および事業譲受け等の場合，である。原則として企業結合審査の対象とならない事例として，①株式所有比率が10％以下で，役員の兼任がない場合，②親子会社間，兄弟会社間および孫会社間等の合併・事業譲受け等の場合，である。

（2）「一定の取引分野」の画定の考え方

企業結合審査の対象となった企業結合により結合関係が形成・維持・強化されたすべての会社（以下，当事会社グループという）の事業活動の及ぶ市場を，商品または役務，取引の地域（地理的範囲），取引段階，特定の取引の相手方等の観点から画定する。

（3）競争を実質的に制限することとなる場合

「競争を実質的に制限することとなる」場合とは，企業結合により市場構造が非競争的に変化して，当事会社が単独でまたは他の会社と協調的行動をとることによって，ある程度自由に価格，品質，数量，その他各般の条件を左右することができる状態が容易に現出しうる場合をいう。（2）において画定されたそれぞれの「一定の取引分野」ごとに，単独行動および協調的行動の2つの観点から，以下の要素を総合的に勘案して，当該企業結合が競争を実質的に制限することとなるか否かを判断する。

① 単独行動による競争の実質的制限についての検討

当事会社グループの地位および競争者の状況（市場シェアおよびその順位，当事会社間の従来の競争の状況等，競争者のシェアとの格差，競争者の供給余力および代替性），その他（輸入，参入，隣接市場からの競争圧力，総合的な事業能力，効率性，当事会社グループの経営状況等）

② 協調的行動による競争の実質的制限についての検討

当事会社グループの地位および競争者の状況（競争者の数等，当事会社間の従来の競争の状況等，競争者の供給余力），取引の実態等（取引条件，需要動向，技術革新の動向，過去の競争の状況等），その他（輸入，参入，隣接市場からの競争圧力，効率性等）

(4) 競争の実質的制限を解消する措置

　企業結合が一定の取引分野における競争を実質的に制限することとなる場合においても，当事会社が一定の適切な措置（事業譲渡等）を講じることにより，その問題を解消することができる場合がある。

6.2.2. 流通・取引慣行ガイドライン

(1) 概　要

　独禁法のいわゆる垂直的制限に対する規制については，不当な取引制限の適用対象を競争事業者に限る旨を判示した新聞販路協定事件判決（東京高判昭和28年3月9日高民集6巻9号435頁）により垂直的制限に不当な取引制限の規制を適用することが困難となった。そこで，垂直的制限に対しては排除型私的独占のほか，再販売価格拘束や拘束条件付取引などの不公正な取引方法の規制によって対応されてきた。特に不公正な取引方法は日本の独禁法の中心的概念として機能し，不公正な取引方法の指定（昭和57年6月18日公正取引委員会告示第15号）により具体化・類型化が図られたほか，日米構造問題協議を経て1991年（平成3年）に公表された「流通・取引慣行に関する独占禁止法上の指針」（以下，流通・取引慣行ガイドライン）により基本的考え方が示された。現在の実務はこれらに基づいて運用されている。

(2) 日本の流通を取り巻く環境変化とガイドラインの改正

　現在，日本の市場構造は，ガイドライン制定時に比べて大きく変貌している。まず，バブル経済崩壊後は製造業の不振に相反して大規模小売事業者が台頭し，流通の中心的役割を担うこととなった。さらに，21世紀に入ると，IT技術の進展に伴いインターネット通販が拡大するなど，新たな流通経路として機能するようになった。

　このような市場構造の変化は，日本だけではなく欧米においても認められる。欧米では市場構造の変化に対応した規制の変遷が認められる。米国では2007年のリージン判決（*Leegin Creative Leather Products, Inc., v. PSKS, Inc.,* 551 U.S. 877）がその象徴であり，従来は当然違法とされてきた最低再販売価格拘束行為について合理の原則で判断すべき旨を判示した。EU（欧州連合）では，依然として再販売価格拘束はハードコア制限として規制されるものの，2010年の垂直制限ガイドライン（Guidelines on Vertical Restraints（2010/C 130/01）paragraph 225）の改正により再販売価格拘束が合法となる場合が例

示されるなど規制緩和の動きが見られる。

　日本の流通・取引慣行ガイドラインは 1991 年に策定されたものであり，以降，長らく実質的な改正はなされてこなかった。しかし，2015 年 3 月，規制改革実施計画（2014 年 6 月 24 日閣議決定）を踏まえて，市場閉鎖，価格維持効果等に関する考え方の明確化が図られるとともに，2016 年 5 月，規制改革実施計画（2015 年 6 月 30 日閣議決定）に従って，セーフハーバーに関する基準や要件等について一部改正が行われた[61]。

　この改正が行われる前のガイドラインでは，メーカー間競争（ブランド間競争）の状況にかかわらず，流通事業者間競争（ブランド内競争）を制限する行為（価格維持のおそれのある行為）を違法としていた（第二部第一の 1）。しかし，このような規制はすべからくブランド内競争を強いるものであり，ブランドの毀損等を通じて，結果としてブランド間競争を阻害しかねないという批判があった。独禁法がその目的に掲げるとおり，「公正かつ自由な競争を促進し，事業者の創意を発揮させ，事業活動を盛んに」するためには，流通業者およびメーカーによる創意工夫が必要である。この見地からすればブランド内競争を重視しすぎることは，ブランド価値（イメージ等）を毀損することにつながり，ブランドが弱体化する結果，ブランド間競争に支障をきたす可能性がある。この点，2015 年に改正された新しいガイドラインは，例えば，ブランド間競争に基づく正当化理由があれば，再販売価格維持行為は問題とならないと明示した。ただし，正当化理由が認められる要件が厳しいためその実務への影響は明らかでない。再販売価格維持行為の正当化は，ガイドライン自身が懸念するとおり，不要な価格維持等による消費者厚生を害する危険性を内包している。メーカー間・流通業者間それぞれの水平的な競争のみによって消費者厚生が増進されるのではなく，メーカーと流通事業者が協力して販売等に係る高いサービスを通じて商品展開・ブランド戦略を行

61）　2015 年ガイドライン改正では，垂直制限の違法性について，その競争促進効果も同時に考慮すべきこと，再販売価格維持行為がブランド間競争を促進する効果を考慮すべきこと，また，流通業者の販売価格・販売先等の調査を行うことは通常問題とならないこと，さらに，自社商品を取り扱う業者に一定の基準を設定する「選択的流通」は合理的かつ非差別的であれば通常は問題とならないこと等が示された。また，2016 年改正では，それまでのセーフハーバー基準（市場シェア 10% 未満かつ順位が上位 4 位以下は通常問題とならないという基準）から，市場シェアの基準を 10% から 20% に引き上げるとともに順位基準が廃止された。

うことにより，その結果として商品同士の競争が促進され，消費者厚生を増進させることにつながるかどうか，慎重に見極める必要があるといえよう。いずれにせよ，リージン判決の少数意見で述べられたように，メーカー間競争（ブランド間競争）が十分か否か，当該垂直的制限が競争促進効果を有しているか否か等，高度な判断を競争当局は今後ますます求められることになり，経済分析の役割が今後拡大する余地は大きい。

6.2.3. 優越的地位の濫用ガイドライン

2010年（平成22年）1月1日に施行された改正独禁法により，優越的地位の濫用が新たに課徴金納付命令の対象となった。そこで優越的地位の濫用規制の考え方を明確化すること等により，法運用の透明性を一層確保し，事業者の予見可能性をより向上させるため，「優越的地位の濫用に関する独占禁止法上の考え方」が策定され，2010年（平成22年）11月30日に公表された。

優越的地位濫用ガイドラインの概要は，次のとおりである。①優越的地位の濫用について，業種横断的な一般的な考え方を示す。②「優越的地位の濫用」の考え方を「優越的地位」と「濫用行為」という要件ごとに説明している。また，「濫用行為」を行為類型に分け，違反となる場合，違反とならない場合を解説している。③過去の審決または排除措置命令で問題となった行為等の実例として「具体例」を掲載しており，また，「濫用行為」の各々の類型については，想定例（問題となり得る仮定の行為例）を多数掲載している。実際の事件については本書の第11章および第12章を参照して欲しい。

6.2.4. フランチャイズ・ガイドライン

公取委は，フランチャイズ・チェーン本部と加盟店の取引において，どのような行為が独禁法上問題となるかについて具体的に明らかにすることにより，本部による独禁法違反行為の未然防止を図る観点から，「フランチャイズ・システムに関する独占禁止法上の考え方について」（フランチャイズ・ガイドライン）を1983年（昭和58年）に策定した。また，2002年（平成14年）には，コンビニエンスストア本部および加盟店を対象とした調査を実施し，その結果を踏まえ，同ガイドラインを改訂するなど，フランチャイズ業界における取引の公正化を図ろうとしてきた。例えば，2009年（平成21年）6月には，株式会社セブン-イレブン・ジャパンに対し，独禁法上の優越的地位の濫用に該当するとして，排除措置命令を行うなど，独禁法上問題となる行

為に接した場合には規制してきている（本書第12章参照）。さらに，本部と取引している加盟者が経営している店舗1万店に対して，フランチャイズ・ガイドラインに盛り込まれている事項を中心に，本部と加盟店の取引における実態を把握するための書面調査を実施し，2011年（平成23年）7月7日にその調査結果を公表している。

6.2.5. 排除型私的独占ガイドライン

(1) 概　要

　排除型私的独占ガイドラインは2009年8月に公表された。まず，排除型私的独占とは，いわゆる「排除行為」，すなわち事業者が他の事業者の事業活動を排除する行為により，公共の利益に反して一定の取引分野における競争を実質的に制限することをいう。この排除型私的独占については，2008年6月に成立した独禁法改正により，新たに課徴金の対象となったものである。日本では，これまで排除型私的独占に対して法的措置を採った事例は必ずしも多くなく，問題となる行為の態様も多様かつ不定型である。そもそも，通常の事業活動の結果として他の事業者の事業活動を排除するに至った競争過程の行為と，排除型私的独占をもたらす「排除行為」とを区分することは容易でない。このことから排除型私的独占を課徴金の対象とすることについては，事業者に対していわゆる萎縮効果を生じさせ，公正かつ自由な事業活動の支障となるのではないかとの指摘もあった。

　そこで公取委は，排除型私的独占が成立するための要件に関する解釈を可能な限り明確化すること等により，法運用の透明性を一層確保し，事業者の予見可能性をより向上させることを目的として，ガイドラインを策定した。

(2) ガイドラインの構成

　ガイドラインは，排除型私的独占に係る事件として審査を行う際の方針，排除型私的独占が成立するための要件である「排除行為」および「一定の取引分野における競争の実質的制限」の該当性から構成されている。

　具体的には，まず，公取委が排除型私的独占に係る事件として優先的に審査を行うか否かの判断において，一般的に考慮する事項について記載している。次に，排除行為として問題となりやすい行為のうち主なものを類型化した上で，それぞれの行為類型に該当するか否かを判断する際の検討の枠組みと判断要素について記載している。最後に，排除行為により一定の取引分野

における競争が実質的に制限されたか否かを判断するため，一定の取引分野を確定するにあたっての考慮要素と，競争の実質的制限の存否を判断するにあたっての考慮要素について記載している。

ガイドラインでは，公取委は，排除型私的独占として事件の審査を行うか否かの判断にあたり，行為開始後において行為者が供給する商品のシェアがおおむね 50% を超える事案であって，市場規模，行為者による事業活動の範囲，商品の特性等を総合的に考慮すると，広く国民生活に影響が及ぶと考えられるものについて，優先的に審査を行うこととしている。このような基準はあくまでも執行方針にすぎないが，このような基準を示すことによって事業者の予見可能性が高まり，多くの事業者にとって萎縮しないように事業活動を展開することができるようになると公取委は考えているようである。

次に，排除型私的独占を構成する「排除行為」について「基本的考え方」を示している。排除行為とは，他の事業者の事業活動の継続を困難にさせたり，新規参入者の事業開始を困難にさせたりする行為であって，一定の取引分野における競争を実質的に制限することにつながる様々な行為をいう。事業者の行為が排除行為に該当するためには，他の事業者の事業活動が市場から完全に駆逐されたり，新規参入が完全に阻止されたりする結果が現実に発生していることまでは必要とされていない。また，行為者が他の事業者の事業活動を排除する意図を有していることは，排除行為に該当するための不可欠の要件ではないが，問題となる行為が排除行為であることを推認させる重要な事実となり得る。

排除行為に該当しうる典型的な行為については，これまでの事件において問題となった行為を中心に，「コスト割れ供給」，「排他的取引」，「抱き合わせ」および「供給拒絶・差別的取扱い」の 4 つに類型化している。それぞれの行為の排除行為該当性は，商品に係る市場全体の状況，行為者および競争者の市場における地位，行為の期間，行為の態様等の要素を総合的に考慮して判断されることとなる。もちろん，排除型私的独占を構成する排除行為はこれら 4 つの類型に限定されない。例えば，競争者と競合する販売地域または顧客に限定して行う価格設定行為や他の事業者の事業活動を妨害する行為を排除行為と評価した事例もある。

「コスト割れ供給」については，「商品を供給しなければ発生しない費用」

さえ回収できないような低い対価が設定されているか否かを1つの基準と考えている。しかし,「総販売原価」未満の価格設定であっても,行為態様等によっては排除行為となる可能性がある。また,「供給拒絶・差別的取扱い」に関しては,川下市場で事業活動を行うために必要な商品について,合理的な範囲を超えて,供給の拒絶等を行った場合を対象としている。この行為類型については,基本的に自由な事業活動が尊重されるべきであり,排除行為に該当するか否かが特に慎重に判断される必要がある。

7. 独禁法の運用

7.1. 独禁法のエンフォースメントの概要

　独禁法の執行は「エンフォースメント(enforcement)」と称されることが多い。エンフォースメントとは,一般に法の執行とか法の実現などと訳され,独禁法の場合には,独禁法違反行為を排除し,それらにサンクション(行政上・刑事上・民事上の措置)を課すことによって,独禁法の目的である公正かつ自由な競争を実現することである。

　独禁法が用意している手続には,以下のものがある。第1に,違反行為を排除するために公取委が行う「排除措置命令」がある。排除措置命令とは,独禁法に違反する行為がある場合に,公取委が違反行為を排除するために必要な措置を命ずることであり,措置の具体的な内容としては,例えば,価格カルテルの場合には,価格引上げ等の決定の破棄とその周知,さらには,独禁法遵守のための行動指針の作成や営業担当者に対する研修といった,再発防止のための対策などである(7条1項および2項,8条の2第1項,2項および3項,17条の2ならびに20条1項および2項)。第2に,価格カルテルや入札談合など,対価に影響する悪質な独禁法違反行為に対して課される「課徴金納付命令」がある。これらは独禁法に基づく行政処分であり,これらに対する不服申立手続はこれまで公取委内に設置される審判手続を通じて行われ,その後,裁判所の審査に服することとされたいた。第3に,違反行為に対して,抑止と応報の観点から行われる刑事罰がある。第4に,独禁法の民事的なエンフォースメントがある。これは損害賠償請求(25条,民法709条)と差止請求(24条)から構成され,民事訴訟手続を通じて判断される。

公取委が国民生活に広範な影響を及ぼすと考えられる悪質かつ重大な事案については，検事総長に告発することとなっている。例えば，カルテル・入札談合については，公取委による告発が訴訟の条件となっている。これを「専属告発」という。

また，独禁法においては，事前相談の役割も重要である。事前相談とは，事業者が法定の届出等を行う前に，事業計画が独禁法上問題となるか否かについて自主的に相談を行うことをいう。事前相談は，法律上の根拠のない非公式の手段であるが，実務上は，当該事業計画のクリアランス手続として機能している。特にこれまでの企業結合規制では，事前相談に重点が置かれている点に特色があった。

企業結合審査における事前相談は，もともと産業界のニーズに基づいて制度を設けて運用してきたものである。しかし，主要国の企業結合審査との国際的整合性の点で問題があること，また，2009 年の独禁法改正により株式取得について合併と同様の事前届出制になり，事前相談の意義が薄れたこと，さらには，2010 年に経団連をはじめとする経済団体から，企業結合審査について，独禁法上の判断は法定の届出後に行えばよいとする提言が行われたことなど，ここ数年，企業結合審査をめぐる大きな環境の変化があった。そこで，2011 年に事前相談は廃止され，独禁法上の判断は法定の届出後に行うこととされた。この枠組みは，2011 年 7 月 1 日からスタートしている。

事前相談の廃止に伴い，法定の届出を要する企業結合計画に対する独禁法上の判断は，法定の届出後の手続において示されることとなった。なお，新しい枠組みでも，届出会社は，届出書の記載方法等について任意で届出前に相談をすることはできる。

届出会社と公取委とのコミュニケーションを充実させ，予見可能性の高い企業結合審査を行うために，審査期間において届出会社から求めがあった場合等には，その時点における論点等を説明することとされている。また，企業結合審査の迅速性，透明性および予見可能性の向上を図るため，独禁法上問題がない案件については，排除措置命令を行わない旨を書面で通知するほか，第 2 次審査の結果について公表するなどの手続が整備されている。そこで，次項では，独禁法の執行手続の概要を紹介し，また，近時重要性が高ま

図 0-2 独禁法における手続の流れ（旧法下）

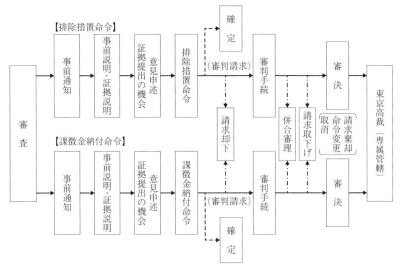

* 本書で扱う事件はすべて旧法（平成17年改正）下で処理された事件であるため，旧法下の手続を掲記する。

っている民事手続についても説明する。

7.2. 審判手続とその廃止

(1) 審判制度の概要

　公取委は，違反行為をした者に対し，意見申述・証拠提出の機会を与えるなどの事前手続を踏んだ上で排除措置命令や課徴金納付命令を行う。これらの行政処分に不服がある場合に審判が開始される。一連の流れを図示したのが図 0-2 である。

(2) 審判制度の廃止

　2013年に成立した改正独禁法では，審判制度は廃止され，排除措置命令および課徴金納付命令の手続は大きく改正されることになった。これまで，公取委が行っている審判制度については，かねてから，行政処分を行った委員会が，自ら当該行政処分の適否を判断する仕組みであるという点が公平性に欠ける外観を呈しているのではないかとの批判が経済界等を中心になされてきた。このことが改正の背景の1つにある。

　改正法では，命令の取消訴訟については，第一審の裁判管轄は東京地方裁

判所に集中することとされた（85条の2）。東京地裁における独占禁止法違反事件の審理に係る専門性の確保，蓄積のためである。なお，法改正によっても，現在係属中の審判事件は，改正法施行後においても引き続き審判手続において審理されて審決されることになる。係属中の審判事件が地裁での取消訴訟の手続に移行することはない。

2013年改正では，審判制度の廃止に伴い，従来は審決において示していた公取委による最終的な判断が排除措置命令において示されることとなった。このため，現行の排除措置命令に係る処分前手続の充実化を図る必要があった。そこで，行政手続法の聴聞手続における手続保障の水準を基本とした意見聴取のための手続を独禁法において規定することとされた（49条以下）。すなわち，排除措置命令等に係る意見聴取手続について，その主宰者，予定される排除措置命令の内容等の説明，公取委が認定した事実を立証する証拠の閲覧・謄写に係る規定等の整備が行われた。

(3) 意見聴取手続の概要

意見聴取手続とは，行政処分をする前に，相手方（被処分予定者）に処分内容および処分理由を知らせ，その意見を聴く「告知・聴聞」の手続のことである（ただし，行政手続法の聴聞手続とは後述のようにいくつかの点で異なっている）。指定職員が主宰する意見聴取手続については，改正法49条以下に定められている。要約すると，指定職員は，①意見聴取の期日における，審査官による説明や被処分予定者による質問等のやり取りを適切に指揮していくこと，②予定される排除措置命令に対する被処分予定者の意見を十分に聴取すること，③被処分予定者から聴取した意見等を踏まえて，意見聴取の期日の経過や陳述された意見の要旨を記載した調書および事件の論点を整理した報告書を作成して公取委に提出すること，といった役割を担うことが期待されている。手続管理官は，独禁法についての一定程度以上の知識・経験を有する事務総局の職員を指定することが予定されている。ただし，手続の透明性，公平性を担保するため，審査官等の当該事件の調査に携わったことのある職員は，手続管理官には指定できない（53条2項）。なお，意見聴取手続は非公開である（54条5項）。

(4) 実質的証拠法則の廃止

2013年改正では，審判制度の廃止に伴い，実質的証拠法則等の特則（公取

委の認定した事実は，これを立証する実質的な証拠があるときには裁判所を拘束するとする法則）も廃止されることになった。このため，改正後の排除措置命令等の取消訴訟に係る審理においては，他の行政庁による一般の行政処分の取消訴訟と同様に，処分の前提となる事実の存否や法令の適用，処分手続の法令違背については，実質的証拠法則等の制約を受けず裁判所により審査されることとなる。

7.3. 課徴金制度

7.3.1. 制度のあらまし

　課徴金納付命令は，カルテル・入札談合，私的独占および一定の不公正な取引方法といった独占禁止法違反行為の防止という行政目的を達成するために，行政庁が違反事業者等に対して，金銭的不利益を課すという行政上の措置である。

　課徴金の対象となる行為は，カルテル・入札談合，私的独占および一定の不公正な取引方法であり，これらの行為があった場合に，事業者または事業者団体の構成事業者に対し課徴金の納付を命じることとされている（7条の2第1項，2項，4項および5項，8条の3，20条の2，20条の3，20条の4，20条の5，20条の6）。

　価格に関するカルテル等が行われた場合は，カルテル等に参加した企業や業界団体の会員に対して，カルテル期間中の対象商品の売上額（購入カルテルの場合は購入額）に一定率を掛けた額の課徴金が課される。カルテル・入札談合を行ったものは，それによって多大な利益が得られる。これに対して，従来罰金が大企業にとっては低額でありかつそもそも刑事罰自体ほとんど科されることがなかった。また民事上の賠償責任の実効性も乏しかったことから，カルテルはほとんど「やり得」といえた。そこで，1977年の改正ではじめて課徴金の制度が取り入れられた。また，日本の独禁法の制裁が軽微すぎるという批判を受けて，1991年にその算定率が引き上げられた。このような課徴金制度は，カルテル・入札談合のやり得をなくして社会的不公正を除去し，それとともにカルテルを行う経済的誘因を小さくし予防効果をもたらすことを目的としている。現行の課徴金制度は，カルテルによる経済的利得を国が徴収することにより違反行為者がそれをそのまま保持し得ないよう

にすることによって，社会的公正を確保すると同時に，違反行為の抑止を図り，カルテル禁止規定の実効性を確保するための行政上の措置を定めた制度である。

7. 3. 2. 課徴金の対象とその算定方法

独禁法が，カルテルについて行政および刑事の措置と併せて課徴金制度を定めた背景としては，1977 年改正前には，行政上の措置としてはカルテルの破棄等違反行為を排除して競争を回復するために必要な措置を命じ得るだけで，カルテルに対する抑止効果として十分でなく，カルテルが繰り返し行われる状況にあったため，刑事手続をまたず行政上の措置としてもカルテル禁止の実効性を確保する必要があったことが挙げられる。

課徴金の対象となる行為は，商品若しくは役務の対価に係るものまたは実質的に商品若しくは役務の供給量等を制限することによりその対価に影響することとなるカルテル・入札談合，支配型私的独占であり，これらの行為があった場合に，事業者または事業者団体の構成事業者に対し課徴金の納付を命じることとされている（7条の2第1項および2項・8条の3）。

2009 年の独禁法改正により，課徴金の適用対象の見直しが行われ，従来の不当な取引制限に加えて，排除型私的独占，不公正な取引方法のうち共同の取引拒絶，差別対価，不当廉売，再販売価格の拘束および優越的地位の濫用について，課徴金の対象に追加された。

7. 3. 3. 裁量型課徴金制度の導入議論

日本では，カルテル・入札談合等のやり得を防止するために，不当利得（を擬制する一定の水準）を超える原則一律一定率の水準の課徴金を課すこととしている。これは，課徴金の性格について，「一定のカルテルによる経済的利得を国が徴収し，違反行為者がそれを保持しないようにすることによって，社会的公正を確保するとともに，違反行為の抑止を図り，カルテル禁止規定の実効性を確保するために執られる行政上の措置であって，カルテルの反社会性ないし反道徳性に着目しこれに対する制裁として科される刑事罰とはその趣旨，目的，手続等を異にするもの」（東京高判平成5年5月21日）であることから罰金との併科が可能であるとの考え方を基本的には維持しつつ，この基本的性格が変わることのない範囲内で，カルテルによる経済的利得の水準を超える水準の金銭を徴収することにより，カルテル禁止規定の実効性

の一層の確保を図ろうとするものであるとされてきた。

　これに対し，カルテルによる経済的利得の一定率の徴収という考え方を離れて，違反行為の重大性，悪質性に応じて個別に金額を設定するいわゆる裁量型課徴金（行政制裁金）制度を導入するとともに，法人に対しては罰金を廃止して公取委による課徴金制度に一本化する（または制裁を科すときは一方しか選べない選択制とする）こと等が主張されている。こうした裁量型課徴金制度の導入は，法人に対する罰則を廃止することの問題など制度上検討すべき点が多々ある。また，そもそも悪質性，重大性を勘案して裁量型課徴金を算定すること自体，算定作業を膨大にするとともに行政制裁金額についての争いを無用に拡大するのではないか等，実務上も検討すべき点がある。このため現在，公取委で鋭意検討が行われている[62]。

7.4. 課徴金減免（リニエンシー）制度

7.4.1. 制度のあらまし

　2005年の独禁法改正により，課徴金減免（リニエンシー）制度が導入された。これは，その名のとおり，法定要件（違反事業者が公取委の調査開始前に所要の情報提供等）に該当すれば，課徴金を減免する制度である。すなわち，調査開始前の1番目の申請者については，課徴金を免除する。調査開始前の2番目の申請者については，課徴金を50%減額する。調査開始前の3番目の申請者については課徴金を30%減額する。調査開始後の申請者については課徴金を30%減額する，というものである。この制度の趣旨は，密室犯罪ともいわれるカルテル・入札談合の発見と解明を容易にし，かつ，企業の法令遵守意欲を向上させることによって，競争秩序の早期回復とカルテル・入札談合の未然防止を図ることにある。このような制度は，米国やEU等の海外主要国・地域においても導入済みであり，世界的な潮流にある。

7.4.2. 課徴金減免対象者数の拡大

　2009年の独禁法改正では，最大5社まで課徴金減免対象者数が拡大された（7条の2第11項）。従前においては，4社目以降の減免申請事業者に対しては課徴金が減額されなかった。しかし，4社目以降の減免申請事業者に対

---

62)　2016年2月から開催されている「独占禁止法研究会」において，裁量型課徴金制度を含め課徴金制度の在り方について検討が行われている。

しても減額を認める制度の導入は、事業者からのより積極的な情報提供につながり、違反行為の解明が容易となり、法執行の効率性確保に資する。そこでこれらの事業者に情報提供をするインセンティブを与えるため、課徴金減免制度の適用事業者数を増加させることとしたものである。課徴金減免制度の対象者数を増やすことについては、公取委に対してより多くの情報が寄せられ、違反行為の解明が容易になるというメリットと、対象者数が多くなることによって、いち早く公取委に情報提供するインセンティブが弱まるというデメリットがある。現行法では、枠を増やすことによるメリットとデメリット等を総合的に考慮し、最大5社（ただし調査開始後は3社まで）とすることが適当とされた。

8. 独禁法の民事上のエンフォースメント

独禁法の執行を強化するには、私人による民事訴訟の活用が重要となる。独禁法が基本的な取引秩序である限り、それによって被害を受けた私人が十分な救済を受けることは不可欠である。

8.1. 損害賠償

独禁法25条は、不当な取引制限、私的独占、不公正な取引方法を行った企業に対して、排除措置命令等が確定したことを前提に、被害者は損害賠償を請求できる。この場合、違反行為を行った事業者は、故意・過失の有無を問わず責任を免れることができない（無過失損害賠償責任）。なお、これらの行為によって損害を蒙った者は、排除措置命令等の有無にかかわらず、民法709条に基づいて損害賠償請求を行うこともできる。

独禁法25条は、いわゆる無過失損害賠償責任を課しており、原告の立証負担を法律上軽減している。しかし現実には、25条は有効に機能しているとはいいがたい。25条訴訟は、私人による競争秩序の回復実現にとって、決して「使いやすい」ものとはいえないからである。というのも、25条訴訟は、独禁法違反行為についての排除措置命令等が確定した後でなければ、裁判上主張することはできない（26条1項。排除措置命令等前置主義）。しかし、公取委に申告しても、公取委が事件として取り上げないと判断し、あるいは

独禁法違反事件として取り上げても最終的に排除措置を採るに至らない場合は十分にあり得る。これは，公取委は，当該行為が違法かどうか，および違法であるとして排除措置を採るかどうかを判断するに際し，個々の具体的な取引に着目するのではなく，競争秩序の維持の観点からみて公正かつ自由な競争が阻害されているかどうかを執行の基準としているためである。つまり，公取委は独禁法違反のすべての行為を事件として取り上げ，あるいは排除しているのではなく，違反行為のうち特に競争秩序に影響を与える度合いの大きいものを合理的な裁量により事件として取り上げているにすぎない。このため，個々の取引をみる限り，外形的には独禁法違反といえるようなケースであっても，競争秩序の維持の観点からみて公取委が事件として取り上げるに値しないと判断する場合には，当該独禁法被害者は救済されないこととなる。さらに現実的には，公取委の物的・人的資源の面からして，全国各地で発生する違反事実すべてを知得することは不可能である。公取委が必ずしもすべての独禁法違反行為を排除することはできないし，またそれを求められているわけでもない。このように排除措置命令等前置主義が桎梏となっている独禁法25条の機能不全を民法709条が補完しているのが現状である。

8.2. 差止請求

独禁法24条により，不公正な取引方法によって著しい損害を受け，または受けるおそれのある消費者や企業は，裁判所に対してその行為の差止めを請求することができる。差止請求権は2000年の独禁法改正で新設されたものである。その趣旨は次の4点に集約される。第1に，公取委の排除措置のみならず，私人の民事的救済手段を通じて独禁法の目的である競争秩序を維持する必要性があること，第2に，25条または民法709条による損害賠償請求訴訟のみでは，現在または将来の被害者の救済が不十分となること，第3に，独禁法違反行為の抑止力を高めるには，行政措置や刑事罰だけでなく，民事的救済手段を活用する必要があること，第4に，世界的にみても，行政的手段と民事的手段が相互に補完しあう競争法体系が構築されており，私人による救済制度を通じた裁判所の判決の積み重ねが競争秩序の維持に重要な役割を果たしていること，の4点である。

差止請求が可能となる対象行為類型は，不公正な取引方法に限定される。

差止めの請求内容は，侵害の停止または予防である。差止請求権者は「著しい損害」を被っていなければならない。これについては，原告に過重な負担を課すものとして批判が多い。

9. 本書の構成

本書が対象とする事件は，すでに述べたように，法的観点のみならず経済学的観点からみて興味深い 12 の事件に絞りこんでいる。適用条文が控訴審で変更され，あるいは行為類型自体が争点となった事件もあるため，本書では，法学書に多くみられる独禁法適用条項別の構成は採っていない。表 0–1 に，各章で取り扱った審判決の適用条項一覧をまとめてあるので，読者自ら適用された独禁法の条項の是非について考えていただきたい。

経済学的視点から各章の内容を吟味すると，大きく分けて 4 つのまとまりから構成される。すなわち，第 I 部：談合・カルテル（第 1 章～2 章），第 II 部：企業結合（第 3 章～5 章），第 III 部：私的独占・不公正な取引方法（第 6 章～10 章），第 IV 部：優越的地位の濫用（第 11 章～12 章）である。このうち，4 番目の優越的地位の濫用は適用条項としては不公正な取引方法の行為類型に含まれるが，経済分析の視点からみると市場への悪影響が問題となるとはいいがたいので，やや異質な行為類型であるとして別建てに分類している。

具体的な行為類型は，水平的制限については，入札談合（第 1 章），カルテル（第 2 章），水平合併（第 3 章），水平型 JV 型統合（第 4 章）が検討対象である。垂直的制限については，垂直統合（第 5 章），プラットフォームにおける取引妨害（第 9 章），再販売価格の拘束（第 10 章）が主な検討対象である。私的独占の行為類型としては，不当廉売（第 6 章），マージンスクイーズ（第 7 章），包括徴収（第 8 章）が検討対象となる。優越的地位の濫用（第 11 章～12 章）は，必ずしも市場への悪影響が問題となるわけではないので最後に取り上げている。

具体的な内容として，本書は以下の 12 章と終章から構成されている。第 1 章「入札談合と基本合意―多摩談合事件―」では，入札談合の不当な取引制限の法解釈について初めてその見解を明らかにした最高裁の判旨を考察するとともに，この事件における入札談合のメカニズムを検討している。第 2

序　章　独禁法審判決の法と経済学　　43

表 0-1　各章における独禁法適用条項

	規制規定	適用条項	行為の態様
第 1 章	不当な取引制限	3 条後段	入札談合
第 2 章	不当な取引制限	3 条後段	カルテル
第 3 章	企業結合	15 条	水平合併
第 4 章	企業結合	10 条	ジョイントベンチャー型統合
第 5 章	企業結合	10 条	株式取得による垂直統合
第 6 章	私的独占	3 条前段	排除型私的独占
第 7 章	私的独占	3 条前段	マージンスクイーズ
第 8 章	私的独占	3 条前段	包括徴収による排除
第 9 章	不公正な取引方法	19 条（一般指定 14 項）	取引妨害
第 10 章	不公正な取引方法	19 条（旧一般指定 12 項）*	再販売価格の拘束
第 11 章	不公正な取引方法	2 条 9 項 5 号	優越的地位の濫用
第 12 章	不公正な取引方法	19 条（旧一般指定 14 項）**	優越的地位の濫用

*　現行法では 2 条 9 項 4 号。
**　現行法では 2 条 9 項 5 号。民法 703 条・709 条事件も含む。

章「自動認可運賃と監督官庁による指導―新潟タクシー価格協定事件―」では，監督官庁の指導に基づく自動認可運賃規制のもとでの価格協定の違法性を検討するとともに，その正当化理由について経済学的に考察している。第3章「水平合併における競争の実質的制限と問題解消措置―新日鐵・住友金属合併事件―」では，公取委による「一定の取引分野」の捉え方，「競争の実質的制限のおそれ」についての判断，および問題解消措置の妥当性を検討するとともに，本件の関連市場の画定および競争の実質的制限について経済学的な評価を行っている。第4章「市場の画定と供給能力の調整―BHP ビリトン及びリオ・ティント JV 型統合事件―」では，鉄鉱石の世界的メジャーによるジョイントベンチャー設立という国際的企業結合事案に対する日本の公取委および海外競争当局の法執行を検討するとともに，JV 型統合がもたらす供給能力の調整がもたらす影響について論じる。第5章「垂直統合による市場閉鎖―ASML・サイマー統合事件―」では，海外の半導体製造装置メーカー同士の垂直統合に対する問題解消措置について検討するとともに，市場閉鎖の反競争効果を経済学的に整理しつつ本件への該当性を論じる。第6章「音楽放送業者の低料金設定による競争者の顧客奪取―有線ブロードネットワークス事件―」では，有線音楽放送事業における不当廉売が私的独占に該当するとされた事件を素材として，不当廉売型差別対価の反競争効果について検討している。第7章「マージンスクイーズによる排除―NTT 東日

本事件―」では，接続料金規制下の卸売価格（接続料金）と小売価格の価格圧搾行為（マージンスクイーズ）が排除行為（私的独占）に該当するとした最高裁判決について検討するとともに，マージンスクイーズの排除効果について経済学的に検討している。第8章「包括徴収による排除―JASRAC事件―」では，音楽著作権管理事業における独占的事業者（JASRAC）による包括徴収契約の排除効果，排除行為の人為性，および排除効果と競争の実質的制限の関係について検討している。第9章「プラットフォームにおける取引妨害―DeNA事件―」では，ソーシャルゲーム提供事業者と競合するプラットフォーム事業者との取引妨害事件を素材として，双方向的なプラットフォームを特徴とする市場における排除行為について検討している。第10章「再販売価格の拘束と公正競争阻害性―ハマナカ事件・アディダス事件―」では，小売価格の下限を制限するために出荷停止や在庫返品などを行った事例に基づいて，再販売価格拘束の「正当化理由」を，法学，経済学双方の視点から検討している。第11章「優越的地位濫用の規制趣旨と要件該当性―トイザらス事件―」では，優越的地位の有無，濫用の成否，優越的地位濫用の規制趣旨について法学的視点から検討するとともに，本件行為の経済合理性や認定手法の是非について論評している。第12章「フランチャイズ契約における優越的地位の濫用―セブン‐イレブン事件―」では，フランチャイズ契約の枠組みの中で生じた見切り販売の制限等の行為が優越的地位の濫用に該当するか，また，経済合理性の観点からこのような行為がどこまで正当化できるかを検討している。最後に終章で，本書の分析を総括しつつ，日本の独禁法と競争政策の直面する今後の課題を展望している。

参考文献

井上達夫（2003）「公正競争とは何か―法哲学的試論―」『法という企て』東京大学出版会，235-262頁。

上杉秋則（2007）『独禁法の来し方・行く末』第一法規。

宇佐美誠（2004）「将来世代・自我・共同体」経済研究55巻1号，1-14頁。

大久保直樹・川濵昇・田平恵・荒井弘毅・品川武・栗谷康正・飯塚広光・佐藤範行（2014）「諸外国の企業結合規制における行動的問題解消措置に関する研究」公正取引委員会・競争政策研究センター共同研究報告書（CR 04-14）。

岡田羊祐（2013）「日本の競争政策―歴史的概観―」公正取引752号，4-11頁。

岡田羊祐・林秀弥編（2014）『クラウド産業論―流動化するプラットフォーム・ビジネスにおける競争と規制―』勁草書房。

岡村薫・鈴村興太郎・林秀弥（2009）「小宮隆太郎教授へのインタビュー―八幡，富士両製鉄の合併事件の回顧と評価を中心として―」競争政策研究センター・ディスカッションペーパーシリーズ，CPDP39-J。

奥野正寛・鈴村興太郎（1988）『ミクロ経済学Ⅱ』岩波書店。

小田切宏之（2008）『競争政策論』日本評論社。

金井貴嗣・川濱昇・泉水文雄編（2015）『独占禁止法（第5版）』弘文堂。

金井貴嗣・川濱昇・泉水文雄編著（2013）『ケースブック独占禁止法（第3版）』弘文堂。

川濱昇（2013）「不当廉売規制における費用基準とその論拠」川濱昇・泉水文雄・土佐和生・泉克幸・池田千鶴編『競争法の理論と課題―独占禁止法・知的財産法の最前線―』有斐閣。

後藤晃（2013）『独占禁止法と日本経済』NTT出版。

後藤晃・鈴村興太郎編（1999）『日本の競争政策』東京大学出版会。

鈴村興太郎編（2006）『世代間衡平性の論理と倫理』東洋経済新報社。

武田邦宣・泉水文雄・長谷河亜希子・荒井弘毅・藤井宣明・鈴木健太・金浦東祐・大吉規之・鈴木隆彦（2013）「カルテル事件における立証手法の検討―状況証拠の活用について―」公正取引委員会・競争政策研究センター共同研究報告書（CR 02-13）。

鶴田俊正（1997）『規制緩和』筑摩書房。

中川寛子（2001）『不当廉売と日米欧競争法』有斐閣。

根岸哲・川濱昇・泉水文雄編（2007）『ネットワーク市場における技術と競争のインターフェース』有斐閣。

根岸哲・舟田正之（2006）『独占禁止法概説（第3版）』有斐閣。

平林英勝（2008）「公正取引委員会の職権行使の独立性について―事例の検討と法的分析―」筑波ロー・ジャーナル3号，67-97頁。

深尾京司（2012）『「失われた20年」と日本経済―構造的原因と再生への原動力の解明―』日本経済新聞出版社。

舟田正之編（2014）『電力改革と独占禁止法・競争政策』有斐閣。

星岳雄，アニル・カシャップ（2006）『日本金融システム進化論』日本経済新聞社。

元橋一之・船越誠・藤平章（2005）「競争，イノベーション，生産性に関する定量的分析」公正取引委員会・競争政策研究センター共同研究報告書（CR02-05）。

Aghion, P. and R. Griffith（2005）*Competition and Growth*, MIT Press.

Besanko, D. and D. F. Spulber（1989）"Antitrust Enforcement under Asymmetric Information," *Economic Journal* 99, 408-425.

Besanko, D. and D. F. Spulber（1993）"Contested Mergers and Equilibrium Antitrust Policy," *Journal of Law, Economics, and Organization* 9, 1-29.

Bork, R. H.（1978）*The Antitrust Paradox*, Free Press.

Buccirossi, P. ed.（2008）*Handbook of Antitrust Economics*, MIT Press.

Buccirossi, P., L. Ciari, T. Duso, G. Spagnolo, and C. Vitale（2013）"Competition Policy and Productivity Growth: An Empirical Assessment," *Review of Economics and Statistics* 95, 1324-1336.

Caballero, R. J., T. Hoshi, and A. K. Kashyap（2008）"Zombie Lending and Depressed Restructuring in Japan," *American Economic Review* 98, 1943-1977.

Inui, T., A. Kawakami, and T. Miyagawa (2012) "Market Competition, Differences in Technology, and Productivity Improvement: An Empirical Analysis Based on Japanese Manufacturing Firm Data," *Japan and the World Economy* 24, 197-206.

Kaplow, L. and S. Shavell (2002) *Fairness versus Welfare*, Harvard University Press.

Kronthaler, F. and J. Stephan (2007) "Factors Accounting for the Enactment of a Competition Law: An Empirical Analysis," *Antitrust Bulletin* 52 (2), 137-168.

Kwoka, J. Jr. and L. J. White eds. (2014) *The Antitrust Revolution*, 6th edition, Oxford University Press.

Landes, W. M. and R. A. Posner (1981) "Market Power in Antitrust Cases," *Harvard Law Review* 94, 937-996.

Lyons, B. ed. (2009) *Cases in European Competition Policy*, Cambridge University Press.

Motta, M. (2004) *Competition Policy: Theory and Practice*, Cambridge University Press.

Neven, D. J. and L. H Röller (2005) "Consumer Surplus vs. Welfare Standard in a Political Economy Model of Merger Control," *International Journal of Industrial Organization* 23, 829-848.

Okada, Y. (2005) "Competition and Productivity in Japanese Manufacturing Industries," *Journal of the Japanese and International Economies* 19, 586-616.

Perloff, J. M., L. S. Karp, and A. Golan (2007) *Estimating Market Power and Strategies*, Cambridge University Press.

Posner, R. A. (1976) *Antitrust Law: An Economic Perspective*, University of Chicago Press.

Salop, S. C. (2005) "Question: What is the Real Proper Antitrust Welfare Standard? Answer: The True Consumer Welfare Standard," Public Comment at Antitrust Modernization Commission. http://govinfo.library.unt.edu/amc/public_studies_fr28902/exclus_conduct_pdf/051104_Salop_Mergers.pdf

Vickers, J. (1995) "Concepts of Competition," *Oxford Economic Paper* 47, 1-23.

Viscusi, W. K., J. E. Harrington, and J. M. Vernon (2005) *Economics of Regulation and Antitrust*, 4th edition, MIT Press.

Whinston, M. D. (2006) *Lectures on Antitrust Economics*, MIT Press.

I

談合・カルテル

第1章

入札談合と基本合意

多摩談合事件

岡田羊祐・越知保見・林 秀弥

1. はじめに

　公取委は，東京都新都市整備公社が発注する多摩地区の土木工事について，7年に及ぶ審判ののち，被審人である建設業者33社による基本合意の形成を認めて，独禁法2条6項「不当な取引制限」を行ったと認定し，うち30社に課徴金納付を命じた[1]。この審決に対して，うち25社が審決取消訴訟を提起した。この訴訟は被審人ごとに5つの事件に分かれて東京高裁で審理され，うち4件の判決では取消請求が棄却された。しかし，うち4社を原告とする原判決が審決取消請求を認容したため[2]，公取委が上告に及び，最高裁は原判決を取り消して不当な取引制限の成立を認めた[3]。

　この多摩地区の談合事件（以下，「多摩談合事件」）は，入札談合の不当な取引制限に関する法解釈について最高裁が初めてその見解を明らかにしたという点で意義が大きい事例である。そこで，本章では，この最高裁による不当な取引制限該当性に係る判旨について考察するとともに，この事件における入札談合のメカニズムについて，経済学的視点から検討を加えるものである。

---

1) 排除措置の期限を過ぎたため，課徴金納付のみを命じたいわゆる「一発課徴金事件」である。一発課徴金とは公取委実務で使われる言葉であり，排除措置命令をせず課徴金納付命令のみを行う場合を指す。公取委課徴金審決 2008 年 7 月 24 日（審決集 55 巻 174 頁）。
2) 東京高判 2010 年 3 月 19 日（審決集 56 巻 567 頁）。
3) 最判 2012 年 2 月 20 日（民集 66 巻 2 号 796 頁）。

本章の構成は以下のとおりである。2節では，多摩談合事件の概要を述べる。3節では，最高裁判決が示したいくつかの主要な法解釈について検討する。4節では，多摩談合事件の基本合意の性格について経済学的視点から考察する。5節で結語を述べる。

2. 多摩談合事件

2.1. 事件の概要

2.1.1. 公社の発注・入札参加・指名手続

国内の広い地域で総合的に建設業を営む「ゼネコン」33社は，多摩地区に営業所を置くなどして下水道工事等の事業を行っていた。これ以外にも，その他のゼネコン46社，および地元業者165社も多摩地区で建設業を営んでいた。財団法人東京都新都市整備公社（以下，「公社」）は，指名競争入札により土木工事等を発注しており，予定価格が500万円以上の工事においては入札参加資格を満たす者のなかから入札参加希望者を募り指名業者を選定していた。公社は，事業規模により工種区分ごとにAからEまでのランク（以下，「事業者ランク」）に格付けして，格付けごとに順位を付していた。さらに，公社は，発注する土木工事の予定価格を基準として，工事の技術的難易度をも勘案して，1社による単独施工工事をAからEまでのランクに格付けしていた。また，2社による共同施工工事については，いずれもAランク（AAランク），AランクとBランク（ABランク），AランクとCランク（ACランク）に分けて格付けしていた。共同施工方式における金額は，AAランクは5.6億円以上，ABランクは3億円以上5.6億円未満，ACランクは2.6億円以上3億円未満，Aランクは1.7億円以上2.6億円未満等に分類されていた。

公社は，工事希望票の提出者から指名競争入札参加者を選定するにあたって，発注する工事の規模，施工・技術的難易度，既受注状況，また地元建設業者の育成を図るため，地元業者の立地・ランク等を総合的に勘案して選定していた。さらに，公社は，何度も工事希望票を提出しているにもかかわらず指名されていない事業者を救済する目的で，工事希望票の提出回数，指名回数，受注回数を考慮して選定する場合があった。

公社は，入札参加希望者に工事希望票を提出させ，そのなかから入札参加事業者またはジョイントベンチャー（以下，「JV」）の構成員となるべき者を選定していた。公社は，入札にあたって予定価格および最低制限価格を設定していた。公社は，予定価格を事前に公表しておらず，入札が不調となった場合，その場で3回まで入札を行うこととしていた。最低制限価格は入札予定価格の80％とされ，それを下回る価格で入札した者は失格とし，最低制限価格を上回る事業者のなかで最低の価格で入札した者を落札者としていた。

2. 1. 2. 違反行為等

公取委審決によって認められた違反行為は以下のとおりである。多摩地区に営業所を置くゼネコンは，土木工事担当者をメンバーとする「三多摩建友会」に参加していた。この組織は1979年から1992年まで存在していたが，いわゆる「埼玉土曜会事件」を機に解散した[4]。しかし，解散後も恒例的に懇親会が開催されており，営業担当者の名簿も解散前と同様の体裁で作成されていた。三多摩建友会存続当時，受注意欲や当該工事の関連性を尊重することによって競争を避けることが望ましいとの認識が共有されており，受注希望者の間で調整が難航した場合は，同会の会長等が調整にあたっていた。

本件33社は，遅くとも1997年10月1日以降，公社発注の特定土木工事の受注価格の低下を防ぐために，当該工事ないし当該工事の施工場所との関連性を勘案して受注希望者間の話合いによって受注予定者を決めること，受注すべき価格は受注予定者が決定し，それ以外の者は受注予定者がその価格で受注できるように協力する旨の合意（以下，「本件基本合意」）を行った。

本件基本合意に基づく具体的な受注調整方法は以下のとおりであった。公社発注土木工事72件において，本件33社のうち受注希望者は，当該工事の発注が予測された時点，あるいは公社が入札の執行を公示した時点で，他の違反行為者およびその他のゼネコンまたはゼネコンの多摩地区における営業担当者のうちの有力者に対して，自社が受注を希望していることまたは自社が条件を有していることを必要に応じてアピールしていた。アピールおよび協力の依頼は，口頭，あるいは戸別訪問や電話によって行われていた。受注希望者が複数にわたる場合には，過去の施工工事との継続性や地理的条件な

4）　埼玉土曜会事件とは，1992年から1994年にかけて発覚した一連のゼネコン談合・汚職事件の1つである。公取委勧告審決1992年6月3日。

表 1–1 本件対象期間中のランク別受注結果

工事の格付け	件 数			落札金額（千円）		
	全体	33 社落札	割合（%）	全体	33 社落札	割合（%）
AA	11	9	81.8	5,132,500	4,802,200	93.5
AB	15	12	80.0	4,876,484	3,979,641	81.6
AC	16	5	31.3	4,192,022	1,376,300	32.8
A	30	5	16.7	5,874,748	1,151,000	19.6

どの条件に基づいて調整が行われた。

　33 社は，本件基本合意に基づき，本件で対象となった 72 件のうち 31 物件（約 43.1%）を落札・受注した。落札金額は，合計 200 億 7,500 万円余りのうち，113 億 9,000 万円余り（約 56.3%）を占めていた。ランク別の受注結果は表 1–1 のとおりである。

2.2. 審判決の概要

2.2.1. 審判審決・東京高裁判決

　本件審決では，多摩地区に営業所を置くゼネコン 80 社のうち，課徴金対象期間内に落札実績のある 33 社（審判開始決定時は 34 社だが，審決は 34 社のうち 1 社については基本合意の当事者ではないとされた）でのみ，本件基本合意の存在が認められ，その他のゼネコン 46 社は「自社が受注意欲や関連性を有するときは他の違反行為者が協力すべきことについての相互の認識・認容を認めるに足りる証拠はない」として基本合意の当事者ではなく，協力者であるとした [5]。これに対して，4 社を原告とする原判決は，審決が認定した基本合意の程度の認識を有していたことをもって自由で自主的な営業活動上の意思決定を将来にわたって拘束するほどの合意の成立があったと断ずることはできないとし，さらに，競争の実質的制限は個別合意ごとに考えざるを得ず，競争者が自ら降りたことにより当事者の 1 人しか指名されない場合や札入れが 1 社だけの無競争案件は個別受注調整がないことなどから，競争の実質的制限が生じたという事実を認定するに足りる証拠がないとして，本件

　5）　この点，多くの評釈は，80 社を基本合意の当事者とすべきであったと批判している。例えば，越知保見「カルテル・入札談合における審査の対象・要件事実・状況証拠 Part II（上）（下）」判例時報 2034 号 3 頁，2035 号 3 頁，金井貴嗣「基本合意の当事者の範囲と競争の実質的制限の判断」ジュリスト 1378 号 182 頁を参照。

審決を取り消した。

2.2.2. 最高裁判決

最高裁の判旨は以下のとおりである。

「本件対象期間において，多摩地区で事業活動を行うゼネコンのうち少なくとも本件33社が，少なくともAランク以上の土木工事のうちの公社発注の特定土木工事を対象として，本件基本合意をしていた旨を認定したものとして合理的である。」

「各社が，話合い等によって入札における落札予定者及び落札予定価格をあらかじめ決定し，落札予定者の落札に協力するという内容の取決めであり，入札参加業者又は入札参加JVのメインとなった各社は，本来的には自由に入札価格を決めることができるはずのところを，このような取決めがされたときは，これに制約されて意思決定を行うことになるという意味において，各社の事業活動が事実上拘束される結果となることは明らかであるから，本件基本合意は，法2条6項にいう『その事業活動を拘束し』の要件を充足するものということができる。そして，本件基本合意の成立により，各社の間に，上記の取決めに基づいた行動をとることを互いに認識し認容して歩調を合わせるという意思の連絡が形成されたものといえるから，本件基本合意は，同項にいう『共同して……相互に』の要件も充足する。」

「『一定の取引分野における競争を実質的に制限する』とは，当該取引に係る市場が有する競争機能を損なうことをいい，本件基本合意のような一定の入札市場における受注調整の基本的な方法や手順等を取り決める行為によって競争制限が行われる場合には，当該取決めによって，その当事者である事業者らがその意思で当該入札市場における落札者及び落札価格をある程度自由に左右することができる状態をもたらすことをいう。」

「本件対象期間中に発注された公社発注の特定土木工事のうち相当数の工事において本件基本合意に基づく個別の受注調整が現に行われ，そのほとんど全ての工事において受注予定者とされた者又はJVが落札し，その大部分における落札率も97%を超える極めて高いものであったことからすると，本件基本合意は，本件対象期間中，公社発注の特定土木

工事を含む A ランク以上の土木工事に係る入札市場の相当部分におい
て、事実上の拘束力をもって有効に機能し、上記の状態をもたらしてい
たものということができる。」

「本件基本合意は、法 7 条の 2 第 1 項所定の『役務の対価に係るもの』
に当たるものであるところ、上記の課徴金制度の趣旨に鑑みると、同項
所定の課徴金の対象となる『当該……役務』とは、本件においては、本
件基本合意の対象とされた工事であって、本件基本合意に基づく受注調
整等の結果、具体的な競争制限効果が発生するに至ったものをいうと解
される。そして、本件個別工事は、いずれも本件基本合意に基づく個別
の受注調整の結果、受注予定者とされた者が落札し受注したものであり、
しかもその落札率は 89.79% ないし 99.97% といずれも高いものであっ
たから、本件個別工事についてその結果として具体的な競争制限効果が
発生したことは明らかである。」

3. 法学的視点からの考察

本判決は、不当な取引制限に関する行政事件としては、初めての最高裁判
決である。しかし、これに対する評釈は、その意義の受け止め方にかなりの
違いがある。大きく分けて、旧来の解釈の枠組みを超えた解釈をもたらした
ものとして[6]、最高裁判決を積極的に評価する立場（以下、「先進説」）と[7]、
従来の通説の立場を確認したことを評価する立場（以下、「踏襲説」）がある[8]。
また、原判決に好意的な立場から独自の見解を述べたものもある[9]。以下で

---

6) 最高裁判決は、越知ほか（2007）が提言したカルテルの事実認定、立証と 3 条後段の解釈
論に関する提言に正面から網羅的に答えたものである。越知保見ほか「カルテル・入札談合
における審査の対象・要件事実・状況証拠 (1) (2) (3) (4)」判例時報 1979 号 3 頁、1980
号 26 頁、1982 号 3 頁、1983 号 3 頁、越知「カルテル・入札談合における審査の対象・要件
事実・状況証拠 Part II（上）（下）」判例時報 2034 号 3 頁、2035 号 3 頁、同「カルテル・
入札談合における審査の対象・要件事実・状況証拠 Part III—多摩談合事件・郵便区分機事
件・ポリプロピレン事件の総合的検討（上）（下）—」判例時報 2094 号 3 頁、2095 号 18 頁。
最高裁調査官解説（古田孝夫「本件評釈」ジュリスト 1448 号（2012））は、上記諸論文の核
心部を引用して解説が行われている。
7) 越知保見「本件評釈」判例時報 2170 号 1 頁（2013）、金井貴嗣「入札談合の不当な取引制
限該当性—多摩談合事件最高裁判決の検討—」中央ロージャーナル第 10 巻 4 号 2 頁（2014）。
8) 宮井雅明「本件評釈」公正取引 739 号 49 頁（2012）、泉水文雄「本件評釈」TKC ローラ
イブラリー速報判例解説 37 号。

第 1 章　入札談合と基本合意　　55

は，これらの見方を対比しつつ論じる。

3.1.　共同性・相互性・拘束性

　不当な取引制限について，従来の学説は，「共同して，相互に，……事業
活動を拘束し」の意義について，相互性と拘束性を一体的にみて，「相互拘
束」という概念を展開し，これをいわゆる「合意」と位置付けていた。これ
に対し，最高裁判決は，「制約されて意思決定を行うことになる」こととし
て「事業活動の拘束」の意義を明らかにした上で，「共同して，相互に」を
一体的に把握し，これを意思連絡の問題と捉えた。

　この点について，踏襲説は，本判決が事業活動の拘束を先に論じ，意思連
絡を「共同して，相互に」の問題と解したことは，高裁判決が事業活動の拘
束について特異な解釈を行ったことから生じたもので，従来の通説と違った
解釈を取るものではないとする。確かに，原判決が，「情報交換だけでは自
由で自主的な営業活動上の意思決定を将来にわたって拘束するほどの合意が
あったと断ずることができるのか甚だ疑問」としたのは，事実認定を偽装し
た「拘束」についての解釈の変更であった。そのような解釈の変更を阻止し
たという点で，本判決は従来の解釈に従ったものといえる。

　しかし，先進説の立場からは，本判決が共同性と相互性を一体的に把握し，
これを意思連絡の問題と捉えたのは，明らかに従来の先例を超えた新たな判
断が示されたものである。すなわち，「事業活動の拘束」の意義を独立した
意思決定の制約とする本判決の解釈は，米国の判例の展開に整合するだけで
はなく，不当な取引制限規定を，「共同して，相互に」の部分が「合意した
こと」に関する部分であり，「事業活動の拘束」が対象となる合意の内容・
射程をあらわすものと整理したものである[10]。その結果，受注物件がない
者や受注能力がない者は，「相互に」拘束されていない（一方的に拘束されて
いるに過ぎない）から，談合の当事者になり得ないとの抗弁が封じられるな
ど，本判決の解釈は，2 条 6 項の解釈を簡明なものとしたと評価できる。

---

9)　白石忠志「本件評釈」法学協会雑誌 130 巻 3 号 155 頁（2013），大久保直樹「本件評釈」
ジュリスト 1442 号 4 頁（2012），滝沢紗矢子「本件評釈」法学（東北大学）76 巻 3 号 147
頁（2012）。

10)　審決が基本合意の当事者が 33 社に限られ 46 社は協力者に過ぎず違反行為者ではないと
したことはかかる一方的拘束の問題に配慮したものであった。

3.2. 競争の実質的制限

「競争の実質的制限」という用語は，不当な取引制限，私的独占，企業結合で等しく使われており，通説では，市場支配力の維持・形成・強化という観点で共通するものと考えられていた。ところが，最高裁は，「競争の実質的制限とは，当該取引に係る市場が有する競争機能を損なうことをいい，本件基本合意のような……場合には，当該取決めによって，その当事者である事業者らがその意思で当該入札市場における落札者及び落札価格をある程度自由に左右することができる状態をもたらすことをいう」と判示し，類型ごとに競争の実質的制限の意義が異なることを示唆し，全類型に共通する定義として，「市場が有する競争機能を損なうこと」という観点を判示した。

先進説は，かかる観点は，通説が全類型での競争の実質的制限を「市場支配力の維持・形成・強化」と解してきたことを変更するものであると解する。これに対して，踏襲説は，市場支配力の維持・形成・強化につながらない競争の機能の阻害は考えられないので，本判決は，従来の意義を変更したものではないとする。しかし，この踏襲説には，先進説からは，以下の2点において疑問がある。

第1に，不当な取引制限においては，価格を自由にコントロールできることは基本合意に拘束力があれば可能であり，本判決は基本合意に拘束力のある範囲で市場を画定すれば，市場支配力というものが形成されたかを別個に立証することなく競争の実質的制限が発生するという考え方を採用したものであると解するのが自然である[11]。

これまでの判例では市場シェアが50%程度となることを常に認定しており，市場シェアが50%を相当に下回る可能性があるにもかかわらず，合意が拘束力を有していることから競争の実質的制限の要件が充足されると判断されたことはない。最高裁判決は，一定の取引分野を「Aランク以上の土木工事に係る入札市場」と審決より広く認定しており，本件の一定の取引分野のうちACランクないしAランクの物件に係る市場シェアは50%を相当

---

11) 今村成和『独占禁止法（新版）』56頁（有斐閣，1978）は，「取引制限は独占と異なり，もともと市場支配と結びついた概念ではないのであるから，市場支配力の有無をその違法性の基準とする理由もないのである」と述べており，このような視点は，古くから指摘されていた。

第1章　入札談合と基本合意　　57

下回るものであった。そのような場合でも，本件基本合意は，「相当部分において，事実上の拘束力を持って，有効に機能し，……法2条6項にいう『一定の取引分野における競争を実質的に制限する』の要件を充足するものというべきである」と説示したこと，また，本判決に関する調査官解説が，入札談合においては市場シェアの点に拘泥する必要がないことを明確に述べていることから[12]，上記の先進説の見方をとったと考えることもできる[13]。

　第2に，日本では，不公正な取引方法についての競争の減殺は，競争の実質的制限に至らない場合にも生じうると解しているので，市場支配力の維持・形成・強化につながらない競争機能の阻害は考えられないとする立場は，市場支配力の維持・形成・強化がなくても競争の減殺が生じる（つまり，競争の機能が阻害される）と解してきた通説の立場と矛盾するものである。本判決は，公正競争阻害性と競争の実質的制限の意義を異なるものとする従来の通説に一石を投じるものである。そこまでの解釈を取らないとしても，少なくとも不当な取引制限に関しては，公正競争阻害性のレベルかそれ以下での競争の機能の阻害が認められれば，競争の実質的制限が認定できると解することもできよう。

3.3.　一定の取引分野

　審決では，対象期間を限定しつつ，さらに，ゼネコンが2社以上が入札参加者となっている工事を「一定の取引分野」の範囲に限定していた。原判決は，この点について実質的証拠の裏付けがないと判示していた。これに対して，最高裁判決は，一定の取引分野について，「本件対象期間中，公社発注の特定土木工事を含むAランク以上の土木工事に係る入札市場の相当部分」として，審決と異なりAランク以上の工事を一定の取引分野と認定している。この点は，従来の通説が社会保険庁シール談合事件において東京高判が

---

12)　古田孝夫「本件調査官解説」ジュリスト1448号（2012）。

13)　一方，踏襲説では，NTT東日本事件最高裁判決（本書第7章を参照）を引用しつつ，競争の実質的制限と「市場支配力の形成，維持ないし強化」とが同じ意味であることが確認されたとする。本判決がこの表現を用いなかったのは，原審決や他の4つの取消訴訟に係る高裁判決が上記の表現を用いていること，入札談合は，形成，維持，強化のうちの形成に該当し，維持，強化へ言及する必要がないこと，入札談合と私的独占とでは競争の実質的制限の認定方法が異なり得ること等を指摘して，私的独占と不当な取引制限とで競争の実質的制限の意味が異なるものではないとする。前掲注8泉水評釈を参照。

示した「価格が合意された範囲」において，一定の取引分野を画定するという従来の市場画定手法を変更するものであるとも考えられる。

　不当な取引制限では，行為要件を認定する際，合意が競争制限を生じるものであることについても判断することになることが多く，行為要件と効果要件が一体的に判断されていると説かれてきた[14]。合意された範囲で一定の取引分野を画定すれば必然的にそのような判断枠組みが取られることになるといえよう。

　この実務に対し，本件調査官解説では，合意された範囲（談合が行われた範囲）が競争が実質的に制限される範囲にあたり，それをもって一定の取引分野を画定するという従来の考え方は，論理が逆であるとの批判にこたえたもので，不当な取引制限においても一定の取引分野の画定を先にするべきであると述べて，従来の実務の変更を促しているともとれる解説を行っている[15]。

　この点について，社会保険庁シール談合事件に依拠した行為要件と効果要件が一体的に判断されているとする従来の解釈を当然違法的処理と理解した上で，本判決は当然違法的処理を相対化したものであるという見解がある[16]。しかし，先進説の立場からは，本判決は，競争の実質的制限の解釈について，市場シェアに拘泥することなく相当程度の価格引上げがあった場合には，競争の実質的制限に該当するとの解釈を示したものであり，価格が引き上げられた範囲で，市場を画定し，すなわち市場支配力が形成される範囲で，市場画定を行うという解釈を取る必要性を消滅させたものであるから，当然違法的処理を強化していると主張される。

---

14)　酒井紀子「『一定の取引分野における競争を実質的に制限する』要件事実」石川古希『経済社会と法の役割』335 頁（商事法務，2013）。

15)　本件調査官解説は以下のように述べる。従来の考え方は，「本来，『一定の取引分野』の画定が，当該市場において競争が実質的に制限されているか否かを判定するための前提として行われるものであることからすると，論理が逆であると考えられることから，本判決は，このような考え方を一般的な考え方としては採用せず，『公社発注の特定土木工事』（本件審決が本件基本合意の対象市場と認定した市場）よりも一般的かつ客観的な市場である『Ａランク以上の土木工事』をもって，本件における『一定の取引分野』と画定したものと考えられる。」（前掲注 12 古田解説 94 頁）。

16)　白石忠志「本件評釈」法学協会雑誌 130 巻 3 号 155 頁（2013）。

3. 4. 「当該商品または役務」の意義

　これまでの審判決では，課徴金が賦課される要件である「当該商品・役務」とは「基本合意に基づいて受注予定者が決定され，受注するなど，受注調整手続に上程されることによって具体的に競争制限効果が発生するに至ったものをさす」とされていた[17]。この点，本判決判旨は，「当該商品・役務とは，基本合意の対象とされた工事であって，基本合意に基づく受注調整等の結果，具体的な競争制限効果が発生するに至ったものをいうと解される」としている。この定義は，ごみ焼却炉談合課徴金事件でもとられているので，本判決が初めて示した解釈ではない[18]。しかし，受注調整手続に上程されたことを要件とする従来の定義では，無競争の案件が当該商品役務に含まれなくなる可能性があり，実際，ごみ焼却炉談合課徴金事件以前は，無競争案件を課徴金対象としないことがあり，本件の多摩談合事件でも，いくつかの無競争物件が課徴金の対象から外されていた。その意味で，ごみ焼却炉談合課徴金事件で打ち出された「当該商品・役務」の新たな定義が，最高裁判決でも確認されたことの意義は大きいように思われる。さらに，本判決が，「基本合意に基づいて受注予定者とされたものが落札し，落札率が89.79％ないし99.97％であれば具体的競争制限効果が発生したことは明らかである」と述べたことは，具体的競争制限効果の認定に関し，基本合意の拘束力の及ぶ範囲には，具体的競争制限効果が発生したことが推認されること，したがって，基本合意の拘束力が及んでいることが明らかであれば，具体的競争制限効果は，被審人に（それが発生していないことの）立証責任があることを示唆するものである。

4.　経済学的考察

4. 1.　入札談合のメカニズム

　そもそも競争入札に期待される機能は，①効率的な価格を迅速に発見する

---

17)　土屋企業事件（東京高判平成16年2月20日），および，協和エクシオ事件（審判審決平成6年3月30日）を参照。

18)　ごみ焼却炉談合課徴金事件（東京高判平成23年10月28日）。

こと，および，②効率的な資源配分を透明なプロセスによって実現すること，の２点である。競争入札では，最も効率的な事業者の費用に近い水準に価格が決まることが期待される。なぜならば，発注者は，事業者の費用条件について事前に十分な情報が得られなくても，入札を通じてそのような水準に近い価格を知ることができるからである。さらに，売手と買手のマッチングが迅速に実現することによって資源配分が効率化されることも期待できる。

入札談合とは，発注された物件をめぐって応札者が共謀して落札者をあらかじめ決定し，他の入札者は応札しないか，あるいは，より高額の価格で入札をするように合意することである。ただし，談合が行われる場合には，入札手続の違いに応じて，それぞれに固有の合意形成が必要となる。すなわち，①合意が遵守されなかった場合の罰則，②アウトサイダーが参入した場合の対処，③落札者が得た利益のメンバー間の分配，の３点について何らかの合意を取り結ばなければならない。しかし，入札談合では，これらの合意内容に不満を持つメンバーが競争当局へ密告することによって発覚することが多い。このような裏切り（cheating）が生じないように，メンバーの行動を監視しつつ，仮に裏切り者が出た場合には何らかの罰則が与えられることを周知させることによって，談合の拘束力を高める必要がある。

この談合維持のメカニズムは，入札手続のあり方，具体的には，①入札参加者あるいは指名業者の選定ルール，②対象工事の規模・ランクの設定方式，③仕様・工法の指定の有無，などによって様々に異なってくる。したがって，個々の事件ごとに，具体的な合意形成のあり方を解明することによって，談合を抑止するための制度設計や，談合を競争当局が検知する手がかりを得ることができるものと期待される。以下，多摩談合事件の談合維持メカニズムについて分析を進めることとしたい[19]。

4.2. 多摩談合事件における基本合意の性格

4.2.1. 意思の連絡とコーディネーション

法的論点として，「共同性」，「相互性」，「拘束性」と「意思の連絡」の関係をどのように整理するかが問題とされていた。そして，「明示・黙示の合意」と「意識的並行行為」を分けるカギは，「意思の連絡」の有無とその定

---

19) 以下，岡田（2016）に一部を依拠している。

義であるとされていた。そこで，以下では，意思の連絡が共謀の成立にどのような機能を果たすのかを経済学的に検討する。ただし，法的論点との違いを明確にするために，以下では，意思の連絡に相当する行為を「コミュニケーション」と呼ぶこととしたい。そして，コミュニケーションによって入札談合の「コーディネーション（coordination）」が容易となるか否かに注目する。実は，経済学ではこの点が必ずしも明確には理解されていないからである。

　経済学的に共謀を理解しようとする場合には，「誘因制約」（incentive constraints）と「コーディネーション」の２点に注目する。このうち，誘因制約とは，簡潔に述べれば，「カルテル・入札談合は，すべてサブゲーム完全ナッシュ均衡（subgame perfect Nash equilibrium）でなければならない」という条件のことである[20]。サブゲーム完全ナッシュ均衡でなければ，入札談合の安定性は保証されない。しかし，誘因制約が満たされる場合には，明示または黙示の合意はもちろん，意識的並行行為としても，サブゲーム完全ナッシュ均衡は合理的行動の結果として実現する。すなわち，コミュニケーションがあろうがなかろうが，入札談合をもたらす合意は，サブゲーム完全ナッシュ均衡として成立するのである。この意味では，経済理論と，意思の連絡の有無に依拠する違法性の判断基準（合意の認定）には，さらなる合理的理由付けが必要である。

　実は，入札談合・カルテル規制で意思の連絡の有無が注目される最も大きな理由は，２点目にあげた「コーディネーション」が容易となることに求められる。談合やカルテルが問題となる市場では，通常，多くのナッシュ均衡が存在するので，そこから１つを選択するようにメンバーの間で合意形成を行う必要がある。すなわち，「意思の連絡」の有無を競争当局が重視する意義は，複数のナッシュ均衡が存在する場合のコーディネーションの問題を解決する手段として，直接的であれ間接的であれ，メンバー間で，相互にまたは一方的に，情報発信が行われる点に求められるのである。実際，多摩談合

---

20)　ナッシュ均衡とは非協力ゲームにおける解概念であり，すべてのプレイヤーは自分以外の均衡戦略を知っており，自らの戦略も変更しようとはしない状態を指す。このときすべてのプレイヤーの戦略は互いに最適反応となっている。また，サブゲーム完全ナッシュ均衡とは，各プレイヤーが持つ情報集合のもとで，どのような部分ゲームのもとでも選択される最適な戦略の組み合わせとなる均衡をいう。サブゲーム完全ナッシュ均衡を分かりやすく説明したものとして，柳川・川濵（2006）第８章を参照されたい。

図1–1　コーディネーション・ゲーム（Whinston 2006, p. 22）

		L	R
	U	8, 8	−10, 7
プレイヤー1	D	7, −10	5, 5

事件では，「アピール」や「工事希望票の提出」が，入札の意思をメンバーに伝える重要な手段となっていた。

　しかし，このようなコミュニケーションの中身をメンバーが常に信用するとは必ずしもいえない。利得構造に変更をもたらすコミットメントを伴わないコミュニケーションのことを，「チープトーク（cheap talk）」と呼ぶ。ここで問題とすべきは，チープトークによってコーディネーションが容易となるか否かである。この点を，2人のプレイヤーからなる図1–1のゲームによって検討しよう。

　プレイヤー1はUまたはDの2つの戦略から1つを選択する。同様に，プレイヤー2はLまたはRの2つの戦略から1つを選択する。この戦略の組み合わせによって，プレイヤーの利得が図1–1のように与えられている。最初の数字がプレイヤー1，2つめの数字はプレイヤー2の利得を表す。例えば，プレイヤー1がU，プレイヤー2がLを選択するとき，プレイヤー1の利得は8，プレイヤー2の利得も8となる。しかし，プレイヤー1がUを選択したまま，プレイヤー2がRを選択した場合，プレイヤー1の利得は−10，プレイヤー2の利得は7となる。このようなゲームのもとでのナッシュ均衡としては，（U, L）と（D, R）の2つが考えられる。これら2つの均衡では互いの戦略が最適反応となっているからである。しかし，前者の均衡の方が双方にとって利得が大きいので，より望ましい均衡である。

　このとき，プレイヤー1がUを選択することには危険を伴う。なぜならば，もしプレイヤー2がLではなくRを選択すると利得が大幅に減少してしまうからである。同じくプレイヤー2にとっても，Lを選択することには危険が伴う。プレイヤー1がDを選択するかもしれないからである。したがって，（U, L）が均衡となるためには，プレイヤー双方が相手の取る戦略が確かにUまたはLであると互いに信用できるメカニズムを必要とするの

である。

　このような信用を醸成するメカニズムとして，「意思の連絡」あるいは「コミュニケーション」がどのように機能するかが解明すべき課題である。残念ながら，経済理論は，このようなコミュニケーションの働きを十分に解明しているとはいえないのが現状である[21]。通常の非協力ゲームの枠組みでは，コミットメントを伴わない情報発信は単なるチープトークであり，均衡を変えるメカニズムにはならないと考えられるからである。

　しかし，プレイヤーの直面する不確実性をもう少し掘り下げて考えてみよう。図1-1に見られるような戦略的不確実性を解消するためには，お互いが採りうる戦略の選択肢の範囲について，共通諒解（common knowledge）が醸成される必要がある。例えば，図1-1には2つの戦略しか描かれていないが，仮に第3の戦略があるとしたらどうなるだろうか。あるいは，採りうる戦略が2つのみであるとお互いに確信できないとしたらどうだろうか。さらに，相手のプレイヤーがそもそも合理的に行動するという確証が得られない場合はどうだろうか。あるいは，行為規範としての「公正性」（fairness）に関する共通諒解が存在しない場合はどうだろうか。いずれのケースでも，コーディネーションはいっそう困難となるだろう[22]。もしチープトークがこのような共通諒解の醸成に役立つのであれば，この種のコミュニケーションはコーディネーションを図るうえで有効な手段となるのである[23]。

　多くの経済実験の結果が示唆するように，プレイヤー双方にとって望ましい均衡（U, L）を実現するうえで，チープトークは大いに威力を発揮するように思われる[24]。通常，競争当局にとって観察可能な価格や数量などの情報に依拠して共謀を検知することは極めて難しいことに照らして，事業者間の意思の連絡に注目してカルテル・入札談合を規制しようとすることには，相応の根拠があるといえよう[25]。ただし，どのようなタイプの情報交換が許容されるべきかという問題は残る。情報交換のなかには，業界全体の効率性を高めるようなタイプのものがあり得るからである[26]。

　21）　この点を分かりやすく解説した Whinston（2006）を参照。
　22）　Roth（1985），Auman（1990）を参照。
　23）　Farrell and Rabin（1996）を参照。
　24）　例えば，Valley et al.（2002），Crawford（1998）を参照。
　25）　コミュニケーションの立証を重視して規制することを主張する Kuhn（2001）を参照。

4. 2. 2. サイドペイメント——市場分割とビッド・ローテーション

効率的事業者を落札者とするように談合を成立させるためには，メンバー間での利得の調整（以下，「サイドペイメント」）が必要となる。サイドペイメントの手段としては，例えば，直接的な金銭補償以外に，市場分割や落札者の順番を決めるビッド・ローテーションという方法があり得る[27]。ただし，直接的な金銭授受は記録が残りやすく，メンバーの不満も生みやすい。したがって，多くの入札談合では，市場分割やビッド・ローテーション，あるいは市場分割の一種である JV や下請け・孫請けといった手段が多用される。ただし，ビッド・ローテーションや市場分割があったとしても，直ちに競争制限効果が発生するわけではない。したがって，これらの手段が談合維持メカニズムの手段として用いられているか否かを見極める必要がある[28]。

多摩談合事件では，あらかじめ発注者によって事業者ランク別に市場分割が行われていた可能性が高い。基本合意の当事者とされた 33 社以外に，協力者であるゼネコン 46 社，地元業者 165 社という多数の業者が存在するなかで，本件で対象となった 72 の物件のうち地元業者が受注した 32 件の落札率は平均 96.1％ と極めて高かった。また，このうち，地元業者が落札した物件のうち，叩き合いがあったと思われる最低制限価格に近い物件は 32 件中 8 件に過ぎず，残りは 99％ 以上の落札率となっていた。また，被審人以外の協力者とされた「その他ゼネコン」も，本件の対象となった 33 件のうち 22 件で JV の一員として落札事業者に名前を連ねていた。これらの事実は，地元業者への配慮を求めるいわゆる「地域要件」があったことを考慮しても，地元業者やその他ゼネコンを含めた幅広い事業者の間で市場分割が行われていたことを強く示唆している。

さらに，本件で対象となった落札物件 33 件が被審人 33 社によってほぼ均

---

26) 例えば，共同研究開発，共同生産，共同購入，共同販売，規格標準化等の「非ハード・コアカルテル」と呼ばれる行為が競争制限効果を持つか否か，さらに個別に検討すべき課題となる。

27) ビッド・ローテーションのメカニズムを理論的に検討したものに Aoyagi (2003) がある。

28) 例えば，直接的な金銭補償によってサイドペイメントが行われる場合には，シェア・落札率の変動は大きくなる傾向があり，市場分割によるサイドペイメントの場合には，シェア・落札率は安定化するものと予想できる。ただし，多摩談合事件にはどちらの傾向が見られたかを公表された事実のみから推測することは難しい。

等に受注されていたことは，ビッド・ローテーションと市場分割を組み合わせた内容を持つ基本合意が存在したことを示唆する[29]。例えば，被審人のうち 7 社は，72 件中 17 件を複数回落札していた一方で，その他の被審人の26 社は 1 回ずつ落札していた。本件談合事件で「有力者」とされた企業が複数回の受注をしていること，さらに，被審人となった 33 社はすべて全国で建設業等を営む「ゼネコン」であったことを考慮すると，もし仮に競争的な入札が行われていれば，費用条件や物件の地理的条件，各事業者の稼働率，技術的な施工条件に照らして，このように均等に分散された受注が多摩地区で実現する可能性は極めて低かったのではなかろうか。ただし，これだけ複雑な条件を考慮しつつビッド・ローテーションを行うためには，相当に高度で濃密な情報交換が合意形成のために必要だったものと推測される。

4. 2. 3. 複数市場の接触による共謀の容易化

多摩談合事件における談合維持メカニズムのもう 1 つの解釈は，事業者が「複数市場における接触」（multi-market contact）を繰り返すことによって共謀が容易化されたというものである。繰返しゲームの枠組みのもとでは，個々の市場特性や企業特性に相違が存在する場合に，複数市場をまたぐ共謀が起こりやすくなる[30]。なぜならば，複数市場のそれぞれの誘因制約を個々の企業は同時に考慮して戦略を決めるはずだからである。

一見すると，複数市場での接触があると，ある企業が 1 つの市場で共謀から離脱すると，その他のすべての市場で，他の企業から罰則を受ける危険があるため，複数市場の接触があると共謀を維持する誘因が存在するように思える。しかし，この説明は十分でない。なぜならば，ある企業は，同時にすべての市場における共謀から一気に離脱することが可能なはずだからである。したがって，共謀が容易になるためには，市場条件や企業特性に関する何らかの非対称性が必要となるのである。この点を，簡単な例を使って説明しよう[31]。

---

29) ただし，ランクごとにビッド・ローテーションが行われていたかは，審判決の情報のみからでは不明である。

30) Bernheim and Whinston（1990）を参照。

31) 以下の例は Motta（2004）pp. 148–149 による。ここでは簡略化のために静学的枠組みによって説明している。動学ゲームに基づくより詳細な説明は Bernheim and Whinston（1990）を参照されたい。

66   I 談合・カルテル

　今，2つの市場AとBがあるとしよう。市場Aは企業1と企業2のみ，
市場Bには企業1と企業2を含むn企業（1, 2, ..., n）が存在するとしよう。
これは市場Aと市場Bの構造が非対称的となっているケースである。この
とき，企業1と企業2は市場Aと市場Bの2つの市場で接触している。も
しnが十分に大きな数であり，かつ企業1と企業2が互いに完全に対称的
であり，かつ，市場Aと市場Bが独立であれば（すなわち複数市場の接触が無
視できれば），共謀は市場Aでのみ起こり，市場Bは競争均衡となるはずで
ある。すなわち，市場Aでは共謀を維持するための誘因制約が緩く，市場
Bでは誘因制約が厳しいといえる。

　しかし，ここで注意すべきは，企業1と企業2は，2つの市場の誘因制約
をプールして自らの戦略を決めるはずだということである。複数市場の接触
によって共謀が起こることを理解するには，以下の2点に注目する必要があ
る。

　第1に，もし，市場Bにおける企業1と企業2以外のすべての企業（全部
でn−2社）のシェアの合計が企業1と企業2を合わせたシェアよりも大きい
のであれば，n−2社が価格を引き下げる誘因はそれだけ小さくなるはずで
ある。なぜならば，シェアの大きい企業（グループ）が価格を引き下げる誘
因は小さいからである。

　第2に，企業1と企業2は，市場Aでは価格を引き下げる誘因は小さく，
市場Bでは大きい点に注意しよう。そこで，企業1と企業2は，市場Aと
市場Bの非対称な誘因制約をプールすることによって，市場Bの誘因制約
を緩和させようとする。その結果，市場Aと市場Bの双方で共謀が成立す
るように企業1と企業2は行動することになるのである。

　この例のみでは誘因制約のプールという意味が理解しにくいと思われるの
で，この点を別の例を用いて説明しよう。今，費用条件などの非対称性によ
って，市場Aでは企業1のシェアが70%，企業2のシェアが30%，逆に，
市場Bでは企業1のシェアが30%，企業2のシェアが70%であるものとし
よう。その他の企業特性に違いがないものとすると，個々の市場で独立に競
争が行われる（複数市場の接触がない）場合，市場シェアが大きく異なってい
るために，市場Aと市場Bともに共謀は実現しにくい。しかし，2つの市
場をプールした誘因制約を考慮すると，市場Aと市場Bを合わせて企業A

と企業 B が 50% ずつ占めるような複占が成立するように行動することによって，企業 1 と企業 2 の共同利潤を極大化することができる。すなわち，個々の企業特性の非対称性がもたらす誘因制約を，複数市場の接触を通じて対称化することによって共謀が実現しやすくなるのである。

多摩談合事件の基本合意がこのような複数市場の接触を通じた共謀という特徴を備えていたか否かは，審判決の事実関係のみからでは推測の域を出ないものの，そのようなメカニズムを通じたコーディネーションが働いていた可能性は十分にあるのではないか。本件における事業者特性やランク別市場の非対称性が著しい状況を考慮すると，複数市場における接触によって共謀の容易化が図られるように基本合意が取り結ばれて，それに準拠しつつ個別物件の調整が行われていた可能性は高いと思われる。

5. おわりに

本章では，入札談合の不当な取引制限該当性について最高裁が示した解釈の意義を明らかにするとともに，その基本合意の性格を経済学的視点から検討してきた。本件最高裁判決は，「共同して，……相互に……拘束し」に係る解釈について，経済的に意義の乏しい議論を大きく簡素化した点にその意義があった。さらに，入札談合の明確な物証や供述が得られにくい状況のもとでも，経済分析を活用することによって，入札参加者の規模・数，事業者相互の関係，市場特性や費用構造に注目しつつ，コミュニケーションが共謀を容易にするメカニズムを明らかにできることを説明してきた。今後，入札談合の経験的証拠に依拠しつつ違法性の立証を行う必要が生じた場合に，経済学を活用した立証がますます行われるようになることを期待したい。

参考文献

岡田羊祐（2016）「入札談合の経済学的解釈─多摩談合事件を素材にして─」日本経済学会誌年報第 37 号，93–108 頁。

越知保見・荒井弘毅・下津秀幸（2007）『カルテル・入札談合における審査の対象・要件事実・状況証拠』競争政策研究センター共同研究報告書（CR01–07）。

柳川隆・川濵昇編（2006）『競争の戦略と政策』有斐閣。

Aoyagi, M. (2003) "Bid Rotation and Collusion in Repeated Auctions," *Journal of*

Economic Theory 112, 79–105.

Auman, R. J. (1990) "Nash Equilibria are Not Self-enforcing," in J. J. Gabszewicz, J. F. Richard, and L. A. Wolsey eds., *Economic Decision-making: Games, Econometrics, and Optimisation: Contributions in Honour of Jacques H. Drèze*, Amsterdam; North-Holland, 201–206.

Bernheim, B. D. and M. D. Whinston (1990) "Multimarket contact and collusive behavior," *Rand Journal of Economics* 21, 1–26.

Crawford, V. (1998) "A Survey of Experiments on Communication via Cheap Talk," *Journal of Economic Theory* 78, 286–298.

Farrell, J. and M. Rabin (1996) "Talk is cheap," *Journal of Economic Perspectives* 10, 103–118.

Kuhn, K. U. (2001) "Fighting collusion by regulating communication between firms," *Economic Policy: A European Forum* 32, 167–197.

Motta, M. (2004) *Competition Policy: Theory and Practice*. Cambridge University Press.

Roth, A. (1985) "Toward a Focal Point Theory of Bargaining," in A. Roth ed., *Game-Theoretic Models of Bargaining*, Cambridge University Press.

Valley, K., L. L. Thompson, R. Gibbons, and M. H. Bazerman (2002) "How Communication Improves Efficiency in Bargaining Games," *Journal of Economic Behavior and Organization* 38, 127–155.

Whinston, M. D. (2006) *Lectures on Antitrust Economics*, MIT Press.

第2章

自動認可運賃と監督官庁による指導

新潟タクシー価格協定事件

大久保直樹・鈴木彩子

1. はじめに

公正取引委員会（以下，「公取委」）は，2011年12月，新潟市等に所在するタクシー事業者に対して，独禁法3条（不当な取引制限の禁止）の規定に違反する価格協定を行っていたとして，排除措置命令及び課徴金納付命令を行った。2012年2月，被審人の一部から提起された審判請求によって審判手続きが開始され，2015年2月，審判請求を棄却する審決（以下，「本件審決」）が下された[1]。本件の事実関係等については，2節以下のとおりである。ここでは，本件についてあらかじめ2つの点に注意を促しておきたい。

第1に，本件審決は，本件で問題となった監督官庁の働きかけを行政指導とは呼ばず，単に「本件指導」と呼んでいる。本章は原則としてこの用語法を尊重したが，本件審決は「……新潟運輸支局等の行為を行政指導というかどうかは本件では本質的ではない」と述べているから，本件指導を行政指導と呼んでも誤りではないだろう。本章において，行政指導という言葉を使った部分もある。

第2に，本件に登場する「特定地域における一般乗用旅客自動車運送事業

---

1) 公取委審判審決平成27年2月27日・審決集61巻45頁。本件被審人の一部は東京高裁に対して本件審決の取消を請求したが，東京高裁は平成28年9月2日にこの訴えを棄却した。東京高裁が判決をしたのは本章の脱稿後であったため，本章は判決を分析の対象としていない。

の適正化及び活性化に関する特別措置法」（以下，「特措法」）は，本件排除措置命令の後 2013 年に改正された。本件は，2013 年改正前の特措法を前提とした事件である[2]。

2.　新潟タクシー事件

2.1.　事件の概要

2.1.1.　事件の背景——タクシー特措法と自動認可運賃

　タクシー事業者は，タクシー運賃を設定又は変更する際には，原価計算書その他タクシー運賃の額の算出の基礎を記載した書類を申請書に添付して，国土交通大臣に個別に申請し認可を受けなければならない（道路運送法 9 条の3 第 1 項。同法同条 2 項が認可の基準を定めている）。

　しかし，各地域に膨大な数のタクシー事業者が存在しているため，全ての事業者の運賃を個別に審査することは事実上困難である。そこで，各地方運輸局長等は，申請が出されれば自動的に認可する運賃水準の上限と下限などをあらかじめ「自動認可運賃」として設定していた。

　自動認可運賃の下限を下回る運賃（以下，「下限割れ運賃」）は，直ちに道路運送法違反となるわけではなく，原則に従って個別に審査されるが，この事件の当時，国土交通省は，下限割れ運賃を非常に強く警戒していた。

　なぜなら，2002 年 2 月に規制を緩和して以降，タクシー車両が大幅に増加し過度な運賃競争が行われるなどした結果，タクシー事業者の収益基盤が悪化してタクシー運転手の労働条件が悪化するなどの問題の生じた地域があったからである。

　こうした事態に対して，国土交通省は，次のような一連の対策を講じた。

　第 1 に，2009 年 4 月に「タクシー運賃制度研究会」を設置した。同研究会は，同年 8 月に取りまとめた報告書において，①地域の実情に即した自動認可運賃の幅を設定すべきこと，②下限割れ運賃の審査を慎重に行うべきこと，③下限割れ運賃を採用するタクシー事業者に対する事後審査を慎重に行

---

[2]　2013 年改正までのタクシー規制の変遷と，2013 年改正後の特措法をめぐる動きについては，日野辰哉「タクシー事業における競争自由と公益」法学教室 409 号 49 頁以下（2014）を参照。

うべきこと等を指摘した[3]。②や③の「慎重な審査」の内容を具体的にいうと，人件費，一般管理費，走行距離等に関する報告を毎月求めることなどである。

第2に，2009年6月26日に「特定地域における一般乗用旅客自動車運送事業の適正化及び活性化に関する特別措置法」を制定した（同年10月1日施行。以下「2013年改正前特措法」と呼ぶ）。同法は，国土交通大臣の指定した「特定地域」のタクシー事業者が，単独で又は共同で，事業譲渡，合併，減車等の「事業再構築」を定めた「特定事業計画」を作成できることとした。この制度は，競争者間の共同行為を可能にするものであるが，独禁法の適用を除外するものではない。

新潟交通圏においても，以上の動きを踏まえて，次のような施策が実施された。

第1に，2013年改正前特措法の施行を受けて，2009年10月21日に自動認可運賃が改定され，上限を据え置いたまま下限が引き上げられた（以下，この改定前の自動認可運賃を「旧自動認可運賃」，改定後の自動認可運賃を「新自動認可運賃」という）。その結果，旧自動認可運賃を適用していた27社の小型車及び中型車の特定タクシー運賃はいずれも，新自動認可運賃の下限を割ることとなった。

第2に，2013年改正前特措法に基づいて，新潟交通圏は2009年10月11日に特定地域に指定され，同年11月6日，新潟交通圏特定地域協議会が組織された[4]。同協議会は，北信越運輸局自動車交通部長を会長とし，市や県の事業者団体（26社も会員である）の代表者も加わって組織されたものであり，2010年3月31日に新潟交通圏地域計画を作成した[5]。

北陸信越運輸局及び同新潟運輸支局（以下，「新潟運輸支局等」）は，以上のような施策を実施するにあたって被審人らと接触した際に，新自動認可運賃へ移行することを促す方向で働きかけをした。

---

3) タクシー運賃制度研究会「タクシー運賃の今後の審査のあり方について」http://www.mlit.go.jp/report/press/jidosha03_hh_000063.html

4) 新潟交通圏は，2005年3月21日に他の市町村と合併する前の新潟市，同日に新潟市に編入された新潟県豊栄市及び同県中蒲原郡亀田町並びに同県北蒲原郡聖籠町の区域からなる。

5) http://wwwtb.mlit.go.jp/hokushin/hrt54/bus_taxi/kouji/niigata.pdf

2. 1. 2.　事実の概要

　本件において違反行為をしていたとされた 26 社は，新潟交通圏において
タクシー事業を営んでおり，2010 年度における 26 社の合計市場シェアは，
営業収入ベースで約 81.0% であった。

　26 社は，2. 1. 1. のような新潟運輸支局等の働きかけを受けて，遅くとも
2010 年 2 月 22 日までに，次のような合意（以下，「本件合意」）をした。

　すなわち，小型車については，タクシー運賃を，新自動認可運賃における
下限運賃として定められているタクシー運賃とし，かつ，初乗短縮距離運賃
を設定しないこととする [6]。中型車については，新自動認可運賃における下
限運賃として定められているタクシー運賃とする。大型車と特定大型運賃に
ついては，新自動認可運賃における上限運賃として定められているタクシー
運賃とする。

　公取委は，本件合意が，公共の利益に反して，新潟交通圏におけるタクシ
ー事業の取引分野における競争を実質的に制限していたものであり独禁法 2
条 6 項に規定する不当な取引制限に該当し同法 3 条の規定に違反するとして，
26 社のうち 1 社を除く 25 社に対して，排除措置と課徴金納付を命じた。こ
れに対して，26 社のうち 15 社が，両命令の取消しを求めて審判請求をした
が，公取委は，下記のように述べて，請求を棄却した [7]。

2. 2.　審決の要旨

　(1)「……『一定の取引分野』は，原則として，違反者のした共同行為が
　　　対象としている取引及びそれにより影響を受ける範囲を検討し，画定さ
　　　れるものと解される（……）。

　　　　そして，一定の取引分野を画定するに当たっては，現実に行われてい
　　　る競争関係のみならず，潜在的な競争関係も考慮される（……）。

　　　　……本件合意は，小型車，中型車，大型車及び特定大型車の全ての車

---

　6)　新潟交通圏においては，本来の初乗距離である 1.3 km に対し，初乗距離を短縮する場合
　　の距離は 700 m と定められている。

　7)　本件審決については，金井貴嗣「新潟市等タクシー事業者による価格カルテルの正当化理
　　由」公正取引 776 号 40 頁，岩本諭「タクシー運賃カルテルの正当化理由が否定された事例」
　　ジュリスト 1482 号 88 頁，沢田克己「価格カルテルと正当化理由」平成 27 年度重要判例解
　　説 249 頁，がある。http://www.kohtsukai.net/backnumber/150406/150406.html

種区分に係る特定タクシー運賃を対象としている。

　また，……26 社は，一部の車種区分に係るタクシー車両を保有していないタクシー事業者も含め，本件合意に基づき，小型車，中型車，大型車及び特定大型車の全ての特定タクシー運賃について，本件合意のとおり運賃変更認可申請を行い，当該申請のとおり認可されたところ，運賃変更認可申請を行って認可されていれば，当該申請時点において保有していない車種区分に係るタクシー車両についても，その後当該車種区分に係るタクシー車両を保有するに至った際，特定タクシー運賃に関する新たな申請を要することなく，直ちに当該申請済みの特定タクシー運賃を適用することができるのであるから，本件合意が，潜在的な競争関係も含めて，小型車，中型車，大型車及び特定大型車の全ての車種区分に係るタクシー事業についての競争関係に影響を及ぼすことは明らかである。

　したがって，26 社が行った本件合意の対象である取引及びそれにより影響を受ける範囲は，新潟交通圏における小型車，中型車，大型車及び特定大型車を包含するタクシー事業の取引分野であるから，本件における一定の取引分野は，『新潟交通圏におけるタクシー事業の取引分野』である。」

(2)「……26 社が本件指導により新自動認可運賃へ移行するか否かについて意思決定の自由を失っていたとは認められず，また，新潟運輸支局等が本件指導を超える行政指導をした事実も認めることはできない。そして，26 社は，新自動認可運賃への移行を合意したばかりでなく，その意思で新自動認可運賃の枠内の特定の運賃区分に移行すること及び小型車について初乗距離短縮運賃を設定しないことまで合意したものであり，結局，26 社は，新潟運輸支局等の行政指導による強制等により意思決定の自由を失った状況の下で本件合意をしたものではないから，……被審人らの主張は採用できない。」

(3)「……本件では，26 社は新自動認可運賃に移行することを合意したばかりでなく，新自動認可運賃の枠内での特定の運賃区分に移行すること及び小型車について初乗距離短縮運賃を設定しないことまで合意しているところ，……新潟運輸支局等が新潟交通圏のタクシー事業者に対し新

自動認可運賃の枠内での特定の運賃区分に移行することや，小型車について初乗距離短縮運賃を設定しないことを求める行政指導をした事実は認められず，26社が新自動認可運賃に移行することばかりでなく，新自動認可運賃の枠内での特定の運賃区分に移行すること及び小型車について初乗距離短縮運賃を設定しないことまで合意したことは，本件指導の範囲を明らかに超えているから，その余の点について検討するまでもなく，到底正当化されるものではない。」

3. 法的視点からの考察

3.1. 一定の取引分野——判示（1）について

　本件審決は，「新潟交通圏におけるタクシー事業の取引分野」という市場を画定し，小型車，中型車，大型車及び特定大型車といった車種区分ごとに市場を画定しなかった。

　審決によれば，新潟交通圏において事業活動を行うすべてのタクシー事業者が，すべての車種区分に係るタクシー車両を保有しているわけではなかった。しかし審決は，一部の車種区分に係る車両をその時点では保有していない事業者も，本件合意に従って運賃変更を申請し認可されていれば，その後当該車種区分に係る車両を保有し次第直ちに申請済みタクシー運賃を適用できることを理由として，すべての車種区分について潜在的な競争関係があるとして，「新潟交通圏におけるタクシー事業の取引分野」という市場を画定した。

　本件審決のような市場画定は，企業結合規制の分野においてしばしばみられる。すなわち，ある需要者にとって選択肢となる供給者の範囲と，別の需要者にとって選択肢となる供給者の範囲が異なる場合であっても，供給者にとって代替性があれば，公取委は包括的な市場をしばしば画定する。一部の車種区分に係る車両をその時点で保有していない事業者も本件合意に従って運賃変更を申請しているなどの本件審決の認定は，供給者からみた代替性をうかがわせる事情と言えるだろう。

　こうした実務の背景には，例えば，次のような理屈があるのかもしれない。すなわち，市場支配的状態又は市場支配力の形成・維持・強化を判断する際

には，検討対象市場における競争に参加する供給者の牽制力がもっとも重要であるのだから，供給者の顔ぶれが変わらなければ，おそらくは，市場支配的状態又は市場支配力の形成・維持・強化についての判断も同じとなるだろう。そして，供給者にとって代替性がある場合には，潜在的供給者を含めて市場を画定すれば，顔ぶれは同じになる。そうであるならば，需要者ごとに別個の市場を画定したとしても，反競争性の判断は結局のところ一致するから，需要者ごとに区別する必要はない。

　仮に，上記のような理屈が背後にあるのだとすると，本件について車種区分ごとに市場を画定しなかったことは疑問である。本件合意をめぐる主な争点は，市場支配的状態又は市場支配力の形成・維持・強化ではなく，正当化理由の有無だからである。

　本件について正当化理由の有無を検討するにあたっては，少なくとも，小型車及び中型車と，大型車及び特定大型車とを分けて検討する必要があるだろう。なぜなら，合意された運賃水準が，小型車及び中型車と大型車及び特定大型車とでは異なるからである。

　この点，本件審決は，「いずれの車種区分についても特定の運賃区分への移行を合意した」といったように本件合意を抽象化した上で，ひとまとめにして検討した。

　しかし，仮に，下限割れ運賃の設定が法律によって禁止されていたとしよう。この場合に，下限の95％の運賃水準で合意をすることと，上限運賃への移行を合意することとでは，異なった考慮が必要となるだろう。このような場合とのバランスを考えると，本件においても，合意された運賃の具体的水準に注意して検討する必要があると言える（その上で結論が一致することは十分にありうる）。

　そして，違反行為者の行動は，小型車及び中型車の需要者と大型車及び特定大型車の需要者とでは嗜好が異なっていたことをうかがわせるのではないか。小型車及び中型車については下限までしか引き上げず，大型車及び特定大型車については上限まで引き上げたという事実は，「前者の需要者は運賃の引き上げに敏感だが，後者の需要者はそうでもない」とタクシー事業者が認識していたことを物語るのではないか。こうした認識を前提にすると，需要者の嗜好は少なくとも2つに分かれ，小型車及び中型車の需要者と中型車

及び大型車の需要者それぞれに対する競争が行われる場として，別個の市場を画定できそうである。

このように分けて検討する場合，より悩ましいのは，本件合意の，小型車及び中型車に関する部分であろう。タクシー事業者間の合意過程をみても，そちらの合意形成に重点が置かれている。そこで，下記においても，小型車及び中型車に焦点をあてて論述する。

なお，小型車については，初乗距離短縮運賃を設定しないことも合意されているが，この点については，3.2.の末尾で述べる。

3.2.　正当化理由の有無

独禁法の教科書には，「……事業法規制や行政指導によって強制されている行為であれば，独禁法違反とはできないであろう。」と書かれており[8]，当事者も，これを前提とした主張をした。本件審決は，26社が本件指導により新自動認可運賃へ移行するか否かについて意思決定の自由を失っていたとは認められないと認定し，この主張を退けた（本章の「2.2.審決の要旨」(2)）。

強制されていない競争制限行為だからといって自動的に独禁法違反となるわけではない。強制されているとは言えないが独禁法に違反しないか，という問いに対する答えが，本章の「2.2.審決の要旨」(3)であり，同部分は，被審人らが，新潟運輸支局等の働きかけ内容を超えた合意をしたので違反であるとした。

本件審決は言及していないが，この部分の判断枠組みは，石油製品価格協定刑事事件判決によったものと思われる[9]。石油製品価格協定刑事事件の当時，石油業界は値上げの必要性に迫られていたが，各社がその個別的判断によって引き上げることは事実上できず，値上げの上限に関し業界が事前に通産省（当時）の了承を得るよう行政指導をされていた。こうした状況において，最高裁は，「各事業者の従業者等が，値上げの上限に関する……業界の希望案を合意するに止まらず，その属する事業者の業務に関し，通産省の了承の得られることを前提として，了承された限度一杯まで各社一致して石油

---

8)　白石忠志『独禁法講義（第7版）』56頁（有斐閣，2014）。

9)　最判昭和59年2月24日刑集38巻4号1287頁。

製品の価格を引き上げることまで合意したとすれば，……独禁法三条，八九条一項一号，九五条一項によって禁止・処罰される不当な取引制限行為（共同行為）にあたる」と判断した。

　この点について，被審人は，次のように主張していた。すなわち，激しい価格競争のなかで値上げをする以上，下限運賃に移行する以外に実質的に選択肢はなく，新自動認可運賃に移行することは，新自動認可運賃の下限に移行することと実質的に同内容である。

　審決は，合意に向けて話し合う過程で，小型車の運賃区分を上限にしてはどうかと提案した事業者がいたと認定しているが，被審人からすれば，そのような提案の意図は「皆で引き上げるのであれば成功する可能性が高いから，どうせなら上限まで引き上げてはどうか」というものであって，一社単独で上限まで引き上げる意図があったわけではない，ということになるだろう。

　こうした被審人の主張については，次の２つのことが指摘できる。

　第１に，移行する運賃水準を特定して合意しなくても特定の運賃水準となっていた，という場合であっても，水準を特定して合意してはならないというのが，独禁法の立場なのではないか。

　実は，石油製品価格協定刑事事件も，次のような状況にあった。すなわち，石油製品価格協定刑事事件が起こった当時の石油業界は，OPEC及びOAPEC等による原油値上げという石油製品の客観的値上げ要因を抱え，値上げの必要に迫られていた。しかし，事業者の希望する値上げ幅で値上げをすることは許されず，通産省の了承を得なければならなかった。こうした状況において，値上げの上限に関する希望案を合意すれば，せめてその上限いっぱいまでは値上げしたいと考え実行するのは無理もなかったのではないか。

　このように考えると，石油製品価格協定刑事事件においても，値上げの上限に関する希望案を合意する行為と，了承された限度一杯まで各社一致して石油製品の価格を引き上げることまで合意する行為とは，区別できなかったのではないかと思われるが，最高裁は，２つの合意を区別している。

　第２に，総体としてみれば価格に敏感な需要者であったとしても，なかには鈍感な需要者が含まれており，そのような需要者が一定数存在するのであれば，１円でも高いと商売が成り立たないわけではないだろう。例えば，いわゆる流しのタクシーを需要者が利用する際には，常に必ず最安値運賃のタ

クシーに乗車できる／するとは限らないのであって，タクシー会社としても，それを考慮して運賃を設定することがありうるのではないか。

なお，小型車については，初乗距離短縮運賃を設定しないことも合意された。初乗距離短縮運賃については，自動認可運賃の本来の初乗距離（1.3 km）に達した際に，自動認可運賃の初乗運賃と同一となるように初乗運賃及び加算運賃を定めた場合には，自動認可運賃に係る認可申請があったものとみなされることになっていた。本件審決の理屈からすれば，初乗距離短縮運賃の初乗運賃と加算運賃を調整して，本来の初乗距離に達したときに下限割れ運賃とならないように合意することはともかく，設定しないこととすることは正当化しえないことになるだろう。

3.3. 新自動認可運賃に移行するという合意について

本件の事実関係からは離れるが，もし仮に 26 社が，運賃区分を特定せずに新自動認可運賃に移行するという合意をするに留め，結果として下限にそろったという場合に，公取委がどのような判断をしたのかは興味深いところである。

国交省は，下限割れ運賃に対する審査の厳格化などの検討に際して，次のようなことを指摘していた[10]。すなわち，タクシー事業においては，歩合制賃金が採用されており，人件費が運送収入と連動している。このような場合に，事業者の申請値に基づいて人件費を査定すると，人件費の水準が際限なく下がることを容認し，労働条件等の悪化を助長し，それが安全性やサービスの質の低下を通じて利用者に不利益をもたらすことが強く懸念される。

こうした指摘を前提にすると，下限割れ運賃を避ける旨の（特定の運賃区分を指定しない）合意は，単純にタクシー事業者の事業経営上の必要性にとどまらず，安全性やサービスの質の低下を防ぐという社会公共的な目的に資するものと言える。相談事例のなかには，社会公共的な目的に基づく価格協定を認めたと思われるものもある[11]。このような事例との関係で，公取委

---

10) 前掲注（3）4，7頁。全国ハイヤー・タクシー連合会のホームページによると，2010年度実績・全国平均で，人件費が原価の 72.8% を占める。http://www.taxi-japan.or.jp/content/?p=article&c=115&a=9

11) 独占禁止法に関する相談事例集（平成 21 年度）事例8。この事例は，燃料 A の卸売事業者を会員とする事業者団体からの相談である。需要者の平常時の取引先である小売業者が，

がどのような判断をしたかは，興味深いところである。

4. 経済学視点からみた正当化理由の考察

4.1. 行政指導の実質的効果

　本節では本件の正当化理由についての争点を，経済学的視点から考察する。本章3.1.では，正当化理由の有無を検討する際に，すべての車種をひとまとめにして検討することへの疑問を呈した。ここでは，同様の考えから，特に小型車及び中型車に焦点をあてることとする。

　本件審決では，事業者側が行政指導による強制を主張したため，「本件指導」が新自動認可運賃への移行を強制していたか否かが1つの争点となっていた。しかし，経済学的観点にたってみれば，強制されていたかどうかよりも，本件指導やその土台である2013年改正前特措法や新自動認可運賃規制（以下，まとめて「本件制度」という）が事業者に与える実質的なインセンティブに注目したい。つまり，当事者の意思決定の自由は失われてはいないが，本件に係る指導や制度がその意思決定にどのような影響を与えているのかを分析する。本件の指導や制度が市場にもたらしうる結果を規範的に分析し，本件合意がもたらした結果とどの程度かい離するかを分析するのが経済学的な考え方である。

4.1.1. 下限割れ運賃に対する行政指導

　まず本件指導の内容に，下限割れ運賃を採用するタクシー事業者に対して，報告徴収や監査を行う旨の言及が含まれていたことに注目する。新自動認可運賃導入後に，事業者が旧運賃を維持したことにより下限割れになった場合には，新潟運輸支局への人件費等の月々の報告が課され，場合によって当局による監査が実施されることとされていた。このような下限割れ事業者に対する本件指導の実効性を確保する枠組み（以下，「本枠組み」）は，本件合意のない通常の市場にどのような影響を与えるのであろうか。もし本枠組みの効力が非常に弱いならば，本件合意がない場合には，どの事業者も旧運賃を据え置くと推測される。なぜなら，旧自動認可運賃の上限は新運賃の下限より

大規模災害時には供給できなくなるかもしれないことを前提とした相談である点に注意して，公取委の回答を読む必要がある。

高かったが，旧自動認可運賃時代に新運賃の下限より高い運賃を採用していた事業者はいなかったからである。一方，本枠組みの効力が非常に強く，全事業者が下限割れを避けるようなインセンティブを持ったとすれば，どの事業者も合意なしでも新運賃に移行することになる。

　本件審決でも下限割れ事業者に対する報告徴収及び監査の実施に関しては丁寧な説明がなされ，それらが事業者の新運賃への移行を強制するものであったか，意思決定の自由を奪うものであったか，が論点となっていた。しかし，ここで考えたいのは，自由な意思決定が行われるなかで，事業者がどのような選択をするインセンティブが与えられていたかである。ただし，その実質的効果を測ることは，審決から得られる限られた情報のみでは困難であるため，ここでは論点を提示するに留めたい。

　下限割れ事業者に対する報告徴収及び監査の実施という枠組みの実質的効力を推測するにあたって，1つわかっている事実は，本件合意直後は旧運賃を据え置いて下限割れとなっていた事業者が，その後（2012年5月ごろ），自発的に下限割れ運賃を解消したことである。この事業者は，下限割れ事業者が受けることとされていた監査の結果，行政処分を受けている。この行政処分は下限割れとは関係のない道路運送法違反の事実によるものであったものの，下限割れでなければ監査自体がなかったことに鑑みれば，下限割れに起因する監査の実施，または，そこから派生する負担が事業者の下限割れ解消のインセンティブになった可能性は否定できない。もちろん，この行政処分と下限割れ解消は無関係だったという可能性も残るし，道路運送法違反をしている事業者がこの事業者のみで，他の事業者は同様の監査を受けても追加的な負担を生じない可能性もある。しかし，下限割れ事業者への本枠組みが，事業者に下限割れ運賃での営業を躊躇もしくは解消させる脅威となっており，それが相当程度の効力を持つならば，本件合意がなくても最終的にはすべての事業者が自発的に新運賃に移行していたかもしれない。そうだとすれば，少なくとも新運賃への一律移行という事業者の行為は本件の指導や制度の範囲を超えていると（経済学的観点のみからでは）断言することは出来ない。また，その場合，本件合意は新自動認可運賃幅の下限に運賃を設定するものであったため，運賃を特定する合意が，特定しない場合と比較して，社会厚生を悪化させるものではなかったと言えることになる。

4. 1. 2. 初乗距離短縮運賃の廃止に伴う厚生効果

次に，小型車における初乗距離短縮運賃（以下，「短縮運賃」）の廃止の合意について考察したい。特に，特別な合意もなく新自動認可運賃のもとで短縮運賃を全事業者が採用しないという可能性はあるのかどうかを分析する。

タクシー運賃は，主に初乗運賃と加算運賃からなる距離制運賃である。これは，経済学でいう2部料金制（two-part tariff）の一種であると考えられる。タクシー料金では一定距離の初乗料金が決まっており，それ以降の距離に加算運賃がかかる。合理的顧客であるならば，希望する乗車距離から得られる効用（以下，「乗車効用」という）が初乗料金と加算運賃の合計運賃より大きければ乗車することになる。短縮運賃は，初乗距離を半分程度に短縮した運賃であるが[12]，通常の初乗距離を超えて乗車した場合に通常運賃と同じ合計運賃となるように設定されている。

つまり，通常初乗距離以上の距離を乗車する客にとっては，どちらの運賃体系も違いはない。どちらでも同額の支払い額だからである。短縮運賃の恩恵を得る客は，乗車距離が通常初乗距離以下の乗客である。なかでも，乗車効用が通常初乗運賃より小さい客は，短縮運賃でのみタクシーに乗車することになる。よって，短縮運賃を採用すれば，事業者はこれらの客の需要を取り込むことができる。

しかし一方で，タクシー事業者には，短縮運賃を導入することで失う利益があると考えられる。これは，タクシー市場においては，運賃体系に関係なく偶然来たタクシーに乗車する客がいると考えられるからである。タクシー市場は，同じ市場に複数の異なる運賃がみられることが1つの特徴だといえるが，経済理論では，このような価格分散（price dispersion）を説明する際，消費者が異なる情報を保持していることを仮定することがある。例えば，価格について完全な情報を持つ消費者（informed consumer）は，すべてのタクシー会社の価格を把握しており，必ず最低価格のタクシーを利用しようとするが，価格について十分な情報を持たない消費者（uninformed consumer）は，偶然捕まったタクシーを利用する。

---

12) 例えば，本件の旧認可運賃の初乗運賃は，通常は1.3 kmまで540円に対して，初乗距離短縮運賃は700 mまで300円となっていた。一方，新認可運賃の下限は1.3 km 570円である。なお，初乗運賃の上限は，新旧認可運賃とも1.3 km 600円となっていた。

Salop and Stiglitz (1977) は，このようなモデルでは後者のタイプの消費者の存在により，高い価格でもある程度の需要を見込めるため，均衡で複数の価格が存在する可能性があることを示した。タクシー市場でもこのモデルのように無作為にタクシーに乗車する乗客（uninformed consumer）と低運賃のタクシーを選んで乗車する乗客（informed consumer）とに分けることが出来るかもしれない。例えば，流しのタクシーを捕まえようとしている客は前者であり，予約配車などを使う客は後者に該当するだろう。また，どのタクシー会社がどの場所に待機しているか等の情報を集めて，より安いタクシー会社を選んで乗車しようとする客もいるかもしれない。

　以下では，説明の簡略化のため，タクシーの乗客には informed consumer と uninformed consumer の2つのタイプしか存在しないとする。uninformed consumer の場合では，乗車距離が通常初乗距離以下で，乗車効用が通常初乗運賃より大きい場合には，無作為にタクシーに乗り，そのタクシーが通常初乗距離運賃の場合は，通常初乗料金を支払い，短縮運賃を採用していれば，そのもとでの合計料金を支払う。前者は後者より高いはずであるから，当該タクシーは短縮運賃を採用しないことで，この差分だけ余計に収入を得ることになる。一方，乗客が informed consumer の場合は，市場に短縮運賃のタクシーがあれば必ずそのタクシーを選んで乗車することになる。よって，短縮運賃を採用しないタクシーは，uninformed consumer のうち乗車効用が通常初乗料金以上の客をターゲットにしてサービスを提供することになる。つまり，少ない客から高い運賃を得ることで収入を得ようとする。

　今，すべての事業者が自発的に新運賃に移行したと仮定し，そのうえで，この簡略化されたモデルをもとに，事業者間の合意がなくてもすべての事業者が短縮運賃を採用しないという結果はあり得るのかという点を考察しよう。すなわち，高価格（通常料金）と低価格（短縮料金）との複数価格均衡でなく，高価格のみの均衡は成立するのであろうか。

　限られた情報のなかでは推測の域を出ないが，ここでは旧自動認可運賃時代に短縮運賃を採用していた事業者が多くいた事実に注目したい。特に，旧自動認可運賃幅の最低運賃の事業者のほとんどが短縮運賃を採用していた。これは，これらの事業者にとって通常運賃で uninformed consumer に特化するよりも，短縮運賃でより多くの需要を取り込むほうが合理的だったこと

になる。つまり，乗車距離が通常初乗距離以下の客のなかに，短縮運賃でしか乗車しない客（informed consumer や乗車効用の低い uninformed consumer）が相当数いたことを示唆している。そうであれば，新自動認可運賃のもとでも，このような乗客からの需要を取り込もうと短縮運賃を採用しようとする事業者が発生すると考えるのが自然であるように思われる。実際，本件共同行為成立後に1つの事業者が短縮運賃を適用する運賃変更を行っている。

以上のように，本件指導や制度のもとで，共同行為がなかった仮想的な状況を考えると，事業者が何らかの新運賃に一律に移行することは場合によっては考えられるかもしれないが，短縮運賃までを一律に廃止するとは考えにくい。よって，経済学的な分析をもってしても，今回の共同行為を総合的にみれば，本件指導や制度が求める範囲を超えているとの結論が出る可能性が高いように思われる。

また，合意であろうと自発的であろうと短縮運賃が一律に廃止されることによる社会厚生への影響は明白で，短縮運賃でのみ乗車する乗客との取引から発生する社会厚生のすべてが失われることになる。

4.2. 過当競争と安全性の確保

4.2.1. 価格カルテルや下限規制と安全性

本章3.3.では，運賃区分を特定せず新自動認可運賃に移行する（つまり，下限割れ運賃を避ける）という合意に留めたという仮想的状況のもとでの公取委の判断がどうなったかという疑問を述べた。審判でも，タクシー事業者側は，過度な運賃競争と安全性の低下等を解消させるための「専門的な政策判断」を体現した行政指導に従った行為である旨を主張していた。この節では，そのような社会公共的な目的と下限規制の意義について経済学的視点から考察したい。

経済理論においても，品質などが消費者から完全に観察できない性質を伴う財・サービス市場において，市場競争が非効率的な結果を導くことがあると論じられている。例えば，情報の非対称性の存在によって高品質の財が市場に提供されなくなるという逆選択の問題が挙げられる。また，Auriol (1998)は，競争の導入により公共財の品質が低下する可能性を示している。よって情報の非対称性や外部性を伴う財の場合は，品質の均一化や最低品質

レベルの維持の目的で「品質維持のためのカルテル」が正当化される可能性がある（柳川・大東1999）。同様に，安全性という事前に観察できない性質を持つタクシー・サービスにおいても，市場競争が非効率的な結果を招く可能性があるため，安全性やサービスの質を保つための合意が正当化される余地がある。

　しかし，安全性やサービスの質そのものに関しての合意ではなく，下限規制や価格カルテルによって価格を一定の高さに保つことが安全性やサービスの質の維持に資すると主張するためには，安全性やサービスの質を維持しようとするインセンティブと価格との関係を明白にする必要がある。特にここでは，下限規制を課すことで不当な低額運賃を解消することが，運転手の人件費や安全・サービスの確保に必要な経費の増額につながるのかどうか検討することが必要である。そして，運賃とそれらの経費の関係が明白でないのであれば，制度がそのようなインセンティブを与えるものになっているべきである。しかし，現在の制度のもとでは，事業者は新自動認可運賃に伴い運賃を下限以上に引き上げさえすれば，その費用構成に当局の監査が入ることはない。よって，低額運賃を解消したからといって，それが人件費や安全・サービスの経費の増額につながる保証はない。

　また，前述した Salop and Stiglitz のモデルは，消費者側に情報の分散がある場合には，同じ費用体系の企業でも異なった価格付けをする可能性があることを示唆している。つまり，費用体系と価格付けには一律の関係があるとはいえず，人件費等の費用を削減しようとするタクシー事業者が必ずしも低運賃事業者であるとは限らないことになる。

　安全性の確保という規制目的は正当化されるべきかもしれないが，運賃とは離れた独立した政策として強化されるべきである。

4.2.2. 完全歩合制とリスクシェアリング

　新自動認可運賃による下限引き上げの目的として，運転手の労働条件の改善そのものが議論されることもある。最後に，このことについて考察したい。確かに，タクシー運転手の給与体系は実質完全歩合制なため，運賃をあげることで収入が増えれば自動的に運転手の給与も比例して上がり，運転手の労働条件の改善に短期的にはつながるかもしれない。しかし，タクシー業界の運転手の労働条件の根本的な問題は，事業者と運転手のリスクシェアリング

が効率的に行われていないことにある。

　タクシー運転手の給与体系に歩合制が使われていることは，経済学的に合理的に説明できる。タクシー運転手の売上または乗車率は，運転手の営業努力に依存すると考えられるが，その努力の度合いは事業者には観察できないため，典型的なモラルハザード問題が存在するからである。しかし，完全歩合制のもとではリスクシェアリングが全く行われておらず，運転手は売上変動のリスクをすべて負っていることになる。

　通常，経済理論では，エージェント（ここでいう運転手）はリスク回避的，プリンシパル（事業者）はリスク中立的であると仮定され，このもとでの効率的な契約は，給与を売上にある程度リンクさせつつ，固定給の部分も与えるというものである。タクシー事業者には中小規模の企業も多いため，売上変動にリスク中立的であるとの仮定は当てはまらないかもしれない。しかし，少なくとも複数の運転手を雇っていれば，不完全ながらも運転手個人のリスクを分散することは出来るはずであり，運転手のリスクをある程度吸収するような契約をオファーすべきであると考えられる。

　また，理論的にも，売上と安全性のように相反する2つの課題を持つタクシー運転手に対して，その一方の売上のみに依存した歩合制を使うことは，安全性の向上の面で望ましくないと言える（Holmstrom and Milgrom 1991）。さらに完全歩合制のもとでは，タクシー車両が多いほうが収入のあがる事業者と，車両が少ない状況を好む運転手の利害関係がより深刻化することになる。そのような状況では運転手の労働環境の改善も困難である。やはり運転手の労働環境とそれに伴う安全性の改善を目指すのであれば，運転手の給与体系にメスを入れる必要があるのではなかろうか。

4.3. 小 括

　本節では，本件の正当化理由に関して考察したが，経済学的視点からみても，本件合意は行政指導や制度の範囲を超えていた可能性は高いと言えよう。また，本件合意が新運賃への一律移行という行為に限られていたとしても，それが社会公共的な目的に沿った結果を導くかどうかには疑問が残る。過当競争・安全性の低下の解消という目的が独禁法の究極目的に沿わないというわけではなく，下限規制という枠組みでその目的を達成することが出来るの

かという点に疑問を持つ。下限規制を強化した 2013 年特措法改正時に独禁法を適用除外とせざるを得なかったことも，下限規制が過当競争・安全性の低下の解消という目的から正当化されないことを示唆しているのではなかろうか。

5. おわりに

本章では，新潟タクシー事件を法的，経済学的視点からそれぞれ考察した。本件は行政機関による指導のもとで共同行為を行った際の正当化理由が問われた事件であり，価格カルテルについて正当化理由が争点となった数少ない事例として注目に値する。

法的・経済学的どちらの観点からみても，本件合意が本件指導の枠を逸脱していたことが認められた。法的には，本件の審決は一律移行という行為よりも特定運賃（下限）への合意という行為が重視されたことによるものと考えられる。しかし，経済学的観点からすれば，下限への合意がそれ以外の運賃への合意以上に厚生を悪化させる行為だとは考えにくく，その点では見解が分かれるところかもしれない。

本件は，タクシー事業者側が行政指導に従ったことを主張して争ったため，正当化理由が争点であるにも拘わらず，審決では，本件合意が独禁法の究極目的に反しているか否かに係る分析は全くなされていない。法的には，被審人の主張を退ける理由は十分であり，そのような経済学的な分析をするまでもなく本件合意が違法だという審決の判断はもっともだと思われる。しかし，違反行為の市場への影響を重視する経済学的観点からみると，本件には多くの興味深い経済的論点が含まれていたのであり，その点，審決には少々物足りない印象を受けることも否めない。

参考文献

柳川範之・大東一郎（1999）「カルテル規制」後藤晃・鈴村興太郎編『日本の競争政策』東京大学出版会，71–95 頁.

Auriol, E. (1998) "Deregulation and quality," *International Journal of Industrial Organization* 16, 169–194.

第 2 章　自動認可運賃と監督官庁による指導　　　87

Holmstrom, B. and P. Milgrom (1991) "Multitask principal-agent analyses: Incentive contracts, asset ownership, and job design," *Journal of Law, Economics, and Organization* 7, 24–52.

Salop, S. and J. Stiglitz (1977) "Bargains and Ripoffs: A Model of Monopolistically Competitive Price Dispersion," *The Review of Economic Studies* 44, 493–510.

II

企業結合

第3章

水平合併における競争の実質的制限と問題解消措置
新日鐵・住友金属合併事件

岡田羊祐・武田邦宣

1. はじめに

　本章では，日本の鉄鋼業における経営統合について代表的事例である新日本製鐵（以下，「新日鐵」）と住友金属工業（以下，「住友金属」）の合併を素材として，公正取引委員会（以下，「公取委」）による「一定の取引分野」の捉え方，「競争の実質的制限のおそれ」についての判断，および問題解消措置の妥当性について，法的および経済学的視点の双方から検討する。

　新日鐵と住友金属は経営統合の検討に関する覚書を2011年2月3日に締結・公表し，同年5月31日に合併計画を公取委に届け出た。公取委は，第1次審査を経て，同年6月30日に第2次審査を開始し，その後，当事会社からの報告等の提出，公取委による論点の説明，当事会社による追加の主張・資料提出，さらには，当事会社による自主的な競争上の問題解消措置の申し出等のやりとりを経た上で，これらの措置を前提として排除措置を行わない旨の通知を行った[1]。

　本件で，公取委は，当事会社間で競合する商品・役務について約30の取引分野を画定して，独禁法15条1項に基づく審査を行った。このうち，①無方向性電磁鋼板，②高圧ガス導管エンジニアリング業務については，当事

---

1) 公正取引委員会「新日本製鐵株式会社と住友金属工業株式会社の合併計画に関する審査結果について」平成23年12月14日。

会社が申し出た問題解消措置を前提とすれば，競争を実質的に制限すること
にならないと判断した。また，アンケート調査を行うなど重点的に審査を行
ったという③鋼矢板および④スパイラル溶接鋼管，また，代表的鉄鋼製品で
ある⑤熱延鋼板および⑥H形鋼については，問題解消措置がなくとも競争
を実質的に制限することにならないと判断した。

　独禁法は「一定の取引分野における競争を実質的に制限することとなる」
企業結合を禁止している。しかし，これだけではどのような場合に企業結合
が規制されるのか判然としない。そこで公取委は，「企業結合審査に関する
独占禁止法の運用指針」（以下，「企業結合ガイドライン」）を公表している[2]。
企業結合ガイドラインによれば，一定の取引分野を構成する「商品の範囲」
および「地理的範囲」は，「需要者にとっての代替性」という観点を基本に，
必要に応じて「供給者にとっての代替性」という観点を考慮した上で画定さ
れる。また，「競争を実質的に制限することとなる」とは，企業結合により，
競争の実質的制限が必然ではないが容易に現出し得る状況がもたらされるこ
とで足りるとする蓋然性を意味するものとされる。さらに，企業結合ガイド
ラインは，問題解消措置について，事業譲渡等の構造的措置を原則としつつ
も，一定の行動的措置が妥当とされる場合があるとする。

　これら企業結合ガイドラインの具体的適用がどのように行われるかは，個
別事例を見るほかはない。しかし，公取委による分析については，重要事例
に関してその概要が公表されているものの，その詳細が開示されるわけでは
ない。近年，公取委が公表する審査内容は質量ともに改善しつつあるものの，
公表された情報のみでは競争当局の判断の妥当性を部外者が検討することは
難しい状況にある。とはいえ，公表された情報やその他利用可能な情報を用
いた事後検証を試みることは，今後の企業結合規制の改善のためにも大切な
作業である。

　本章の構成は，以下のとおりである。2節で，本件の概要と審査経緯を説
明する。3節では，本件における結合関係の認定，関連市場の画定，競争の
実質的制限の認定，および問題解消措置に関する法的論点をそれぞれ提示し

---

2)　公正取引委員会「企業結合審査に関する独占禁止法の運用指針」（平成16年5月31日）。
最新のガイドラインは平成23年6月14日に改定されたものである。なお，本件はこの改定
前に届出がなされたが，事前相談制度の廃止等の改定を先取りした手続が採られた。詳しく
は，2.2.を参照のこと。

て解説する。4 節では，経済学的視点から企業結合の厚生評価を論じる。また，本件の関連市場の画定および競争の実質的制限の評価について経済学的視点から検討を行い，本件の問題解消措置に対する暫定的評価を与える。5節で結語を述べる。

2. 新日鐵・住友金属合併事件

2.1. 事件の概要

公取委は，当事会社間で競合する商品・役務について，約 30 の取引分野を画定し審査を行った。問題点を指摘したのは，無方向性電磁鋼板と高圧ガス導管エンジニアリング業務（以下，「高圧ガス導管エンジ」）の 2 つの取引分野である。公取委は，それぞれについて，概ね以下のような判断を示した。

まず，無方向性電磁鋼板について，当事会社の市場シェアは約 55% で第 1 位となる。40% の市場シェアを有する競争者が存在するが，十分な供給余力を有さない。品質や安定調達に関するユーザーの不安から，輸入圧力も十分でない。調達先メーカーの変更は困難であり，需要者からの競争圧力は十分でない。また，国内市場における事業者は 3 社から 2 社に減少する。従前，住友金属の価格戦略は他の競争者と異なるところ，合併後には同質的な 2 社が市場をほぼ二分することとなる。以上から，単独行動または協調的行動により，「本件合併が競争を実質的に制限することとなると考えられる」。

次に，高圧ガス導管エンジについて，当事会社の市場シェアは約 60% で第 1 位となる。需要者から一定程度の競争圧力が働いているとは認められるものの，現場監督の数がボトルネックとなり，競争者の供給余力は必ずしも大きいものではない。資材調達および自動溶接機保有の必要性が参入障壁となり，参入圧力も認められない。また，主要な事業者が 3 社から 2 社に減少すれば，互いの施工状況や供給余力を相当程度確実に把握でき，高い確度で互いの受注意欲，入札行動等を予測することができる。以上から，単独行動または協調的行動により，「本件合併が競争を実質的に制限することとなると考えられる」。

その上で公取委は，当事会社が申し出た，①住友商事に対して住友金属工業の商権を譲渡するとともに，合併後 5 年間，直近 5 年間における国内年間

販売数量の最大値を上限として，合併後の平均生産費用に相当する価格で無方向性電磁鋼板を供給すること，また②新規参入者からの要請があった場合には，高圧ガス導管エンジに用いる UO 鋼管を当事会社の子会社と同等かつ合理的な条件で供給することなどの問題解消措置を前提とすれば，本件合併が競争を実質的に制限することとはならないと判断した。

2.2. 審査の経緯

2011 年の企業結合規制手続の見直しは，事前相談制度の廃止と，当事会社と公取委とのコミュニケーションの充実を柱とした。本件は，新たな手続を先取りし，事前相談を経ることなく公取委に届出がなされ，審査がなされた事例である。また，新たな手続に伴い公取委が策定した「企業結合審査の手続に関する対応方針」(以下，「手続対応方針」)によれば，公取委は当事会社の求めに応じて論点を説明し，また当事会社はいつでも意見書や資料を提出できるところ（手続対応方針 4)，本件では数次にわたり公取委との会合が行われたという。本件における当事会社の代理人は，本件を，公取委とのコミュニケーションがうまく機能した事例と評価している[3]。

当事会社と公取委とのコミュニケーションの場において，当事会社は問題解消措置の申出を行うことも可能であり，本件はその例である。本件において当事会社は，問題解消措置を踏まえた届出内容の変更報告書を提出し，これを踏まえ公取委は，排除措置命令を行わない旨の通知を行った（届出規則 9 条）。このような実務に対しては，合併を禁止した上で，排除措置命令にて問題解消措置を担保すべきとの指摘がなされている[4]。

3. 法的論点の整理

3.1. 結合関係の認定

以下，結合関係の認定，関連市場画定，競争の実質的制限の認定，問題解消措置の順に，公取委による判断を，法的観点から検討する。

---

3) 川合弘造・中山龍太郎「改正企業結合届出手続下における巨大統合案件の実務」商事法務 1957 号 28 頁（2012)。同様に積極的に評価する，村上政博ほか編『独占禁止法の手続と実務』367 頁（栗田誠執筆部分）(中央経済社，2015)。

4) 川濵昇「本件評釈」NBL980 号 76 頁（2012)。

第3章　水平合併における競争の実質的制限と問題解消措置　　95

まず本件では，当事会社が議決権を保有する会社のうち，どの範囲におい
て結合関係を認定するかが問題となった。公取委によれば，新日鐵が10%
超・単独第1位の議決権を保有する事業者について，結合関係の存在を認定
できる場合と認定できない場合がある。すなわち公取委は，一方で，H形
鋼市場におけるトピー工業等については，議決権保有比率[5]，役員兼任関係，
業務提携関係等を考慮して，結合関係を認定できるとする。他方で，熱延鋼
板市場における中山製鋼所等については，他の株主との議決権保有比率の格
差，他の株主の顔ぶれ（需要者による議決権の保有），役員兼任関係などを考慮
して，結合関係を認定できないとする。ここでは，議決権保有比率だけでは
なく他の事情も考慮して，結合関係を実質的に判断しようとする，公取委の
態度が現れている。

　結合関係を認定した後は，関係するすべての会社（当事会社グループ）の市
場シェアが合算された上で，セーフハーバー該当性が判断される。しかし公
取委は，競争の実質的制限の認定においては，結合関係を認定する会社につ
いても，一定程度の競争関係は存在するとして，それら競争圧力を積極的に
評価する。公取委は，結合関係の認定作業を，主としてセーフハーバー該当
性を判断する作業と考え，結合関係のあるなしにかかわらず，当事者間の実
質的競争関係を再度検討するのである[6]。

3.2.　関連市場の画定

　公取委は，需要の代替性，供給の代替性を基礎として関連市場を画定する。
鉄鋼業におけるかつての事例と比較して，供給の代替性を考慮した広めの市
場画定を指摘する意見がある[7]。本件において公取委は，無方向性電磁鋼板

---

[5]　トピー工業について指摘される議決権保有比率20%超は，持分適用法の対象基準となる
　　議決権保有比率15%を超えるものである。企業結合ガイドラインは20%超かつ単独1位の
　　場合を，結合関係が認定される場合として例示する。

[6]　そうすると，そもそも結合関係の認定作業は不要との主張（根岸哲「本件評釈」ジュリス
　　ト1438号5頁（2012）が，一定の説得力を有することになる。なお，結合関係の認定作業
　　について，企業結合により生じる当事者間の結合関係を検討するものではなく，企業結合前
　　から存在する第三者との結合関係を認定するものである以上，競争の実質的制限の認定作業
　　（企業結合と競争の実質的制限の因果関係の認定作業）として説明できないとする，白石忠
　　志「企業結合規制の概要と諸問題」ジュリスト1451号14頁（2013）参照。

[7]　かつてのJFEスチールの設立事例と比較して，供給の代替性の考慮による関連市場の拡
　　大を指摘する，多田敏明「企業結合規制における市場画定」ジュリスト1451号23頁

について，規格間の需要の代替性は低いとしつつも，規格によって製造設備は異ならず，規格間に供給の代替性が認められるとする。

企業結合ガイドラインは，いわゆる SSNIP 基準に基づく市場画定を規定するが，同基準に基づく関連市場画定がどのようにして行われるのか，これまで必ずしも明らかにされてこなかった。これに対して，本件は，アンケートやヒアリングを利用して関連市場を画定しようとした例を示し，具体的に，それが成功した例（無方向性電磁鋼板にかかる地理的市場の画定）と，失敗した例（鋼矢板にかかる商品市場の画定）を明らかにする。このような市場画定における具体的作業が明らかにされたのは，本件が初めてと思われる。本件において公取委は，SSNIP 基準に基づき[8]，可能な限り正確に関連市場を画定しようとしたように見える[9]。

このように正確な市場画定を行おうとすると同時に，公取委は，市場画定を自己目的化しない態度も示している。例えば公取委は，熱延鋼板について，国境を越えた地理的市場が画定される可能性を示唆しつつも，当事会社が日本国内を地理的市場とするデータを提出したことから，日本国内を地理的市場と画定する。狭い市場画定は当事会社にとって不利になると考えられるが，狭い市場を画定したとしても競争制限のおそれはないと評価された。それゆえに公取委は，国境を越えた広い地理的市場の画定につき判断を留保したと考えられる[10]。

3.3. 競争の実質的制限の認定

公取委は，競争の実質的制限の認定において，複数の考慮要因について，これまでにはない具体的評価の理由を示している。例えば輸入圧力の評価について，ユーザーヒアリングやアンケートといった判断の裏付けを示す。また需要者からの競争圧力の評価についても，これまでにない判断の理由を示

(2013)。

8) 鋼矢板を用いた工法と他の工法との競争関係について，「アンケート調査の結果やヒアリングによると，鋼矢板の価格が 5〜10% 上昇した場合，具体的な割合を定量的に測定することは困難」としつつ，他の工法は隣接市場を構成し，一定程度の競争圧力を有すると評価する。

9) 関連市場に含まれるかが必ずしも明らかでない商品については，隣接市場からの競争圧力として評価がなされている（鋼矢板市場やスパイラル溶接鋼管市場）。

10) このような実務に理解を示す，村上ほか編・前掲注（3）351 頁（栗田誠執筆部分）。

第 3 章　水平合併における競争の実質的制限と問題解消措置　　97

している。

　すなわち，これまでの公表事例において，需要者からの競争圧力は，単に
需要者側に乗り換え費用が存在しないことを示すだけのものであった。これ
に対して本件は，需要者が市場支配力の行使を抑制する具体的メカニズムに
ついて言及する [11]。企業結合ガイドラインは需要者からの競争圧力について，
「当該商品の需要が減少して継続的構造的に需要量が供給量を大きく下
回ることにより，需要者からの競争圧力が働いている場合」に言及する。公
取委は，鋼矢板およびスパイラル溶接鋼管について，同場合に該当すること
を指摘する。

　このように需要者からの競争圧力について，本件は踏み込んだ記述を行う
ものの，しかしなお事後的な評価に耐えうるだけの分析内容を，公取委が提
示する訳ではない。たとえば 4.3.3. で指摘するように，鋼矢板やスパイラ
ル溶接鋼管について，競争の実質的制限が発生しないことが必ずしも明確に
示されている訳ではない。それら商品については，過去の協調的行動が認定
されているのであり [12]，企業結合により協調的行動へのインセンティブが
消滅することを説得的に示す必要があるように思われる。

3.4.　問題解消措置

　企業結合ガイドラインは，事業譲渡を問題解消措置の基本とする。これに
対して本件では，行動的措置が問題解消措置として評価された。その理由は
無方向性電磁鋼板と高圧ガス導管エンジによって異なる。まず無方向性電磁
鋼板については，事業譲渡の必要性がないと判断された。すなわち「一定期
間経過後には輸入圧力が相当程度高まると考えられることから」，恒久的な
事業譲渡は不要とされた。無方向性電磁鋼板の引取権の設定期間は 5 年であ
る。参入の評価基準は 2 年であるから，2 年〜5 年の間に輸入圧力が高まる
ということであろう。

---

[11]　H 形鋼について，需要者が価格に敏感であること，また大規模な調達により購買力を有
することが示される。本件における需要者からの競争圧力の評価について，川濱・前掲注
(4) 参照。

[12]　特定鋼管杭にかかる JFE スチールほか 1 社に対する排除措置命令（平成 20 年第 12 号），
特定鋼矢板にかかる JFE スチールに対する排除措置命令（平成 20 年第 13 号）参照。過去
の協調的行動の評価について，金井貴嗣・川濱昇・泉水文雄編『独占禁止法（第 5 版）』230
頁（弘文堂，2015）参照。

次に高圧ガス導管エンジについては，事業譲渡の実現可能性がないと判断された。鋼製ガス導管エンジ事業については，特定事業または特定地域による事業分割が現実的ではないからである。

行動的措置の実効性を確保するために，いずれの措置についても，事業年度ごとの公取委への報告を義務付けられた。このようなモニタリングの定めにもかかわらず，本件問題解消措置が競争の実質的制限の解消に十分かについては，なお疑問が指摘されている[13]。

4. 経済学的視点からの考察

4. 1. 企業結合の厚生評価——消費者余剰基準 vs. 総余剰基準

企業結合は，カルテル・談合と同様に，価格引上げを容易にする効果がある。とりわけ企業結合は，競争単位の減少を通じて，カルテル・談合以上に価格引上げを容易にする効果が見込める。そのため，欧米を含め多くの国・地域の企業結合規制の指針（ガイドライン）は消費者余剰への影響を重視して競争への影響を判断する方向へと収斂しつつある[14]。

しかし，経済学者には，消費者余剰と生産者余剰の合計である総余剰に注目すべきと主張するものが多い[15]。すなわち，企業結合によって生産性向上が見込めるのであれば，その効果もカウントして競争への影響を評価すべきと考えるのである。

ここで注意すべきは，企業結合による効率性改善の蓋然性を評価する際，当事会社グループと公取委との間で情報の非対称性が存在することである。

---

13) 4. 3. 2. でも指摘するが，無方向性電磁鋼板について，5 年という有限期間が示された中で，住友商事と当事会社に協調的行動をとるインセンティブが発生しないかとの懸念を指摘する，伊永大輔「企業結合規制における問題解消措置」ジュリスト 1451 号 45 頁（2013），平林英勝「本件評釈」中央ロー 9 巻 1 号 57 頁（2012），林秀弥「本件評釈」ジュリスト 1453 号 250 頁（2013）参照。期間の延長可能性を設けるべきであったとする，村上ほか編・前掲注（3）374 頁（栗田誠執筆部分）。

14) 例えば，日本の企業結合ガイドラインでは，効率性を考慮する際には，「①企業結合に固有の効果として効率性が向上するものであること，②効率性の向上が実現可能であること，③効率性の向上により需要者の厚生が増大するものであることの 3 つの観点から判断する」（第 4・2（7），傍点は筆者による）と述べる。③の条件によって消費者余剰を重視する立場が明確にされているといえよう。

15) これを Williamson trade-off と呼ぶことがある。Williamson（1968）。

当事会社グループに比べ情報劣位にある公取委が，効率性改善の蓋然性を事前に適切に予測するためには，経済学的知見のみならず経営的・技術的知見も活用した難しい専門作業を要する。例えば，効率性改善の「蓋然性」を評価するためには，設備投資や研究開発投資，生産設備の再編・統合等について，当事会社グループのみならずその他の事業者の事後的行動を含めて予測する必要がある。

　また，そもそも事業統合前に市場で成立していた価格が競争的水準にあったか，それとも寡占的・独占的な水準であったかに応じて，消費者余剰と生産者余剰のトレード・オフの評価が変わってくる点にも注意すべきである。もし事前価格が競争的な水準にあれば，消費者余剰の損失は費用削減による生産者余剰の増分を下回る可能性が大きい。なぜならば，企業結合による価格上昇に伴う消費者余剰の損失は限界的消費者への効果（second-order effect）として評価されるのに対して，費用削減に伴う生産者余剰の増分は，すべての生産量に均霑する平均的効果（first-order effect）であるから，後者が前者を上回る蓋然性が高くなるからである[16]。しかし，もし当初の事前価格が競争価格から乖離していた場合には，プライス・コスト・マージンがすでにプラスとなっているため，限界的な価格引上げがもたらす消費者余剰の損失は，すでに生じている消費者余剰の損失分に限界的消費者が被る損失をさらに加えた分だけ増えることになる。したがって，この場合，消費者余剰の損失分と生産者余剰の増加分の大小関係は先験的には分からない。

　さらに付言すれば，これら限界費用の削減に伴う効果のみならず，固定費の削減効果をどこまで評価するべきかという問題もある。とりわけ企業結合においては，間接部門や設備投資・研究開発投資，流通コストといった固定費（事後的にはすべてサンクコスト）の削減が目的となる場合が多い。実際，このような主張を当事会社グループが競争当局に対して行うことも多い[17]。

---

16)　ごく簡単な余剰分析によって直観的に説明できる。詳しくは Whinston（2006）を参照。

17)　『新日鉄住金アニュアルレポート 2014』によれば，統合によるコスト削減効果は，3 年間で 2,000 億円以上（目標値）と試算されており，その内訳は，①最適生産体制の構築 600 億円，②技術・研究開発成果の融合 600 億円，③本社部門のスリム化 300 億円，④購買コストの削減 300 億円，⑤グループ会社統合再編と連携 200 億円，となっている。このうち②③は固定費削減効果が大きく，また，①④⑤も固定費の削減に寄与する項目とみなせる。

これら事前と事後にわたる市場構造と市場行動の帰結を適切に比較評価するためには，厳密な需要システムの推計を行った上で合併シミュレーションを行う必要がある[18]。しかし，このような作業をルーチン化して競争当局が行うことには多くの時間と費用がかかるため，現実的には難しい課題である。おそらくこうした事情もあって，これまで当事会社による生産者余剰に着目した正当化（efficiency defense）の主張は審査上あまり重視されず，また協調的行動による競争制限効果についても，定性的分析に留まり定量的な分析はほとんど行われてこなかったのではないかと思われる。実際，多くの競争当局における企業結合審査が消費者余剰基準を重視する立場に収斂しつつあることは，協調的行動による競争の実質的制限よりも単独行動による競争の実質的制限を重視する審査実務の流れとも軌を一にしているといえよう[19]。

4.2. 一定の取引分野の考え方——SSNIP 基準 vs. UPP 基準

4.2.1. 一定の取引分野と市場支配力

企業結合ガイドラインでは，「一定の取引分野」を画定する手続が重要な役割を果たす。水平型企業結合のセーフハーバーとしても，市場シェアや市場集中率の値が重視される。本件も，2 節で見たとおり，多くの企業結合事例と同様，企業数，市場シェア，輸入競争の存否が詳細に検討されている。

しかし，これらの指標が市場支配力とどのように関連するかは必ずしも明らかでない。例えば，これらの指標以外にも，費用構造や製品特性，消費者属性など，共謀行為の容易さを左右する市場構造要因が多数存在する。また，市場シェアは参入・退出など動学的・潜在的な競争の程度を反映していないことにも注意すべきである。

基礎的な経済理論が示すように，市場支配力の行使（すなわち，価格の限界費用からの乖離）が可能となるためには，事業者の直面する需要が非弾力的となっている必要がある。非弾力的な需要のもとでのみ事業者は価格を引き上げることによってその利潤を増加させることが可能となるからである。したがって，市場支配力の行使が牽制される程度は，価格引上げによって他の

---

18) 大橋（2012）を参照。
19) この点を指摘する小田切ほか（2011）を参照（第 2 章，武田邦宣執筆部分）。

事業者に需要が代替される程度に依存する。この牽制の程度は，需要の価格弾力性によって測ることができる。

もし経済学的視点から関連市場の画定を行おうとする場合には，このような意味で市場支配力が発揮できるような地理的範囲および商品の範囲を見極める必要がある。ただし，競争当局の実務担当者の観点からいえば，必要なデータの有無や時間的制約などから，需要の弾力性の正確な測定が常に可能とは限らない。そのため，需要の弾力性を直接計測せずに実行できる簡便な市場画定の手法が欧米の競争当局の実務家たちによって開発・利用されてきた。

4.2.2. SSNIP 基準

関連市場の画定について，企業結合ガイドラインは，仮定的独占者が「小幅ではあるが実質的かつ一時的ではない価格引上げ」(small but significant and non-transitory increase in price) を行うことができる範囲を市場の境界とみなす。これを SSNIP（スニップ）基準と呼んでいる。

SSNIP 基準では，需要の弾力性そのものを直接測ることなく，需要に関する断片的・逐次的情報から市場の範囲を推測しようとする。すなわち，商品の範囲あるいは地理的範囲を徐々に広めていくことによって，仮定的独占企業が価格を有意かつ一時的でない形で（通常，5% の価格引上げを1年以上の期間）引き上げることができる市場の範囲を「一定の取引分野」と定めるのである[20]。

しかし，本来，市場画定を適切に行うためには，現行価格からではなく，競争価格からの引上げがどの程度可能かが問われるべきである。現行価格からの引上げに基づいて SSNIP 基準を適用すると，当事会社にすでに市場支配力がある場合には，それだけ市場を広く定義してしまう危険がある。なぜならば，独占価格に現行価格が接近しているほど需要の代替性は高くなるからである。したがって，需要が代替的であることがむしろ市場支配力の存在を示唆することになるかもしれないことに注意しなければならない[21]。

---

20) ただし，審査の実態としては，市場シェアや集中度等による市場画定が妥当性を持つように，機能・効用の同等性や需要の転換可能性が考慮されているようである。SSNIP の考え方もそのような趣旨での領導原則（guiding principle）として利用されていることを指摘する川濱ほか（2008）33 頁を参照。

21) これは，広く知られた「セロファンの誤謬」（cellophane fallacy）に他ならない。セロ

4.2.3. UPP 基準

　一方，米国の水平合併ガイドラインでは，差別化された市場では SSNIP 基準のような市場の境界を定めようとする手法は適切でないとして，価格上昇圧力（upward pricing pressure）（以下，「UPP」）を重点審査のためのスクリーニング手法として利用する[22]。以下，ごく簡単に UPP 基準の考え方を紹介しておこう。

　今，企業 1 は商品 1，企業 2 は商品 2 を生産しているとしよう。ここで，企業 1 と企業 2 が合併を検討している。ここで商品 1 と 2 の価格は P_1 と P_2，限界費用は C_1 と C_2 である。また，合併前の価格と費用を，それぞれ $\overline{P}_1$ と $\overline{P}_2$，$\overline{C}_1$ と $\overline{C}_2$ と表そう。ここで，商品 1 と商品 2 は代替的であるとする。そのため，P_1 が低下すると商品 2 の売上げの一部が商品 1 に振り替えられるとする。このときの転換率（diversion ratio）を D_{12} と表す。この転換率は，需要の代替の弾力性を簡略化した指標とみなすことができる[23]。このとき，効率性効果を無視すれば，UPP の大きさは $(\overline{P}_2 - C_2) \times D_{12}$ で評価される。

　さらに，商品 1 の生産活動に生じる効率性向上効果を E_1 と表そう。すなわち，合併によって商品 1 の限界費用は $E_1 C_1$ だけ削減されるものとしよう。このとき商品 1 の UPP は，

$$UPP_1 \cong P_1 - \overline{P}_1 = (\overline{P}_2 - C_2) \times D_{12} - E_1 \overline{C}_1$$

と表すことができる。この UPP は，SSNIP 基準のように市場の境界を明確に定めるものではないことに注意しよう。UPP の値がプラスとなるときに，

ファンの誤謬とは，du Pont のケースで，セロファンと他の包装材との交差価格弾力性が大きいことを理由として市場を「包装材全体」と米国最高裁が認定したことに由来する。この事件を含め，セロファンの誤謬についてより詳しくは，Motta（2004）p. 105 を参照されたい。

[22]　日本では，SSNIP の考え方は，2007 年改正の企業結合ガイドラインで初めて明示的に採用され，その後のガイドライン改訂でも踏襲されている。一方，価格上昇圧力（UPP）は 2010 年に改定された米国の合併ガイドラインで初めて採用された考え方である。U.S. Department of Justice and the Federal Trade Commission, *Horizontal Merger Guidelines*, August 19, 2010。UPP の解説について詳しくは，Farrell and Shapiro（2010）を参照されたい。

[23]　転換率を推定するためには，①過去の価格変動と売上変動の実績の調査，②消費者へのサーベイ調査，③需要システムの推計という 3 つの方法が考えられる。ただし，この順番で調査の困難さは増す。

第3章　水平合併における競争の実質的制限と問題解消措置　　103

商品1と2の事業統合は（商品1の）価格上昇圧力を生じさせる（したがって，消費者余剰が損なわれる）可能性があると判断する。その場合，競争当局はこの統合事案の是非をさらに踏み込んで調査することとなる[24]。

4.3.　競争の実質的制限と問題解消措置

　関連市場の画定が競争の実質的制限の判断とどのように結びつくかという枠組み（あるいは理論モデル）はガイドラインに明確に示されていない。公表文で取り上げられた考慮要因が，どのような市場構造・市場行動に基づく理論モデルによって評価されたのか，したがって，最終的な判断を導く上で，何が公取委によって重視されたのか，また，何がそもそも考慮されなかったのかを公表文のみから十分に窺い知ることはできない。例えば，経済学的視点からみて重要な要因（商品ごとに成立しているマージン率，差別化された商品間の代替性，設備の統合や専門化等の特化利益など）がどこまで重視されたかを知ることは困難である。以下では，このような限界があることを前提としつつ，本件の問題解消措置について検討することをお断りしておく。

4.3.1.　競争の実質的制限のおそれがあるとされた分野

（1）無方向性電磁鋼板

　本件の審査結果によれば，無方向性電磁鋼板と高圧ガスエンジ業務については競争の実質的制限のおそれがあるとされた。そこで，無方向性電磁鋼板については，合併後5年間，①住友金属の商権を住友商事に譲渡すること，および，②合併後のフルコスト・ベースの平均生産費用に相当する価格で供給すること等の問題解消措置を当事会社が申し出た。しかし，これらの問題解消措置については以下のような疑問がある。

　第1に，フルコスト・ベースの供給は，排除行為に関する違法性の判断基準である「同等に効率的競争者」（as-efficient competitors）の基準よりも明らかに緩やかな基準である[25]。事業譲渡等の構造的措置を採らずに，この緩やかな基準に基づく行動的措置で十分とみなした根拠は明らかでない。特に，高グレード品について輸入圧力が今後は高まると評価している点につい

---

24)　なお，ここで効率性効果は商品1の生産に生じる部分のみが考慮されているが，米国の合併ガイドラインでは商品2の効率性効果は考慮されていない。実務的に簡略化を図る必要があることによるのであろう。この指摘につき，Farrell and Shapiro（2010）を参照。

25)　同等に効率的競争者の基準については，本書第6章および第7章を参照のこと。

てはさらなる検証が必要である。

第2に，本件で，当事会社の議決権保有比率が数％であること等をもって住友商事を「独立した事業者」とみなしている。しかし，口銭による取次が中心となる商社の役割からみて，合併会社と住友商事が一体とならない確証はない。例えば，鋼材価格の上昇によって商社の収益（すなわち口銭収入）は拡大する関係にある。また，商社は主力指定問屋として特定の鉄鋼メーカーと強いつながりを持ってきた歴史がある。したがって，議決権保有比率よりも特定メーカー品の取扱シェアを問題とすべきである。

第3に，商社は鉄鋼メーカーから仕入れて自動車に納品するのみならず，原材料となる鉄鉱石や石炭を鉄鋼メーカーに卸している。この垂直連鎖のなかで幅広い口銭商売をしているのが商社であり，鉄鋼メーカーと多段階にわたり密接な取引関係にあるとみなすべきである[26]。また，商社は鋼材を下流の加工業者に卸すことも行っており，鉄鋼と自動車の取引価格は商社にとって所与であり，商社は口銭を得るのみである。このとき価格決定権は商社にないと見るべきである。

(2) 高圧ガス導管エンジ業務

高圧ガス導管エンジ業務では，現場監督の数がボトルネックとなるので供給余力は「大きいものではない」とされた。また，UO鋼管の高炉系エンジ会社と同等の条件での調達の必要性および自動溶接機の保有の必要性という参入障壁があり，参入圧力は認められないとされた。これらの状況により，本件合併により競争を実質的に制限することとなるとされた。

そこで，当事会社は，①新規参入者から要請があれば，実質的に同等かつ合理的な条件によりUO鋼管を提供すること，②自動溶接機の供給およびその取扱いに係る技術指導を行うこと，という問題解消措置の申し出を行った。公取委はこれら2つの問題解消措置を妥当と判断した。

しかし，供給余力がないとされた大きな理由である現場監督のボトルネックについては，これら2つの問題解消措置は何ら言及していない。この点，上記の①と②の点が解消されたとしても，依然として新規参入のボトルネッ

---

26) 鉄鋼流通では，いわゆる「ひも付き契約」が高級鋼取引の主流であり全体の約70％を占める。一方，汎用鋼は「店売契約」が全体の約4分の1を占める。なお，高炉メーカーによる直売は5％程度である。『鉄鋼業の現状と課題（高炉を中心に）』（経済産業省，平成27年4月21日）を参照。

クは存在しているのではないだろうか。また，①での「実質的に同等かつ合理的条件」について客観的な基準が明示されている訳ではなく，そのモニタリングについても，実施状況を「5年間，1事業年度に1回」公取委に報告することとされるのみである。構造的措置とは異なり，このような行動的措置に対する事後的モニタリングの仕組みにどのぐらい強制力があるかを評価する必要があるだろう。

さらに付言すれば，問題解消措置を課されたこれら2つの分野は，いずれも差別化された商品・役務の市場とみなせる。このとき，一定の取引分野を関連市場として画定することは極めて難しい分野である。したがって，差別化された市場の分析にふさわしいUPP基準の手法が活用されることが望ましかった。

4.3.2. 競争の実質的制限のおそれがないとされた分野の評価

鋼矢板，スパイラル溶接鋼管，熱延鋼板，H形鋼については，競争の実質的制限のおそれはないとされ問題解消措置は課されなかった。しかし，このうち，鋼矢板や鋼管は過去にカルテルや談合が頻繁に行われてきた分野である。この協調的行動による競争の実質的制限について，審査結果は，例えば鋼矢板に関して，「当事会社グループとその競争事業者が協調的行動をとることにより，価格等をある程度自由に左右することができる状態が現出するおそれがある」と述べている。それにも拘わらず，代替的工法を用いた隣接市場からの競争圧力，および需要者からの競争圧力が働いていること，また十分な供給余力があることから，単独・協調のいずれの行動によっても競争制限のおそれはないとされた。しかし，これらの市場条件について，合併の前後で特段の変化があったかという検証がどこまで行われたかは定かでない。審査結果に見られる定性的な記述のみでは，合併後の協調的行動のおそれがないと判断した根拠は十分に明らかではない。

4.3.3. 輸入競争圧力の評価

本件の公表された審査結果によれば，①無方向性電磁鋼板，②高圧ガス導管エンジ業務，③鋼矢板，④スパイラル溶接鋼管，⑤熱延鋼板，および⑥H形鋼はすべて，地理的市場を「日本全国」としており，このうち輸入競争圧力が働いていると認められた商品は熱延鋼板とH形鋼のみであった。

日本では，審査実務上の便宜もあり，地理的範囲を「日本全国」と定める

106   II　企業結合

ことが多い。海外部門からの競争圧力は，「輸入競争」として一元的な指標
に還元できるからである。しかし，鉄鋼業の近年の海外現地生産や資本提携
の深化をみると，本件においても，世界市場全体を見渡した上で，その一部
地域を地域的市場とみなす必要性はなかっただろうか。輸入競争圧力が認め
られなかった商品範囲においても，海外部門と一体となった生産体制が構築
されつつある。例えば，無方向性電磁鋼板では，「一定期間後に輸入圧力が
相当程度高まると考えられる」と認められている。また，代表的鉄鋼製品で
ある熱延鋼板では，特に自動車用鋼板の海外現地生産が急速に進展してい
る[27]。

　従来の企業結合規制に関する実務的対応は，企業活動のグローバル化や国
際的企業結合事例が増えるとともに，効率性の視点を組み入れた評価（総余
剰基準）と消費者余剰基準との矛盾がますます大きくなっており，やがて限
界に突き当たるようにも見える。今後，UPP も含め，輸入競争圧力の評価
においてもより柔軟な市場画定の実務が定着するように望みたい。

5.　おわりに

　新日鐵と住友金属の合併が承認されてから 2016 年末で 5 年が経過しよう
としている。上で見たように，本件における問題解消措置については，競争
回復に必ずしも十分ではないとの評価も可能であった。本件には，5 年間の
問題解消措置の実施状況のモニタリングが組み入れられており，問題解消措
置の実施状況の効果を含めた事後検証が行われることが期待される。長く審
判決例が存在しない日本の企業結合規制に関しては，実際上，公表事例の概
要が，公取委の実務を窺うことができる数少ない情報源となっている。特に
問題解消措置の事後評価は今後の規制の在り方を検討する上で極めて重要で
ある[28]。企業結合規制は，独禁法上，経済学的知見の利用が最も期待され

---

　27)　例えば，『新日鐵住金アニュアルレポート 2014』によれば，主要海外製造拠点の生産能
　　　力は 1,900 万トン（ブラジル・ウジミナス社を除く）に達している。また，自動車用鋼板で
　　　は生産能力は 1,700 万トンに拡大し，うち海外製造拠点が 900 万トンを占める見込みである
　　　という。
　28)　公取委は，2007 年 6 月，「企業結合審査の事後的検証調査報告書」を公表している。た
　　　だし，その後，同様に詳細な事後検証報告は行われていない。なお，公取委・競争政策研究

る分野の 1 つである。今後，事後検証の在り方も含め，活発な検討が進むことを期待したい。

参考文献

大橋弘（2012）「企業結合における効率性―最近の経済分析からの知見を踏まえて―」日本経済法学会年報 33 巻，80-95 頁。

小田切宏之ほか（2011）『企業結合の事後評価―経済分析の競争政策への活用―』競争政策研究センター共同研究報告書（CR04-11）。

川濵昇ほか（2008）『企業結合ガイドラインの解説と分析』商事法務。

武田邦宣（2012）「企業結合規制における定量的評価と定性的評価」日本経済法学会年報 33 巻，42-61 頁。

Farrell, J. and C. Shapiro（2010）"Antitrust Evaluation of Horizontal Mergers: An Economic Alternative to Market Definition," *The B. E. Journal of Theoretical Economics* Vol.10（1），Article 9. 1-39.

Motta, M.（2004）*Competition Policy: Theory and Practice*, Cambridge University Press.

Whinston, M. D.（2006）*Lectures on Antitrust Economics*, MIT Press.

Williamson, O. E.（1968）"Economics as an antitrust defense: The welfare tradeoffs," *American Economic Review* 58, 407-426.

センターによる企業結合の事後検証は存在する。例えば，小田切ほか（2011）を参照されたい。

第4章

市場の画定と供給能力の調整
BHP ビリトン及びリオ・ティント JV 型統合事件

柏木裕介・西脇雅人

1. はじめに

　2009 年 6 月，鉄鉱石などの採掘及び販売に係る事業を営む世界的メジャーである BHP ビリトンとリオ・ティントは，西オーストラリアにおける鉄鉱石の生産ジョイント・ベンチャーの設立計画（以下，「本件 JV」）を発表した。本件 JV では，日本の公取委，欧州委員会，ドイツ連邦カルテル庁，韓国公正取引委員会，豪州競争・消費者委員会などの競争当局が情報交換をしながら審査を行った。

　本章では，鉄鉱石という鉄の原料となる極めて重要な生産財を供給する世界的メジャーによるジョイント・ベンチャー設立に対する，日本の公取委及び海外の競争当局の法執行を素材として，国際的企業結合事案における法的及び経済学的論点について考察するものである。

2. BHP ビリトン及びリオ・ティント JV 型統合事件

2.1. 事件の背景

　鉄鉱石市場は，オーストラリアに所在する BHP ビリトンとリオ・ティント及びブラジルに所在するヴァーレの 3 社による寡占市場であり，この 3 社の鉄鋼石生産量は約 70% の世界シェアを占めており，BHP ビリトンとリ

オ・ティントのみでも約40％に達する。日本の鉄鉱石の輸入依存度はほぼ100％であるため，鉄鉱石メジャーの寡占化が進んだ場合，最も甚大な影響を受けるのはその買い手となる日本の鉄鋼メーカーである。当時における鉄鉱石の価格交渉は，トップシェアの鉄鋼メーカーが各メジャーと価格交渉を行い，そこで決定された価格に他の鉄鋼メーカーも従うという方式がとられてきた。なお，当時の特筆すべき事情として，中国による鉄鉱石輸入の急激な拡大がある。中国市場におけるスポット取引の影響もあって，2007年前後の鉄鉱石価格は前年比2～3倍に上昇しており，価格交渉は完全に売り手主導のもとにあった。

　本件JVの設立が計画されたのは2009年であるが，その前年の2008年にも統合計画があった（以下，「第1次統合計画」という）。第1次統合計画は，JVではなく，鉄鉱石生産数量で世界1位のBHPビリトンによる第3位のリオ・ティントの買収計画であった。買収が実現すると，日本の鉄鋼メーカーはさらなる値上げを要求される可能性が高く，日本の鉄鋼メーカーは，懸念を欧州委員会その他に強く表明した。2008年11月，欧州委員会は買収に異議を唱え，両社は買収計画を撤回した。日本では，当時，株式取得による買収は事後報告制であったため[1]，両社は公取委を無視するという戦略をとったが，公取委は独占禁止法違反被疑事件に切り替えて審査をし，公示送達などの手法も用いて外国会社である両社への審査を行った[2]。その後，買収計画が撤回されたため，公取委は審査を打ち切った。米国の競争当局は，おそらく米国市場への影響が小さかったため，この買収提案を問題視していなかった。オーストラリア競争当局は，第1次統合計画は問題視しなかったが，本件JVについては各国競争当局と連携した審査を行った。

2.2.　本件JVの概要

　本件JVでは，BHPビリトン及びリオ・ティントの西オーストラリア（ピルバラ地域）における鉄鉱石の生産事業について，両当事会社の出資により設立された管理会社に管理運営を委託する仕組みとなっていた。また，生

---

　1)　その後の2009年に事前届出制に法律改正された。
　2)　BHPビリトンが報告命令書の受領を拒否したことから，公取委の掲示場に公示送達書を掲示することにより，公示送達を行った。この公示送達は6週間の経過により効果が発生するが，その前にBHPビリトンは報告を行った。

産能力の拡張については，投資額が 2 億 5,000 万米ドルを超える場合，一方の当事会社が当該生産能力の拡張を希望し，他方の当事会社が希望しないときは，一方の当事会社が単独で生産能力の拡張を行うこと（以下，「単独拡張」）が可能とされていた。さらに，本件 JV により生産された鉄鉱石は，大要，次の①〜④の方法に従って各当事会社に配分されることとされていた。

① 管理会社は，銘柄ごとに，各期（6 か月間）の最大生産能力の見積りを両当事会社に通知

② 各当事会社は，①の管理会社からの通知を受けて，当該期間に引受けを希望する銘柄ごとの最大生産能力に対する割合を管理会社に通知

③ 管理会社は，②の各当事会社からの通知に基づき，一定のルール（両当事会社がともに最大生産能力の 50% 以上の引受けを希望する場合には，最大生産能力の 50% ずつを配分する等）に従って銘柄ごとの鉄鉱石を各当事会社に配分

④ 各当事会社への配分比率にかかわらず，各当事会社は生産に要する費用を 50% ずつ負担

2.3. 審査の経緯と審査結果の概要

本件 JV は，当初はオーストラリア西部のピルバラ地域における両社の鉱山，鉄道，鉱山施設などの鉄鉱石生産事業の統合のみならず，JV によって生産された鉄鉱石の共同販売も計画されていたが，後に共同販売は放棄され，生産統合の仕組みも 2.2. で述べた方法に変更された。しかし，変更された統合内容のもとでも，本件 JV は第 1 次統合計画と同様の影響を鉄鋼市場に与えるものであるとして，日本の鉄鋼連盟のみならず中国及び欧州の鉄鋼連盟も懸念を表明し続けた。

第 1 次統合計画とは異なり，両社は，日本の公取委に対しても事前相談を行い，公取委は 2010 年 6 月に第 1 次審査，7 月に第 2 次審査を開始した。公取委は，2010 年 9 月 27 日，両社に対し，本件 JV の設立により鉄鉱石の生産・販売に係る競争が実質的に制限されることとなる旨の指摘を行った。ドイツ連邦カルテル庁もほぼ同時期に同様の指摘を行った（欧州委員会は 2010 年 1 月に欧州機能条約 101 条に基づく正式審査を開始していた）。同年 10 月 18 日，両社は本件 JV の設立計画を撤回した。

3. 法的論点の整理

法的論点として，①企業結合審査の対象となる企業結合とは何か（JV 型統合の特性，カルテル規制との境界），②一定の取引分野としての「世界海上貿易市場」の妥当性，③「協調的行動による競争の実質的制限」と「効率性」との関係，の 3 点を取り上げて検討することとしたい[3]。

3.1. JV 型統合の性格

同一産業内で競争者が JV を設立する場合，それは合併とみなすこともできるし，JV を行う企業間のカルテルとみなすこともできる[4]。仮にカルテルの射程範囲を「合意」や「意思の連絡」を伴わない協調的価格引上げや協調的生産調整にまで広げることができるならば，JV をカルテル規制の対象とすることも可能かもしれない。実際に，本件 JV の審査では，欧州委員会が EU 機能条約 101 条により審査する一方で，連邦カルテル庁もドイツ競争制限防止法により企業結合審査を並行して行った。通常，欧州委員会が企業結合審査を行う場合，EU に属する他の国が並行的に審査することはほぼないと言ってよい。欧州委員会が本件 JV を企業結合事案として審査したのか，それともカルテル事件として審査したのか，あるいはその中間形態として審査したのかという点は興味深い。

EU 機能条約 101 条は，本来カルテル規制に係る条文であるが，仮にカルテルに至らない将来的な協調的行動までこの規定によって規制できるとするならば，本件 JV もカルテル規制の対象となり得る。実際，欧州委員会は，事案が理事会規則に基づく企業結合審査に相応しくないと判断する場合には，101 条に基づいて審査・決定することができる。

世界のカルテル規制の趨勢は，価格引上げや生産調整についての「合意」や「意思の連絡」の立証を必要としている。米国のカルテル規制においても，シグナリングと呼称される「合意」や「意思の連絡」を伴わない行動をカル

---

3) 本件 JV では，いわゆる「域外適用」も重要な論点となるが本章の射程を超える。詳しくは東條（2014）を参照されたい。

4) この点は，経済学的視点からも考察する。4.1. を参照。

テルの射程範囲に入れようとする動きがあるものの，将来的に予測される協調行動までを規制するものではない。すなわち，将来的な協調的行動の可能性のみから本件 JV をカルテル規制の対象とすることはほぼ不可能である。これが，2008 年 11 月に欧州委員会から競争法上の懸念があるとして異議告知書を出され，第 1 次統合計画を断念した BHP ビリトンとリオ・ティントが，JV へとスキームを変えて再チャレンジをした背景と推察される。第 1 次統合計画と同じスキームのままでは欧州委員会から同じ結論が出されることはほぼ自明であった。そこで，結合の度合いを買収から JV へと緩めると同時に，各国の規制根拠が必ずしも明確ではない JV という統合手法をとることによって，各国競争当局，とりわけ強い影響力を持つ欧州委員会から企業結合審査の結果として統合計画の承認を得ようとしたのが本件 JV の真の狙いであったのではないか。

　日本の審査はどうであったか。独禁法の法文上は，企業結合審査の対象となる包括的な企業結合の概念はなく，株式取得（10 条）や合併（15 条）といったスキーム別の規制となっている。EU（企業集中）や米国（資産・議決権の取得）と比べ，縦割り的な規定となっている。公取委は本件関連条文を独禁法 10 条としているので，JV に伴う出資を株式の取得と捉えて，本件を企業結合審査の対象としている。独禁法 10 条 1 項は「会社は，他の会社の株式を取得し，又は所有することにより，一定の取引分野における競争を実質的に制限することとなる場合には，当該株式を取得し，又は所有してはならず」と規定する。そして「競争の実質的制限」には単独行動によるものと，協調的行動によるものが含まれるので，独禁法 10 条 1 項の実体規定により，本件 JV を企業結合審査することができるのである。

　ただし，企業結合における「結合関係」の内容は依然として不明確であり，立場・論者によってイメージが相当異なっている。この点，企業結合ガイドラインでは，「結合関係」を「複数の企業が株式保有，合併等により一定程度又は完全に一体化して事業活動を行う関係」と定義付けている。合併といった完全な結合から 20％ 超の株式取得といった弱い結合まで幅がある以上，これ以上の定義付けは困難であることは確かであるが，特に弱い結合の範囲がはっきりしない。本件でも，BHP ビリトンとリオ・ティントの間で生産や販売効率を上げるためには，①合併，②株式取得＝買収（第 1 次統合計画），

③本件 JV（本件統合計画），④当事会社それぞれが所有する鉄道，湾岸等のインフラを管理・運営する会社を設立してインフラを共同利用する JV，⑤両当事会社間での鉄鉱石の継続的売買といった5通りのスキームが考えられる。①から⑤に従って強い結合から弱い結合になっていくが，少なくとも④⑤については企業結合審査の対象とならないであろう。しかし，企業結合審査の対象となるかを明確に論じるのが難しいケースもある。協調的行動をもたらすような関係が生じる場合には結合関係が生じるといった逆説的な論法を用いる考え方もあり得るが，市場に対する効果要件と結びつけたこのような考え方は，結合関係の独自の意義がないと考えることと同義であり，過剰規制を許容する可能性をもつ。結合関係の射程範囲についてはさらなる検討が必要と言えよう。

3.2.　世界海上貿易市場の画定

　本件における公取委の一定の取引分野の画定については検討すべき興味深い点がある。まず，商品範囲として，鉄鋼製品の製造で使用される鉄鉱石として，「塊鉱」,「粉鉱」及び「ペレット」の3種類に大別した上で，①3種類の鉄鉱石の間には需要の代替性及び供給の代替性がないため，それぞれを別個の商品範囲として画定したこと，②ペレットについては，両当事会社のシェアが低く，本件 JV の設立が競争に及ぼす影響は小さいと考えられるため，塊鉱と粉鉱を検討対象とした。これらの判断はいずれも合理的といえる。

　問題は地理的範囲である。公取委は「世界海上貿易市場」を地理的範囲として画定している。これは，企業結合ガイドラインでいう「内外の需要者が内外の供給者を差別することなく取引している」こと（すなわち，世界市場）を連想させる。しかし，鉄鉱石市場における需要者の範囲がどのように想定されているのかという点が明確でない。この点を以下，説明しよう。

　本件は，日本や EU，ドイツ，オーストラリア，韓国の競争当局からは競争法上の懸念が出された。例えば，日本の公表文では「塊鉱の世界海上貿易市場における競争が実質的に制限される」,「粉鉱の世界海上貿易市場における競争が実質的に制限される」と結論付けられている。しかし，情報交換を行いながら審査した国・地域（日本，EU，ドイツ，オーストラリア，韓国）以

外の競争当局は，結論として問題ありとしていない。本件 JV は少なくとも米国を含めて 10 か国以上の競争当局に届出され審査に服したはずである。すなわち，相当数の競争当局は本件 JV を問題としていないのである。

　その背景として考えられることは，「世界海上貿易市場」という市場画定をせずに，自国の需要者を前提にした市場を画定した上で，問題なしという結論に至った可能性が考えられる。例えば，米国は自国向け海上貿易市場という市場画定が行われた可能性がある。一方で，米国でも世界海上貿易市場という共通の市場画定をした上で，米国の需要者に軽微な影響しか与えないと判断し，結論を異にした可能性もある。この点，米国では，海上貿易によって輸入される塊鉱や粉鉱の量は日本や EU と比較すれば少量であるから結論を異にするのは自然であろう。いずれにせよ，「世界海上貿易市場」という市場を画定した上で競争法上問題ありとした国の方が少数派だという見方もできる。

　市場画定では供給者を国内に限定する必要は全くないので，世界の供給者を含めている点は日本の公取委の結論にも問題はない。そこで問題となるのは，需要者の範囲である。公取委は，「鉄鉱石の供給者は，海上貿易で鉄鉱石を調達する世界中の需要者に対して，ほぼ同一の価格水準で商品を供給することとしている」と認定している。これは世界中の供給者から世界中の重要者に海上輸送によって供給される市場を裏付けているように読める。また，市場シェアについても，特に需要者の所在地と関係なく市場シェアを認定している[5]。他方で「海上貿易に依存している東アジア及び西ヨーロッパに所在する鉄鋼会社は，基本的には，世界各地の複数の供給者から鉄鋼石を調達している」「実際にも，東アジア向け鉄鉱石価格と西ヨーロッパ向け鉄鉱石価格はほとんど同じ動きをしている」として，東アジアと西ヨーロッパの需要者のみをフォーカスして取り上げているところもあり，「東アジアの需要者に対する鉱石の海上貿易市場」や「西ヨーロッパの需要者に対する鉄鉱石

---

　5)　例えば，塊鉱については「平成 20 年におけるリオ・ティントの市場シェアは約 30〜35% で第 1 位，BHP ビリトンの市場シェアは約 25〜30% で第 2 位となっており，両当事会社の市場シェアを合算すると約 55〜60% で第 1 位となる」とし，粉鉱については「平成 20 年におけるリオ・ティントの市場シェアは約 20〜25% で第 2 位，BHP ビリトンの市場シェアは約 15〜20% で第 3 位となっており，両当事会社の市場シェアを合算すると約 40〜45% で第 1 位となる」と算出している。

の海上貿易市場」という2つの市場，あるいは「東アジア及び西ヨーロッパの需要者に対する鉄鉱石の海上貿易市場」という2つの地域の需要者を統合した市場を画定しているようにも読める。

このように，世界海上貿易市場における需要者の具体的内容には曖昧さが残る。この点，本件当事会社は，各国競争当局に提出する資料を統一できる便宜から，このような市場画定にあえて異を唱えなかった可能性もあり，また，情報交換を行って審査した競争当局の間でも，世界海上貿易市場という共通の土俵で議論することにも相応のメリットがあったのであろう。世界海上貿易市場という市場画定も十分に合理性をもつ。ただ，各国の競争当局は，仮に世界海上貿易市場という市場を前提にしても，それぞれ自国の需要者が本件JVによってどのような影響を受けるのかを重視して実際の審査を行うので，結論が分かれる可能性があり，実際に本件でも各国での結論は分かれているのである。公取委は，日本に所在する需要者に対して世界に所在する供給者によって海上貿易の方法で供給される塊鉱及び粉鉱市場と定義して審査を行うことも可能な事案であった，ということもできる。

3. 3.　競争の実質的制限

3. 3. 1.　協調的行動による競争の実質的制限

公取委公表文では，塊鉱について，「塊鉱の世界貿易市場において，両当事会社に対する有効な牽制力となる供給者は存在しないことから，両当事会社と競争業者の間における協調的行動による競争の実質的制限について検討する必要はない」と述べている一方で，「単独行動による競争の実質的制限」の評価において，「本件JVの設立により両当事会社間に協調関係が生じることが，塊鉱の世界海上貿易市場の競争に与える影響は大きい」と述べる。本件JVがいわば「かすがい」となって，BHPビリトンとリオ・ティントが従来のライバル関係から転じて協調的行動を採るという分析である。JVに関連する企業結合審査の場合，JVと関係のないライバルとの協調的行動の他に，JVに出資した当事会社間での協調的行動が分析される。これは当事会社が一体化しておらず，独立した競争単位として機能していること，すなわち弱い結合であることを前提としつつ，JVを設立したために，いわばライバルとしての緊張が緩み，協調的行動に変化していくかを分析するもの

である。しかし，これは果たして「単独行動による競争の実質的制限」の分析と言えるであろうか。むしろ，「協調的行動による競争の実質的制限」の分析であろう。

　一方，粉鉱については，「協調的行動による競争の実質的制限」が認定されている。その根拠は「単独行動による競争の実質的制限」とほぼ同様であるが，粉鉱に独自な点として「市場環境が変化し，ヴァーレが両当事会社に対する牽制力となり得るとしても，本件 JV の設立により両当事会社が各期の供給する量及び販売戦略において協調的な行動を採ることが容易に予想されることから，ヴァーレにとって，両当事会社と協調的に供給量を制限するといった行動を採ること及びそのような協調的な行動を前提として鉄鋼会社との取引において有利な条件を出すことが利益となる」という指摘が追加されている。これが本来の「協調的行動による競争の実質的制限」の分析と言える。

3.3.2. 効率性の論点

　本件 JV では効率性についても議論されている。この点は，経済学的分析と密接に関連する。両当事会社は，本件 JV を設立する目的として，西オーストラリアにおける両当事会社の鉄鉱石の生産事業を統合することにより，100 億米ドルを超える効率性を達成できると主張した。しかし，公取委は，塊鉱については，両当事会社の市場シェアの合算が約 55〜60% であり，両当事会社とそれに続く供給者の市場シェアとの格差は大きいこと，また，両当事会社以外に低コストで大量の塊鉱を産出する鉱山を有している供給者は存在しないことから，両当事会社に対する有効な牽制力となる供給者は存在しないこと，したがって，塊鉱については，本件 JV が独占に近い状況をもたらすと考えられることから，たとえ両当事会社の主張する効率性が実現したとしても，両当事会社が競争的な行動を採るとは想定されず，効率性が本件 JV を正当化することはほとんどないと考えられると認定した。

　また，粉鉱については，両当事会社の主張する効率性について，「企業結合固有の効率性向上であるかどうか（固有性）」，「効率性向上が実現可能であるかどうか（実現可能性）」及び「効率性向上により需要者の厚生が増大するかどうか（需要者厚生の増大可能性）」の３つの観点から検討したところ，固有性，実現可能性，及び需要者厚生の増大可能性は，いずれについても認め

られないとした。特に固有性については，本件 JV よりも競争制限的ではない他の方法，すなわち，「インフラの共有化や当事会社間での鉱山及び鉄鉱石の売買」により達成可能なものが多いと考えられるとした。

4. 経済学的視点からの考察

4.1. ジョイント・ベンチャーの位置付け

ジョイント・ベンチャー（JV）とは，異なる企業が共同してある特定の事業を行う会社を立ち上げることを言う。JV の代表的なものとしては研究開発に関するものがある。2つあるいはそれ以上の企業が新たに研究開発に関わる企業を立ち上げ（あるいは既存の研究開発部門を統合し），共同で研究開発活動を行う。その他の JV としては，小売りあるいは卸売り段階での共同販売会社という形態がみられる。今回の BHP ビリトンとリオ・ティントは鉄鉱石の生産事業に関わる共同管理会社の設立を計画した。

経済学的には，同一産業内の競争者による JV は合併とみなすこともできるし，JV を行う企業間でのカルテルとみなすこともできる。いずれの場合でも，企業のある1つの活動（あるいはいくつかの活動）について共同会社を通じて統合し，その統合された会社がもともとの独立した競合企業の結合利益を最適化することが目標ならば，競争者が減少することになる。今回の場合では，共同管理会社が生産量を決定し，利潤を2社で取り決めたルールに基づき配分するという計画であった。したがって，鉄鉱石の生産量の決定段階において，JV の設立によって競争者が1社減るとみなすことができる。さらに，生産能力への投資決定に関しても，基本的には共同管理会社が決定する仕組みになっており，短期的な生産能力の決定だけでなく，長期的な生産能力拡張決定においても，市場参加企業が減少すると考えることができる [6]。

一方で，競争する企業数は減少するものの，JV によって生産及び（生産能力拡張のための）投資の両面で効率性が向上する可能性があり得る。ベスト

---

6) 2.2. にあるように，生産能力の拡張に際して，投資額が2億5,000万米ドルを超える場合には，望ましい生産能力に対する見解が両社で異なる時，単独で生産能力の拡張を行うことが可能とされていた点に注意されたい。

プラクティスの共有，規模の経済性の発揮等により生産段階における効率化が起きる可能性が存在する。こうした効率性の向上は，少なくとも両事業者にとって有益なものであり，また効率性の大幅な向上が見込まれる場合には，市場価格の低下を通じて鉄鉱石の消費者にも JV による統合の利益が及ぶことがあり得る。同様に投資面でも，両社が単独で行う場合と比べて，重複投資の削減等により効率化が起こり得る。さらに，工場設備に関わる固定費の削減や余剰施設の削減等が進む可能性もある。こうした効率化も統合する企業に恩恵をもたらすだろう。

　こうして考えると，JV も通常の水平合併と同様に企業数の減少に伴う反競争的な効果と事業統合による効率化という，相反する 2 つの効果を市場にもたらすことになる。したがって，経済学的には，水平合併分析の考え方をそのまま適用することが自然であり，今回の JV に関して公取委も水平合併と同じ視点で審査が行われたことは首肯できる。

4.2. JV の評価方法

　JV を水平合併と同じ観点から評価する際には，JV による効率性の向上と，JV が与える消費者（鉄鋼会社）への影響を比較考量することになる。経済学では，合併の効果は消費者余剰と生産者余剰の和すなわち総余剰を基準として評価がなされる。この評価基準を用いた場合，JV が認められるには，効率性の向上に関して以下の 2 つのどちらかが実現し，JV によって総余剰が増加する必要がある。

　1 つ目は，JV による生産の効率化効果が非常に大きく，消費者余剰と生産者余剰がともに JV によって増加する場合である。この場合では，JV を行わない場合と比較して，生産量が増加し，価格が低下している。

　2 つ目は，価格を下げる程の効率化効果はないため消費者余剰は減少するが，（効率化による）生産者余剰の増加分と消費者余剰の減少分を比較すると前者が後者を上回る場合である。この場合では，JV により生産の効率化により生産者余剰の増加がみられるが，1 つ目の場合に比べて大きくはなく，JV がない状態よりも生産量は少なく，価格が高くなり，その結果，消費書余剰は減少する。したがって，いわゆる「効率性と反競争効果のトレード・オフ」が存在する。

120　　　　　　　　　　　　　　Ⅱ　企業結合

　経済学ではこのように，JV が影響を及ぼす市場における消費者余剰，生産者余剰双方への影響を考慮して評価を下す。しかし，ここで問題となるのは，BHP ビリトンもリオ・ティントも日本企業ではなく，日本にとっては海外（オーストラリア）の JV だということである。日本の立場のみから JV を評価する場合には，生産者余剰は存在しない。したがって，1 つ目のケースが実現しない限り，日本にとっては JV による統合は望ましくない。一方で，オーストラリアの観点からは，鉄鉱石の生産地であるが消費地ではないため JV 認可は生産者余剰を下に評価されるだろう[7]。こうした，国境を超えて影響が及ぶ統合に関する競争政策当局ごとの評価基準は興味深い問題である（この点については 4.4. で触れる）。しかし，当面は，世界市場を念頭に，JV が価格に与える影響（すなわち消費者余剰に対する影響）を中心にみていくことにする。

4. 2. 1.　JV が価格に与える影響

　本件 JV が消費者に与える効果を考慮する際に，重要になってくるのは短期的な価格に影響を及ぼし得る生産能力制約（capacity constraint）と長期にわたる影響を及ぼす生産能力拡張への投資である。そこで，まず，1 つ目に関して，JV が価格を低下させる十分条件を明示した後で，鉄鉱石生産で重要な特徴である生産能力制約がどのように価格（消費者余剰）に影響を与えるかを考えてみたい。

　JV によって価格が低下して消費者余剰が増加する為には JV によって費用面での効率化が達成される必要があるのは当然であるが，どの程度の（限界）費用が実現すれば価格は下がるのだろうか。実は，JV が価格を低下させる（すなわちトレード・オフを生じさせることなく総余剰を増加させる）限界費用の水準を導出することが，一定の条件の下で可能である。

　Farrell and Shapiro (1990) は合併後の価格が変化しないための限界費用を導出した。逆を言えば，限界費用がこの水準以下になるような効率化が JV によってなされれば，価格は下がり消費者余剰が増加することになる。価格低下に必要な限界費用は需要の価格弾力性，合併企業の合併前シェア，

---

　7)　公取委は JV が影響を及ぼす範囲を世界市場と画定している。この場合，字義通りに解釈すれば，消費者余剰とは世界の消費者余剰であり，生産者余剰は鉄鉱石会社の利潤とみなすべきことになる。

第 4 章　市場の画定と供給能力の調整　　　121

合併前価格から計算できる。これを今回の JV に当てはめると，JV によって価格が上昇しないための JV の限界費用は

合併前価格×[1－(BHP ビリトンのシェア＋リオ・ティントのシェア)／価格弾力性]

から導出できる。これより小さい限界費用が JV 設立によって実現可能であれば，JV 後の均衡価格は低下する。上の式には JV 前価格に当該企業以外の企業のシェアの合計（を価格弾力性で割ったもの）が引かれる形で入っている。したがって，JV として事業統合する 2 社の市場シェアが高ければ高いほど，要求される限界費用の低下幅は大きくなることを意味している。

　この式に，公取委の資料にある具体的な鉄鉱石市場のシェアを当てはめて，どの程度の限界費用の低下が必要とされるのかを検証してみよう。公取委は審査の際，鉄鉱石市場を塊鉱と粉鉱に分類してその各々のシェアを注視している。具体的には，塊鉱ではリオ・ティントが約 30〜35%，BHP ビリトンが約 25〜30% となっており，もし JV が実行されていれば約 55〜65% のシェアとなる。同様に，粉鉱でもリオ・ティントが約 20〜25%，BHP ビリトンが約 15〜20% と大きなシェアを有しており，もし JV が実行されていれば約 35〜45% のシェアとなる。これから判断すると，例えば，需要の価格弾力性が 1 と仮定すれば，JV によって価格が低下するためには，鉄鉱石価格の半分程度の限界費用が実現する必要があることが分かる[8]。

4.2.2.　生産能力制約の影響

　Farrell and Shapiro（1990）の十分条件と同時に考えるべきは，生産能力制約の影響である。なぜならば，生産能力の制約により企業の費用関数が特殊な形状をしている場合には，必ずしも先に述べた計算式が適用できないからである。また，生産能力に制約がある場合，生産能力と比較した需要の大きさも重要な考慮要因になってくる。

　公取委の公表文で想定されている限界費用関数のように，ある生産水準ま

---

8)　需要の価格弾力性が 1 より大きい場合は弾力的であるという。他に代替品が存在するようなケースでは，価格上昇に対して，需要量がより大きく変化し，弾力性は 1 よりも大きくなると考えられる。一方，代替品がない財の場合には弾力性は低くなり，弾力性は 1 より小さくなる。鉄鉱石の消費者は鉄鋼会社であり，鉄鉱石以外の代替的な投入物による鉄鋼生産は困難であるとされているため，鉄鉱石の価格弾力性は 1 を下回る可能性が高い。したがって，これを考慮すると，価格低下のために必要な限界費用は本文のケースよりもさらに小さくなるにちがいない。

では限界費用が一定で、あの水準を超えると限界費用が上昇し始めるという緩やかな生産能力制約がある場合（ホッケースティック型の限界費用関数）には、Farrell and Shapiro (1990) の式を適用することができる。すなわち、先ほどの議論と同じく、JV によって価格を低下するような限界費用の閾値を導出することができる。ホッケースティック型の限界費用関数が下方シフトすることで、JV による統合企業には、統合前の単独企業の生産量の合計以上を生産するインセンティブが生まれ、価格が維持される（または低下する）。

　しかし、緩やかな生産能力制約ではなくて、厳密な生産能力制約が存在する場合、つまりL字型の限界費用関数のような形状をとる場合には、これまでの議論は単純には適用できない。この場合、生産能力と比較した需要の大きさが価格決定に影響を及ぼすからである。例えば、鉄鉱石需要が非常に大きいために鉄鉱石各社が生産能力制約に直面する場合、JV を行わなかった場合と比較して、JV の生産量が変化することはない。また、この場合、JV 以外の企業も生産量を変化させることはなく、すべての企業が生産能力の水準まで生産し続けるだけである。したがって、鉄鉱石価格に JV が影響を与えることはなく、価格が低下することもあり得ない。また、限界費用の低下はすべて生産者余剰になり、必然的に総余剰は増加することになる。ただし、長期的には生産能力は変更可能であるので、JV が生産能力拡張競争へ与える影響がいっそう重要になると言えるだろう（この点は次項で検討する）。

　一方で、需要が全社合計の生産能力を超えるほどには大きくない場合、JV には生産量を抑えて価格を上昇させるインセンティブが存在する。（JV は生産量を抑えることで利潤を増加させることができるため、そのようにするインセンティブが存在する）[9]。この場合でも、JV によって何らかのシナジー効果が発生して、それが限界費用の低下につながることがあれば、JV2 社が JV 前と同程度の生産水準を維持し、価格が上昇しないことがあり得る。逆を言えば、そのような限界費用低下が実現しない場合には、JV 設立後に価格は上昇することになる。

---

　9)　JV が供給量を抑えて価格を上昇させようとした時に、供給能力の制約がなければ、JV 以外の企業は高価格に反応して、供給量を増やす。そしてその結果、JV は意図した利潤を得ることができなくなる。しかし、JV 以外の企業は生産能力制約に直面している場合には、JV が生産量を抑えて価格つり上げを行うことに対抗して生産量を増やすことができない。結果として、JV は生産量を抑えて価格を上げることで利潤を増加させることができる。

第 4 章　市場の画定と供給能力の調整　　123

　公取委の資料に，「これまでも必ずしも常に最大限生産能力を最大限に活用して供給を行ってきた訳ではなく」という記述がある。ここから JV 計画前には生産能力あるいは少なくともそれに近い程度の需要が存在したことが読み取れ，生産能力一杯で生産している時と，生産能力近辺の需要水準の時とが併存する状態であったと推察できる。後者の水準の時には，限界費用関数の形状に拘わらず JV が価格を上昇させる可能性を否定できない。一方で，生産能力水準で生産が行われる場合，短期的には消費者余剰への影響はない。この場合（無論，生産能力近辺の需要の場合でも），生産能力の拡張が消費者余剰を決めるはずである。

4.3.　生産能力の拡張

　これまでの議論は生産能力を固定した JV の消費者への短期的影響を分析してきた。ここでは，JV が長期的な事業戦略である生産能力決定にどのように影響を及ぼし得るか，そしてその結果として，どのような状態が実現するかについて考察する。

　通常，ある企業の生産能力の拡張は，市場価格を下げる効果があり，ライバル企業にとってシェアを奪われることもあり有難くないものである。しかし，生産能力を拡張する企業は長期的な利潤が増加すると考えるからこそ生産能力に投資を行う。そして，その利潤増加の一部は他企業のシェア（販売分）を奪うことから来ている。これを顧客奪取効果（business stealing effect）という。他企業の利潤減少分は生産能力を拡張する企業からみれば，投資意思決定時に顧客奪取効果として投資利潤に組み込まれるものであり，個別企業の投資インセンティブの一部は顧客奪取効果に支えられている。ところが，顧客奪取は産業全体からみれば企業間での顧客の入れ替えにすぎない。ここに個別企業が望む投資水準と産業全体の利潤を最大化する水準とにギャップが生じる原因がある。つまり，顧客奪取効果の分だけ個別企業の投資インセンティブが大きくなり，投資が過剰になることが起こり得る [10]。

　このような場合，企業を集約し，投資を抑えることで望ましい状態が達成

---

10)　ここでの議論は Mankiw and Whinston（1986）での考え方に基づいている。彼らの論文では顧客奪取効果の存在により，企業に過剰に参入のインセンティブ（あるいは事業を継続するインセンティブ）が与えられ，社会的に過剰な数の企業が参入することが起こり得ることが示されている。

される（あるいは望ましい状態に近づける）ことがあり得る。すなわち，2つ（以上）の企業が投資計画を協調して立案することで，互いの利害を調整し，単独で決定する投資量の総量よりも少なくなることがあり得る。JV がない場合において，リオ・ティントが自社の生産能力拡張で BHP ビリトンから奪う利潤は，リオ・ティントの投資のインセンティブを高めるし，逆に BHP ビリトンもリオ・ティントの利潤を奪う。しかし，JV を行い共同利潤最大化するように投資を決めるとすれば，リオ・ティントが BHP から奪う利潤，逆に BHP がリオから奪う利潤はもはや JV にとっては利潤の両社間での入れ替えにすぎず，共同利潤を増加させない。したがって，両社間での顧客奪取分によって生じる投資インセンティブはもはやない。したがって JV の投資のインセンティブは（それをしなかった時に比べて）減退するはずである。

　このように理論的には生産能力の拡張は JV によってより消極的になると予想される。そうであるならば，JV は長期的には明らかに消費者余剰にとってはマイナスになる。一方で，JV が（過剰な）投資競争を抑制するとすれば，無駄な生産能力の拡張・保持が少なくなる可能性があり，それらに関連する費用は JV によって削減されるだろう。したがって，全体としては，投資抑制による消費者余剰の減少と効率性向上のトレード・オフがある。

　確かに，JV が共同管理会社の下で実質的に企業数を減らし，BHP ビリトン，リオ・ティントの投資計画を調整すれば，社会的に望ましい企業数，投資水準に近づく可能性は存在する。したがって，焦点は，JV が実現しない場合に，過剰な企業数でかつ過剰な投資を行うかということである。残念ながら公表文から得られる情報のみではこの点を検証することは難しい。しかし，仮にそうであったとしても，消費者余剰は減少するため，JV は消費者から企業へ余剰の再配分をもたらすことになる[11]。

4.4. 国際的な企業結合の規制

　本件 JV で興味深いことは，両当事会社が存在しない国・地域の競争当局が審査を行ったということである。このように自国外の JV に対して，自国

---

　11)　企業数減少による鉄鉱石会社のあいだでの協調の可能性も考慮すると，消費者余剰への効果に関してはさらに悲観的とならざるを得ない。

の合併審査基準を適用することで潜在的に起こり得る事態について論じてみよう。国際的な環境でビジネスが行われるにつれて，このような問題が今後も出てくる可能性は非常に高い。

　本件 JV に先立つ第 1 次統合計画は，最終的にはリーマンショックによる経営の悪化等の理由により撤回されたが，関係する国（オーストラリア，欧州，日本等）の競争当局は買収提案を受けて審査を行っていた。この買収計画に関する各国の競争当局の審査結果の相違は興味深い。合併当事会社が所在するオーストラリアの競争当局は審査の結果，両社の合併を承認した。一方，欧州委員会は対称的に合併に反対の立場を示した。

　これらの審査結果の違いは，経済学の視点からみれば当然起こり得るものである。鉄鉱石では生産地（オーストラリア）と消費地（欧州，東アジア）が明確に分かれるため，オーストラリアには生産者が所在しており，生産者余剰が帰属するが，消費者は大部分が海外に存在しているため合併の影響はほぼない。一方で，欧州には合併の影響は消費者のみに及ぶが，生産者余剰は存在しない。結果として，オーストラリアは認可のインセンティブが強く，欧州にはそのようなインセンティブは存在しなかったと言える。

　ここで考えるべきは，潜在的に異なる合併認可のインセンティブを持つ自国当局と外国当局が合併審査を行うことで望ましい規制が実現されるか，という問題である。世界全体でみたとき，とりわけ問題となるのが，世界全体の厚生を下げる合併や JV でも，当該事業の所在地の競争当局は認可するインセンティブがあるということである。生産国と消費国が分かれていて，合併当事会社がその所在国で製品を販売せず，他国に輸出のみしている場合，当事会社が所在する競争当局には合併による生産者余剰の増加のみを考慮して，合併を認可するインセンティブがある（この場合，独占を認めるインセンティブさえ存在する）。しかし，こうした合併は消費国にとって望ましくなく，消費国の競争当局は認可しないだろう。もし，合併による効率性向上の程度が小さい，あるいは合併によって市場が供給独占となる場合，合併は世界全体にとっても望ましくない結果になり，消費国が拒否権を発動することで世界全体の厚生が下がることを防ぐことができる[12]。

12）　しかし，一方で拒否権の発動が全体厚生を下げることもあり得る。例えば，消費者余剰を少ししか損なわないが，生産者余剰を大幅に上昇させる合併は，消費国の競争当局の反対

5. おわりに

BHP ビリトンとリオ・ティントの JV 設立計画は，両者の市場シェアや生産計画の内容を勘案すると，鉄鉱石市場における競争に重要な影響を及ぼす可能性を否定できない。しかし，本件 JV は，定型的な反競争効果の分析として以外にも，多くの興味深くかつ未解決の論点を提示している。特に，JV のような弱い結合関係の審査基準の在り方，あるいは，企業結合の影響が国を超えて及ぶ場合の競争当局の国際協調の在り方である。本件 JV は，企業結合の影響が国境を超えて及ぶときの政策当局の課題を浮き彫りにしている。国際的な企業結合事案における関係国の利益調整の在り方や，それを説明する理論モデルの検討は，法的にも経済学的にも未だ大きな課題として残されており，今後の研究の発展が必要とされる。

参考文献

東條吉純 (2014)「BHP ビリトン／リオ・ティント事件 I・II—国際的事案にかかる独禁法の適用上の諸問題—」舟田正之編『電力改革と独占禁止法・競争政策』有斐閣，224-252 頁。

Elliot, P., J. Van Acke and 亀岡悦子 (2011)「グローバル経済における EC 競争法戦略」国際商事法務 39 巻 3 号。

Farrell, J. and C. Shapiro (1990) "Horizontal Mergers: An Equilibrium Analysis," *American Economic Review* 80, 107-126.

Mankiw, G. and M. Whinston (1986) "Free Entry and Social Inefficiency," *Rand Journal of Economics* 17, 49-58.

で認可されないことがあり得る。

第5章

垂直統合による市場閉鎖

ASML・サイマー統合事件

池田千鶴・松島法明

1. はじめに

　半導体製造の前工程[1]で使用される露光装置の世界最大のメーカーである ASML Holding N.V.（本社オランダ）の米国子会社である ASML US Inc.（以下，米 ASML）は，露光装置の重要部品である光源の製造販売業を営む米国の Cymer Inc.（以下，サイマー）の全株式を取得することを計画した（以下，本件統合計画）[2]。

　ASML は，露光装置を製造するにあたり，光源をサイマーから購入していることから，本件統合は，光源の製造販売市場を川上市場，露光装置の製造販売市場を川下市場とする垂直型企業結合に該当する。このような垂直的な市場構造のもとで，光源，露光装置のそれぞれの市場における競争者は 1 社または 2 社しかなく，いずれも日本企業であった[3]。

---

1) 半導体の製造工程は，露光装置を用いて半導体集積回路の土台となるウェハ上に電子回路を転写する工程などを行う前工程と，ウェハをチップ単位に切断・組立・最終検査を行う後工程とに分かれる。

2) 本件の審査結果は，第 2 次審査を経て審査終了後に公表されるとともに（公取委「エーエスエムエル・ホールディング・エヌ・ビーとサイマー・インクの統合計画に関する審査結果について」（平成 25 年 5 月 7 日公表）），公取委「平成 24 年度における主要な企業結合事例」（平成 25 年 6 月 5 日公表）の事例 4 にも掲載されている。

3) 川上・川下の競合企業が日本企業（光源メーカーはギガフォトン，露光装置メーカーはニコンとキヤノン）であることは，韓国公取委の審査結果（2013 年 3 月 24 日）から確認できる。Press release of Korea Fair Trade Commission, March 24, 2013, KFTC issues reme-

128　　　　　　　　　　　Ⅱ　企業結合

　本件は，川上，川下の双方の市場で非常に高いシェアを持つ有力な事業者同士の垂直統合によって，①競争者である露光装置メーカーへの光源の販売拒絶等や，②競争者である光源メーカーに対する光源の購入拒絶等により，また，③当事会社間で競争者の秘密情報が共有されることによって，市場の閉鎖性・排他性の問題が生じる懸念が問題とされた。

　公取委は，第2次審査を経て，米ASMLが公取委に申し出た措置等を踏まえれば，本件統合が一定の取引分野における競争を実質的に制限することとはならないと判断し，排除措置命令を行わない旨の通知を行った。

　本件は，事業の水平的な重複はなく，垂直統合による競争への影響だけが問題となった事例であり，垂直型企業結合による市場閉鎖効果とそれに対する問題解消措置が問題とされた。そこで本章では，公取委の審査結果の特徴を法学的視点から検討するとともに，本件統合計画が競争制限効果を生む可能性および問題解消措置の妥当性について経済学的視点から検討する。

　本章の構成は以下のとおりである。2節で，垂直的な市場構造と審査経緯の特徴を説明し，3節では，本件審査結果の特徴を法学的視点から検討する。4節では，経済学的視点から，垂直統合が競争に与える影響を理論的に整理したうえで，本件統合計画に即して起こり得る競争制限効果を検討し，本件における審査結果と問題解消措置の妥当性を論じる。5節で結語を述べる。

2.　ASML・サイマー統合事件

2.1.　垂直的な市場構造

　光源は，光を発生させる装置で，ウェハに電子回路を転写する際に用いられ，露光装置には不可欠で重要な部品の1つである。現在，当事会社間で取引のある光源であるDUV（Deep Ultraviolet：深紫外線）光源は，KrF光源（248 nm）とArF光源（193 nm）とに大別される。順に解像度が高くなり，より細い回路の転写に用いられる。

　川上市場の光源について，解像度や価格帯の違いから露光装置メーカーに

---

dies against vertical merger between extraterritorial semiconductor equipment makers: Approving technology innovation-led dynamic efficiency gain first on record (http://www.ftc.go.kr/eng/index.jsp)。後掲の図5–1も参照のこと。

とっての需要の代替性はなく，商品範囲は「KrF 光源」と「ArF 光源」，地理的範囲は「世界全体」と画定された。

2012 年の世界市場における KrF 光源の市場シェアをみると，サイマーが約 60％で第 1 位，ギガフォトン（日本）が約 40％で第 2 位である。ArF 光源の市場シェアは，サイマーが約 75％で第 1 位，ギガフォトンが約 25％で第 2 位である。いずれの市場でも，ギガフォトンがサイマーの唯一の競争者である。

露光装置は，半導体集積回路の土台となるウェハに電子回路のパターンをレンズにより縮小投影して転写する装置である。ArF 光源を搭載した露光装置には，水の屈折率を利用してさらに解像度を高めた液浸露光装置がある。KrF 光源を搭載した露光装置（約 250 nm〜100 nm），ArF 光源を搭載した露光装置（約 90 nm〜65 nm），ArF 光源を搭載した液浸露光装置（約 65 nm〜45 nm）の順に解像度が高くなる。

露光装置の需要者は，サムソン（韓国），ハイニックス（韓国），TSMC（台湾），インテル（米国），エルピーダ（日本）のような半導体メーカー（半導体製造販売業者および半導体受託生産業者）である。露光装置の需要者である半導体メーカーは，露光装置の購入にあたり，各光源メーカーの光源を選択できるようになっている。

川下市場の露光装置について，解像度や価格帯の違いから半導体メーカーにとっての需要の代替性はないため，商品範囲は，「KrF 露光装置」，「ArF 露光装置」，「ArF 液浸露光装置」，地理的範囲は「世界全体」と画定された。

2012 年の世界市場における KrF 露光装置の市場シェアは，ASML が約 90％で第 1 位，ニコン（日本）が約 5％で第 2 位，キヤノン（日本）が 0〜5％で第 3 位である。ArF 露光装置の市場シェアは，ニコンが約 55％で第 1 位，ASML が約 45％で第 2 位である。ArF 液浸露光装置の市場シェアは，ASML が約 85％で第 1 位，ニコンが約 15％で第 2 位である。ASML の競争者は，KrF 露光装置についてはニコンとキヤノンの 2 社，ArF 露光装置と ArF 液浸露光装置についてはニコン 1 社しか存在しない。

以上の川上市場と川下市場にわたる垂直的市場構造を図示したものが図 5 -1 である。ただし，図の具体的な企業名や市場シェア等の数値は全て韓国公取委の審査結果による[4]。

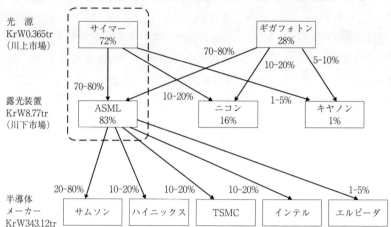

図 5-1　DUV 光源・露光装置の市場構造（2011 年，KrW は韓国ウォン）

2.2. 審査の経緯

　本件の審査手続には次のような特徴があった。統合計画の届出の数か月前（遅くとも 2012 年 11 月以降）から，米 ASML は公取委との間で会合を持ち，第 1 次審査の期間中に，米 ASML の求めに応じて公取委は本件審査にあたって論点等の説明を行った。それを受けて，第 1 次審査の段階で，米 ASML は本件審査の論点になり得る事項について解消方法を提示し，第 2 次審査では，その解消方法の内容を中心に，需要者と競争者に対するヒアリング等の結果を踏まえ，本件統合が競争に与える影響について審査された。

　このような経緯を辿った背景には，当事会社である米 ASML やサイマーはともに米国企業であり，同時に米国司法省の審査にも服していたため，米国司法省に対して並行的に問題解消措置を提示しつつ，日本の公取委にも米国と同様の問題解消措置で対応しようとした可能性がある[5]。実際，本件では，報告等の要請を行って第 2 次審査を開始してから 63 日間で審査を終了しており，第 2 次審査の期限である全ての報告等の受理日から 90 日よりかなり短い期間で排除措置命令を行わない旨の通知が行われている[6]。

---

　4)　前掲注 3。
　5)　その可能性を示唆するものとして，白石忠志「平成 24 年度企業結合事例集等の検討」公正取引 755 号 10 頁以下，14 頁（2013）を参照。
　6)　当事会社の公表資料によれば，本件統合計画は，日本，米国，韓国以外にも，台湾，イス

また，本件は，本件垂直統合により一定の取引分野における競争の実質的に制限することとなり違法であると公取委が認定する前から，第1次審査期間中に，本件審査の論点となり得る事項について当事会社自ら「解消方法」を提示した点に特徴がある[7]。欧米の競争当局の審査においても，第1次審査の段階から当事会社による問題解消措置の表明が行われることはしばしば見られる[8]。本件も，統合を円滑迅速に進めたい当事会社が，競争当局の詳細審査の前にあらかじめ潜在的な問題点を洗い出して措置を申し出たケースといえる。

今後，国際的な企業結合案件が増えるにつれて，複数の競争当局が審査を並行的に進めるなかで，当事会社が自ら問題解消措置を申し出て，第1次審査の早い段階で問題解消措置の同意を競争当局に求めてくるケースは増えていくものと予想される[9]。

3.　本件審査結果の法学的視点からの検討

3.1.　投入物閉鎖・顧客閉鎖

光源の取引における販売拒否・購入拒否等が競争に与える影響について，市場の閉鎖性・排他性の問題が生じる可能性が問題となった。具体的には次のとおりである。

投入物閉鎖については，川下市場において露光装置の製造販売を行うニコンやキヤノンは，川上市場のサイマーから相当程度の光源を調達しているところ，本件統合により，ニコンやキヤノンが，サイマーとの取引の機会が奪われたり，ASMLと比べて取引上不利に扱われたりした場合には，ニコンやキヤノンが川下市場において競争上不利な立場に置かれ，市場の閉鎖性・排他性の問題が生じる可能性がある。とりわけ本件では，サイマーは，川上市場において高い市場シェアを占めており，かつ，代替的な取引先となる競

ラエル，ドイツの競争当局でも審査され，アジア（日本，韓国，台湾）以外では無条件で承認された。

7)　このような経緯から審査結果では「問題解消措置」という用語は用いられていない。この点につき前掲注5白石論文も参照のこと。

8)　例えば，川合弘造「企業結合審査手続の改革（実務家の見地から）」ジュリスト1423号52-59頁，泉水文雄「企業結合規制の課題」日本経済法学会年報33号1-17頁を参照。

9)　同様の指摘として，前掲注8泉水論文9頁を参照。

争者もギガフォトン 1 社と少ないことから，サイマーが事実上，ASML の
みに光源の販売を行い，ASML の数少ない競争者であるニコンやキヤノン
が光源の主要な供給元を奪われ，市場の閉鎖性・排他性が生じる場合には，
川下市場における競争に及ぼす影響が大きい。

　顧客閉鎖については，川上市場において光源の製造販売を行うギガフォト
ンは，川下市場の ASML に対し，相当程度の光源の販売を行っているとこ
ろ，本件統合により，ASML がサイマーからのみ光源を調達することによ
り，ギガフォトンが ASML との取引の機会が奪われたり，サイマーに比べ
てギガフォトンが取引上不利に取り扱われたりした場合には，ギガフォトン
が不利な立場に置かれ，市場の閉鎖性・排他性の問題が生じる可能性がある。
とりわけ本件では，ASML は，川下市場において高い市場シェアを有し，
光源メーカーにとっての重要な顧客であり，かつ，代替的な販売先となり得
る ASML の競争者もニコンやキヤノンの 1，2 社のみと少ないことから，
ASML が事実上，サイマーからのみ光源の調達を行い，サイマーの競争者
であるギガフォトンが光源の主要な販売先を失い，市場の閉鎖性・排他性の
問題が生じるようなことがあった場合には，川上市場の光源および川下市場
の露光装置における競争に及ぼす影響が大きいと考えられた。

　ここで，投入物閉鎖では「川下市場」における競争に影響を及ぼすとされ
ているのに対して，顧客閉鎖では「川上市場および川下市場」における競争
に影響を及ぼすとされているのは，顧客閉鎖により最初に川上市場で影響が
出て，その後に川下市場に影響が出ることを意味している[10]。

　以上のような投入物閉鎖・顧客閉鎖の懸念に対して当事会社は次のように
主張した。露光装置の販売にあたり，露光装置の重要な部品である光源につ
いて，どの光源メーカーの光源を選択するかは露光装置の購入者である半導
体メーカーが決めるため，投入物閉鎖・顧客閉鎖を行えば，光源の収益源を
失うだけでなく，半導体メーカーからの信用も失って，ASML の露光装置
の売上にも影響を及ぼすため，半導体メーカーからの競争圧力が働くから，

---

　10)　田辺治・唐澤斉「担当官解説」公正取引 753 号 70 頁（2013）。欧州委員会の非水平合併
　　　ガイドラインでも，顧客閉鎖について，まず川上市場における競争に影響が出て，その後に，
　　　川下市場における競争に影響が出るとされている。Guidelines on the assessment of non-
　　　horizontal mergers under the Council Regulation on the control of concentrations be-
　　　tween undertakings，[2008] O. J.（C 265）6, para. 58. にも同趣旨の記述がある。

投入物閉鎖・顧客閉鎖のインセンティブはない。

これについて，公取委は，露光装置の購入と光源の選択を行っているのは半導体メーカーであり，半導体メーカーは当事会社による投入物閉鎖・顧客閉鎖に対して一定程度の牽制力を有しており，本件統合後も需要者からの競争圧力が一定程度働いていると評価した。

その理由は，①半導体メーカーは，複数の光源を選択できることが価格競争や性能競争につながることから，本件統合後に投入物閉鎖が行われるようなことがあった場合でも，当事会社に対し光源メーカーの選択について意見を言うことができると述べていること，②当事会社の売上の大部分が大手の半導体メーカー数社によるものであること，③半導体メーカーをはじめとする半導体業界全体のロードマップに基づいて露光装置や光源の開発が行われているなど，半導体メーカーが強い立場にある事実が指摘されている。

米 ASML は，投入物閉鎖・顧客閉鎖が論点となり得るとの公取委の説明を受けて，次のような措置を講じることを申し出た。

投入物閉鎖に対する懸念については，①サイマーは，DUV 光源について，公正，合理的かつ無差別的な事業条件の下に，既存契約を尊重し，既存契約に合致する形でニコンとキヤノンと引き続き取引する。なお，EUV 光源についても，本件統合後，サイマーは，公正，合理的かつ無差別的な事業条件の下に，業界の標準を尊重し，これに一致する形でニコンとキヤノンと取引を行う。②サイマーは，ニコンとキヤノンとの間で，合理的な条件の下で，かつ，DUV 光源については従前のやり方と一致した形で共同開発活動を行う。

顧客閉鎖に対する懸念については，① ASML は，サイマーまたはギガフォトンに対する光源の研究開発，光源の製品・部品・サービスの発注において，品質，物流，技術，費用，顧客の選好等の客観的・無差別的な基準に基づき，供給者を決定する。② ASML は，引き続き顧客が好む光源を選べるものとし，光源の供給に関する顧客の決定に不当にいかなる影響も与えないようにする。③ ASML は，光源の研究開発，光源の製品・部品・サービスの発注に必要な情報をサイマーとギガフォトンに実質的に同じタイミングで提供する。

公取委は，米 ASML が申し出た措置について，ASML が，本件統合後も

統合前と変わらない条件で，ニコンおよびキヤノンと取引すること（投入物閉鎖をしないこと），ギガフォトンと取引すること（顧客閉鎖をしないこと）を公取委に対して約束するものであり，本件統合後も半導体メーカーからの競争圧力が一定程度働いていることも踏まえて，本件統合による投入物閉鎖・顧客閉鎖は生じないものと考えられると評価した。

3. 2.　競争者の秘密情報の入手

競争者の秘密情報の取扱いが競争に与える影響として，公取委の企業結合ガイドラインに記述がない市場の閉鎖性・排他性が問題となった。

光源メーカーと露光装置メーカーは，製品の開発・製造・販売にあたり，製品の開発に関する情報，製品の仕様に関する情報，顧客に関する情報等，様々な秘密情報を共有している。そのため，本件統合後，サイマーがASMLを通じてギガフォトンの秘密情報を入手し，または，ASMLがサイマーを通じてニコンやキヤノンの秘密情報を入手し得る可能性がある。

本件では，川上市場と川下市場ともに技術革新が頻繁であり，半導体メーカーによる一定程度の競争圧力が働いていることなどを理由に，企業結合ガイドラインに指摘されている反競争効果である，当事会社と競争者が協調的に行動する可能性は小さいと評価された。

しかし，当事会社が当該秘密情報を自己に有利に用いることにより，当事会社の競争者が不利な立場に置かれ，市場の閉鎖性・排他性が生じる可能性が問題とされた。とりわけ本件では，当事会社は川上市場と川下市場において高い市場シェアを占めており，かつ，競争者も少ないことから，当事会社間で競争者の秘密情報が共有され，市場の閉鎖性・排他性の問題が生じるようなことがあった場合には，川上市場または川下市場における競争に及ぼす影響が大きいと考えられた。

そこで，米ASMLは，当事会社が本件統合後，情報遮断措置を講じることを公取委に対して約束することで，本件統合により当事会社が競争者の秘密情報を入手することとはならないと評価された。情報遮断措置の具体的内容は，①競争者の秘密情報に関与する当事会社の役員・従業員に秘密保持契約を締結させ，他方の当事会社の役員・従業員に競争者の秘密情報を提供することを禁止すること，②①の遵守のために社内向け情報遮断プロトコル

（秘密情報保護方針）を策定することである。

3.3. 問題解消措置の実効性確保——事後モニタリング

　本件は，欧米におけるトラスティの設置に近い措置が講じられた初めての事例であると注目されている。問題解消措置の実効性担保手段として，競争者に対する差別的な取扱いを行わないことや競争者の秘密情報を入手しないことに関し，①独立の監査チームが履行を監視し，本件統合後5年間，毎年1回，前記措置の遵守状況を公取委に書面で報告する，②①の報告書を作成する独立の監査チームの任命は事前に公取委の承認を得ること，とされた。

　従来，問題解消措置の実施状況について当事会社から報告を求めることは行われていたが，本件では，公取委が事前に承認した独立の監査チームによる履行の監視という点で特に踏み込んだ措置が講じられた。公取委は，本件統合後，一定期間，当該措置の遵守状況について，事前に公取委が承認した独立の監査チームによる監査を行い，当該監査結果は公取委に報告されるため，問題解消措置の実効性は確保されると評価した。

　担当官解説によれば[11]，本件のような独立した監査チームの必要性について，①外国事業者同士の統合事案であるため，問題解消措置の履行状況を公取委が直接確認することは困難であること，②取引条件を差別的なものにしないことのみならず，競争者の秘密情報の入手に係る情報遮断が問題解消措置に含まれていること等が考慮されたとされる。

　本件では，競争制限効果の認定がされないまま問題解消措置が考慮されて本件統合が容認されているため，問題解消措置がなくても本件統合が容認されていたのか，必ずしもはっきりしないため，問題解消措置の内容が遵守される必要性をどのように公取委が考えていたのか，明らかではない。FRANDによる既存取引および将来の新規取引の継続が措置として含められているところ，当事会社と競争者との紛争を解決するための仲裁条項を含める必要性や，実質的な措置内容の履行期限は無期限であるものの，履行監視期間は5年に限定しているため，5年以降の履行確保はどのように担保されるのか等の課題がある。

　11）　前掲注10田辺・唐澤解説70頁を参照。

3. 4. 研究開発段階にある製品の市場画定と技術開発競争への影響

　露光装置に用いる光源には，実際に取引が行われている DUV 光源の他に，研究開発段階にある EUV（Extreme Ultraviolet：極端紫外線）光源（13.5 nm）があるが，「EUV 光源及び EUV 光源を搭載した EUV 露光装置は，技術的な課題が多く，現在は研究開発向けに一部販売されているのみである」ことから，研究開発段階にある次世代技術にかかる商品の範囲を本件垂直統合により影響が生じ得る市場として，「EUV 光源」，「EUV 露光装置」，あるいは，研究開発活動そのものを「イノベーション市場」として「一定の取引分野」としては画定しなかった。もっとも，米 ASML が申し出た措置の内容には，投入物閉鎖の懸念に対し，研究開発段階にある次世代製品の「EUV 光源」についても FRAND 条件でニコンやキヤノンと取引する約束が明示的に含まれるほか，顧客閉鎖の懸念についても，光源の研究開発に関し，ASML よる情報提供の提供時期にかかる実質的な同等性，取引の無差別性の約束が含まれる。市場画定は行われなかったものの，問題解消措置に含めることで，本件垂直統合による研究開発競争に対する競争への影響に配慮しつつ審査が行われたことが窺われる。もっとも，企業結合審査の時点で当事会社が市場に供給していない研究開発中の商品について市場を画定し，競争に与える影響を検討する場合がある。研究開発は新しい商品を市場に供給するために行っているのであり，特に研究開発によって新しい商品が市場に供給されるようになると高い蓋然性をもって認められる場合には，企業結合がこれらの商品間の将来の競争に影響を与える可能性や現在行われている研究開発そのもののインセンティブを損なう可能性があるから，研究開発中の商品であっても市場画定を行い，当該企業結合が当該商品の市場における競争を実質的に制限することとなるかを判断する必要がある[12]。

---

12)　品川武「平成 26 年度における主要な企業統合事例について」公正取引 779 号 2 頁以下，5 頁（2015）。このような例として，ノバルティス　アーゲーによるグラクソ・スミスクラインからの事業譲受け（平成 26 年度・事例 4）がある。医薬品について，企業結合審査時点では日本で承認を受けて製造販売している事業者は存在せず，当事会社の製品もいずれも研究開発段階にあったが，それぞれ製造販売承認申請の準備段階，第Ⅲ相臨床試験の実施段階で，高い確度で，市場に供給されることが予測される，あるいは，一定程度市場に供給される蓋然性が認められた。本件事業譲受けにより，当事会社間における潜在的競争が消滅する影響が検討された。

3.5. 小 括

　本件は，第2次審査を経て審査を終了した事案であるものの，問題解消措置の提出が第1次審査の比較的早い段階で行われているため，問題解消措置がなければ競争の実質的制限の蓋然性が認められ，本件統合が違法となるか否かは明らかにされないまま，提出された問題解消措置と，需要者からの競争圧力が一定程度働いていることを考慮して，本件統合は一定の取引分野における競争を実質的に制限することとはならないと判断された。

　本件は，①外国会社同士の統合案件であること，②競争制限効果の認定なしに当事会社が提案した措置を考慮して本件統合は問題ないと早期に容認したこと，③投入物閉鎖・顧客閉鎖の垂直型企業結合に特有の論点を含むこと，④競争者の秘密情報の入手による競争への影響について，公取委の企業結合ガイドラインに記載のない市場の閉鎖性・排他性の問題が生じる可能性を指摘したこと，⑤従来よりも措置の遵守状況の監視の実効性を確保する方法において踏み込んだ措置が講じられている点，⑥研究開発途上の次世代商品にかかる競争について，市場画定はしないものの，問題解消措置の中で考慮されている点が特徴的な事例であった。

4. 経済学的視点からの検討

4.1. 垂直統合が競争へ与える効果

　本事例を検討する前に，経済学の文脈で指摘されてきた垂直統合の効果について概観する [13]。

　一般には，垂直統合の反競争効果について判断を下すのは難しい。それは，川上と川下の各段階で利益を上乗せする（マージンを乗せる）ことで供給が過少になる問題，いわゆる二重限界性（double marginalization）の問題を回避できる利点（Spengler, 1950）と，統合企業と競合他社との取引が縮小することで競合他社が直面する市場を縮小させること（market foreclosure）の欠点が共存するからである（Church 2008, p. 1462）。

　例えば，Salinger（1988）では，図5–2で示しているように，川上と川下

---

[13]　4.1. の内容は Church（2008）と Riordan（2008）を参考にしている。

図5-2 Salinger (1988) のモデル概要

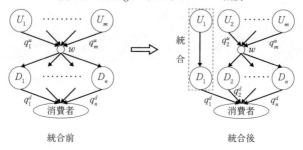

統合前　　　　　　　　　　統合後

の各市場で競争が存在する設定を議論している。設定の概略は以下のとおりである。各川下企業は，同質的な投入物を作る川上企業の投入物を1単位利用して最終消費財1単位作る。最初に，川上企業 U_i が卸売市場向けの投入物の供給量 q_i^u を設定する（$i=1, 2, ..., m$）。各川下企業は，卸売市場で決まる卸売価格 w で投入物を購入する。川下企業 D_i は，この w が卸売市場から一方的に与えられたものとして認識しながら，利潤を最大化する最終消費財の供給量（であると同時に，この供給量と対応する投入物の購入量）q_i^d を設定する（$i=1, 2, ..., n$）。これら川上企業と川下企業の供給量に関する意思決定を踏まえて，投入物の供給量と最終消費財の供給量が一致するようにして卸売価格 w が市場のなかで上手く調整されることを仮定している。

この設定の下，ある川上とある川下（図5-2では U_1 と D_1）が垂直統合することで，統合した川上 U_1 が川上市場から退出して統合した川下 D_1 にのみ投入物を供給する場合，統合していない各川下（D_2 から D_n）が直面する共通の卸売価格 w に以下の相反する効果が生じる。1つ目は，統合川上 U_1 が卸売市場から退出することにより，既存の川上市場における競争が緩くなることで非統合川下向けの卸売価格 w が上昇する負の効果である。2つ目は，統合川下 D_1 が既存の卸売市場を利用しないことで投入物需要が減少して卸売価格 w が低下する正の効果である。3つ目は，統合川下 D_1 の調達条件が改善されたことにより統合川下 D_1 の生産量が増大することを通じて非統合川下の生産量が減少し，それにより投入物需要が減少するために卸売価格 w が低下する正の効果である。加えて，統合企業に生じている二重限界性回避による正の効果が存在し，これら正の効果と負の効果の比較衡量によって垂直統合の効果が決まる。非統合川下への影響という観点からは，卸売価格 w

図 5-3 Ordover et al.（1990）のモデル概要

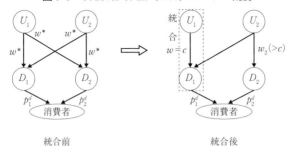

の変化を確認すればよい[14]。

この他，垂直統合の反競争効果について指摘した論文として Ordover et al.（1990）がある[15]。彼らの設定では，図 5-3 のように，川上 2 社（U_1 と U_2）と川下 2 社（D_1 と D_2）が存在する市場を扱っている。各川上の限界費用は c で一定であり，同じ生産技術を持っている。また，各川上の生産する投入物は完全同質財であることを仮定しているので，統合前の市場構造では，川上市場で同質財の価格競争（いわゆるベルトラン競争）が生じるため，均衡における卸売価格 w^* が川上企業の限界費用 c になり，各川上の利潤はゼロになる。この取引環境の下で，各川下は水平差別化された財を生産して価格競争を行うので，各川下は一定の利潤が得られる。この設定を用いて，U_1 と D_1 の垂直統合について議論している。彼らの論文では，統合企業 U_1–D_1 は非統合川下 D_2 に対して財を供給しないという強い仮定を置いている。その結果，統合川下 D_1 は統合川上 U_1 の限界費用 c で生産するが，非統合川下 D_2 は D_2 に対して独占力を行使できる非統合川上 U_2 から限界費用 c よりも高い卸売価格 w_2 を提示され[16]，各川下が設定する最終財価格は上昇して，統合企業の利潤は増加するが社会厚生は悪化する。

垂直統合の議論には注意すべき点もある。その一例として，垂直統合企業と独立の川下企業が存在する状況，すなわち，投入物は垂直統合企業が独占

---

14) Salinger（1988）の設定では，統合企業数が事前に存在した川上企業数 m の半数を下回っている場合には，統合企業が増えることで卸売価格 w は低下する。これは，非統合川上が一定数存在すれば，1 つ目で述べた負の効果は強く働かないため，他の効果が上回るということである。

15) この他，Hart and Tirole（1990）も反競争効果について指摘している。

16) このような行為をライバル企業の費用引上げ（raising rivals' cost）と呼ぶこともある。

図 5-4　半導体メーカーからの資金の流れ（単位：100万ユーロ）

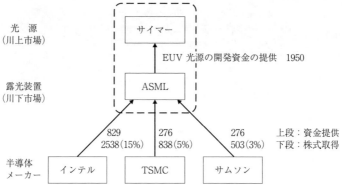

している状況を簡単に考察する。統合企業と独立の川下企業は川下市場で競合しているので，一見すると，統合川上企業は独立の川下企業に対して投入物を供給しないと予想されるが，独立の川下企業が存在することで川下市場を拡大する余地がある場合，例えば，各川下企業の財が製品差別化されている場合には，統合企業は独立の川下企業に財を供給する誘因がある（Whinston 1990）。この差別化の程度が大きくなることは，川下の競合関係が弱くなることだけではなく，川下市場の拡大も意味するため，独立の川下企業が統合企業（より正確には統合川上企業）を補完する程度が強くなることを意味する。

4.2. 露光装置業界における技術上の進展と各企業を取り巻く状況

ASMLとサイマーの垂直統合について検討するため，露光装置業界の特徴について幾つか列挙する。1990年代半ば以降，技術革新の進行とともに技術が難解となり，多様な企業との共同作業が必要になったことは注目に値する。ASMLは，インテルをはじめとする半導体チップメーカーや様々な関連部品会社と連携している。しかし，露光装置の生産におけるASMLの付加価値に対する貢献度は高くなく，製品に対する付加価値は最終生産物に対して10%を下回ると言われている（Chuma 2006）。また，図5-4で示しているように，チップメーカーであるインテル，TSMC，サムソンからASMLに対する開発資金の流れが相当程度あるだけではなく，これらメーカーはASMLの株式をそれぞれ15%，5%，3%取得している[17]）。

第 5 章　垂直統合による市場閉鎖　　　141

　ASML が大きな付加価値を提供できていないことや半導体メーカーとの
共同作業や開発資金の流れを踏まえると，ASML が強い価格支配力を行使
できるような取引構造になっていない可能性が高い。また，露光装置におけ
る先端プロセスである ArF 光源や KrF 光源の半導体露光装置の市場占有率
において，ASML は 80% を超えているのに対して，KrF 光源よりも波長
の長い成熟プロセスである i 線（i-Line）露光装置では ASML の市場占有率
は 20% で残りをキヤノン（58%）とニコン（22%）で分け合っていた。露光
装置の市場において ASML と日系 2 社が垂直差別化された市場で競争し，
先端プロセスについては ASML が独占に近い状態にあるなかで，投入物で
ある光源の市場で高い占有率を持つサイマーと統合した形になっている。

4.3.　垂直統合の競争効果を議論する際に注目すべき経済理論

　本件と関連しそうな理論として，Allain et al.（2011）と Milliou and Pe-
trakis（2012）を紹介する。

4.3.1.　Allain et al.（2011）の設定

　川上 2 社（U_1 と U_2）と川下 2 社（D_1 と D_2）が存在する下で，各川下が研
究開発投資する状況を考える。ここでは，研究開発投資の成功により利益が
発生するが，両企業とも投資に成功した時に得られる利益は片方の企業のみ
成功した時よりも小さいことを仮定している。通常の川下複占市場における
研究開発投資と利益の関係を踏まえると妥当な仮定である。なお，川下の競
争構造については，価格競争と数量競争の両方を許容する形になっており，
ここは Ordover et al.（1990）と異なる点である。川上の投入物は同質であ
ると仮定しているので，もし，垂直統合が無い場合，川上における価格競争
（ベルトラン競争）の結果として，川上の限界費用で川下に対して投入物が供
給される。この点は，Ordover et al.（1990）と同じである。

　この設定に，技術スピルオーバーの効果（自社の技術が競合相手へ波及する
効果）を入れている。この効果が，この論文における重要な要素で，ある川
上とある川下の組で垂直統合が起こると（統合企業 U_1–D_1 と非統合川上 U_2 と
非統合川下 D_2 の 3 社になると），川上における価格競争の模様が変化する。そ

---

17)　服部毅「《欧米の 450 mm 大口径化戦略》IMEC が 450 mm ラインを構築―ASML は
Cymer 買収で開発促進―」Electronic Journal（2012 年 12 月号）66–67 頁を参照。

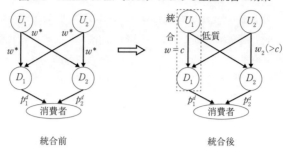

図 5-5 Allain et al.（2011）における垂直統合の効果

の仕組みは以下のとおりである。

　統合川上 U_1-D_1 が非統合川下 D_2 に対して財を供給すると，その供給によって外生で与えられた確率で非統合川下 D_2 から統合川上 U_1-D_1 へ技術スピルオーバーが発生して，非統合川下 D_2 が研究開発投資によって得た成果が統合川上 U_1 を通じて統合川下 D_1 に移転することを仮定している。この仮定によって，仮に非統合川下 D_2 が統合川上 U_1 から供給を受ける場合，非統合川下 D_2 だけが投資に成功した場合に得られる利益が，両企業とも投資に成功した場合に得られる利益にまで減少する。この利益の減少は，統合企業 U_1 の投入物が非統合川下 D_2 の収益に貢献する程度が低下したことを意味し，非統合川下 D_2 の観点からは，統合川上 U_1 が供給する投入物の質が低下したことと同様の意味を持つ（図5-5右側）。この質の低下によって，非統合川上 U_2 が非統合川下 D_2 に対して供給する投入物の品質は，統合企業 U_1 の投入物と比べて「相対的」に高くなる。非統合川上 U_2 は何も技術改善していないにも拘わらず，U_1-D_1 の垂直統合によって相対的に優位性を獲得し，非統合川下 D_2 に価格支配力を行使できるため，投入物価格 w_2 は限界費用 c よりも高くなる。この価格支配力と技術スピルオーバーの可能性によって，非統合川下 D_2 の収益性は損なわれ，状況によっては非統合川下 D_2 が市場から排除されることもある。

　本件の文脈に置き換えると，U_1-D_1 は ASML‐サイマー，U_2 はギガフォトン，D_2 はキヤノンとニコンになる。ASML‐サイマーの合併によって，ギガフォトンのキヤノンとニコンに対する価格支配力が強まることで，キヤノンとニコンの市場における立場が悪化することを意味する。

図 5-6　Milliou and Petrakis（2012）の市場構造

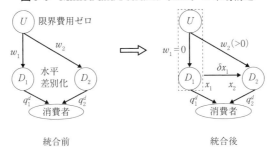

統合前　　　　　　　　　　　　　統合後

4.3.2. Milliou and Petrakis（2012）の設定

　川上1社（U）と川下2社（D_1とD_2）が存在する下で，UとD_1による垂直統合によって統合川下D_1の生産技術を非統合川下D_2に移転する誘因が生じるか議論している。これは，垂直統合によって統合川下D_1の有する技術が，統合川上Uを経由して非統合川下D_2へ移転される状況を想定している。各川下は，限界費用を削減させるために不確実性のない研究開発投資を行うことができて，統合企業$U-D_1$は統合川下D_1から非統合川下D_2へ生じる技術スピルオーバーの程度を選択できると仮定している。言い換えると，統合企業$U-D_1$内部で生み出した限界費用削減技術の一部を非統合川下D_2へ無償で移転できて，その程度を選択できる状況である。

　各川下が生産している財は，水平差別化されていて，各企業の戦略変数は生産量としている。財が差別化されていることは，主要命題に直接影響する重要な点で，この仮定により各川下企業の競合関係が強くないことを許容したことになる。実際，差別化の程度が大きいほど，非統合川下D_2の存在によって川下市場の総需要量が拡大するので，統合企業$U-D_1$が非統合川下D_2を排除する誘因は，差別化の程度が大きくなると弱くなる。

　この設定の下，Milliou and Petrakis（2012）は以下のゲームを分析している（図5-6も参照）。最初に統合企業$U-D_1$が技術スピルオーバーの程度δを設定し，その後で各川下が研究開発投資の水準x_iを決定し（$i=1,2$），それに伴い各川下に投資費用が発生する。その結果を観察した上で，統合川上Uは非統合川下D_2に対する卸売価格w_2を決定する。注意点としては，統合企業内における移転価格w_1（内部の卸売価格）と非統合川下D_2に対する卸売価格w_2が異なることを許容している点であり，均衡上ではw_2がw_1を上

回ることになる。この結果，川下の限界費用はそれぞれ $c-x_1+w_1$ と $c-x_2-\delta x_1+w_2$ となるが，この δx_1 が D_1 からの技術スピルオーバーにより生じる D_2 の費用削減である。これら限界費用の状況を踏まえて，川下は生産量 q_i^d を決定する。この論文では，垂直統合の誘因についても検討しているが，均衡上では必ず垂直統合が選択されるので，それを前提に設定の詳細を説明する。

Milliou and Petrakis (2012) は，非統合川下 D_2 の排除が起こらないくらい製品が差別化されていることを前提としている。製品差別化の程度が相当程度小さい場合を除き，技術スピルオーバーの程度が高くなるほど各川下の研究開発投資は促進される。その理由は以下のとおりである。技術スピルオーバーの程度が高くなるほど非統合川下 D_2 の限界費用が下がり，これにより非統合川下 D_2 は自身の生産量が増加することを予想するので費用削減投資の誘因が高まる。この投資促進によって，統合川上 U は非統合川下 D_2 に対して高い卸売価格 w_2 を設定できるようになる。それに加えて，統合川上 U が非統合川下 D_2 から得られる利益は，統合川下 D_1 から生じる技術スピルオーバーの程度が高いほど大きくなるので，製品差別化の程度が相当程度小さく競争による生産量抑制が強く効く場合を除けば，統合川下 D_1 の投資は技術スピルオーバーの程度とともに大きくなる。これらの効果により，非統合川下 D_2 の生産量は技術スピルオーバーの程度とともに大きくなり，統合川下 D_1 の生産量も製品差別化の程度が相当程度小さい場合を除いて技術スピルオーバーの程度とともに大きくなる。技術スピルオーバーの程度を設定する際，技術スピルオーバーの生産量増加や投資促進効果を予想するので，統合企業 $U-D_1$ は技術スピルオーバーの程度を最大限大きくする。これらの効果によって，垂直統合によって費用削減投資が促進され，消費者余剰と総余剰が増加することが示される。

理論の帰結を本件の文脈に置き換える際に注意点がある。ギガフォトンの川上市場における役割を捉える方法によって，理論から得られる知見が変化すると予想されるからである。ここでは，キヤノンやニコンにとってギガフォトンはサイマーの代替となる存在で，各川下の主要な取引相手はサイマーであり，ギガフォトンはサイマーとの取引条件に影響を与える存在として捉えることにする。言い換えると，サイマーとの交渉における外部機会（サイ

マーとの交渉が決裂した時に利用する川上企業）としてギガフォトンを捉えるということである。このように捉えると，統合企業 $U-D_1$ は ASML－サイマー，非統合川下 D_2 はキヤノンとニコン，ギガフォトンは統合川上 U が各川下に設定する卸売価格に影響を与える外部機会になる。外部機会が存在することで統合川上 U の価格支配力は弱まるため，非統合川下 D_2 が直面する卸売価格は理論のそれよりも低くなると予想される。これは，投資を終えた後の状況を考えると非統合川下 D_2 の生産促進と投資促進の効果を持つが，このことを予想して統合企業 $U-D_1$ は技術スピルオーバーを抑制するので，非統合川下 D_2 の投資に対する効果は卸売価格下落の効果と技術スピルオーバー抑制の効果との関係で決まってくる。統合川下 D_1 の投資と生産に関しても，これら2つの効果によって決まってくるので，外部機会の効果により理論の帰結が変化する方向は分析する設定に依存する。仮に，これらが丁度打ち消しあうと想定するならば，ASML－サイマーの合併が起こったとしても，キヤノンやニコンの市場における立場が悪化するとは限らないことになる。統合川上による取引拒絶の可能性は，本件企業結合審査においても問題点として取り上げられており，この論点は注目に値するだろう。

　最後に簡単な補足説明をする。既に述べたとおり，投入物を独占している垂直統合企業が存在していたとしても，独立の川下企業が完全に排除されるとは限らない。Milliou and Petrakis（2012）の設定にも同じ特性があるため，川下企業の製品が水平差別化されている場合には統合企業による非統合川下の締め出しは起こりにくい。

4.4. 検討と小括

　これまでの説明から，川上市場と川下市場との取引関係が問題になる場合，収益性が高い市場の所在が重要になることが予想される。よって，ASML とサイマーの垂直統合において，どの市場における製品が収益に重要な役割を担っているか検討することは重要である。4.2. で取り上げた事例の特徴から，ASML が強い価格支配力を行使できるような取引構造になっていない可能性は十分にあり，相対的に ASML などの顧客である半導体メーカーや投入物を供給しているサイマーやギガフォトンの市場が重要な役割を担っていると推測される。この考えに従うと，サイマーが属する投入物市場に着目

する必要があるだろう。

ASMLと日系2社（キヤノンやニコン）が垂直差別化された市場で競争していると捉えた上で，Milliou and Petrakis（2012）の帰結を援用すると，統合川上であるサイマーにASMLと競合するキヤノンやニコンを排除する誘因は弱いだろう。もし，この予想が正しければ，本件統合計画に対する問題解消措置が無かったとしても，合併後も取引が継続して行われるはずなので，実際の取引実績に注視すればよいだろう。ただし，Allain et al.（2011）の論点になっていた技術スピルオーバーの問題には注意を払う必要はあるかもしれない。

サイマーとASMLは各市場において高い市場占有率を有するので，競争者排除の効果よりも，二重限界性をはじめとする各市場間の取引で生じる摩擦を解消する効果が相対的に大きく働く可能性もあるだろう。

最後に，補足説明として，これまで議論の対象として深く考察してこなかった，統合していない川上企業（ギガフォトン）と半導体チップメーカーに与える影響について検討する。統合企業間ではサイマーの光源がサイマーの限界費用で取引されるため，統合前に比べるとギガフォトンがASMLに販売するのは難しくなるが，もし，統合企業にとってギガフォトンの投入物が価格や品質の点で自社の投入物よりも優れていれば購入する誘因はあるはずで，完全な取引停止は起こりにくいと予想される。また，半導体チップメーカーの観点からは，光源と露光装置という別々の補完財投入要素を生産している企業の垂直統合により多重限界性の問題が緩和される正の効果があると見ることができる。

以上のことから，本事例における垂直統合に関しては，競争者排除の効果は強くないと予想される。

5. おわりに

理論的検討から明らかとされたように，本件統合計画における市場閉鎖の可能性は高いとは言えない。しかし，研究開発競争が極めて重要な位置づけを占める半導体業界では，技術スピルオーバーによって競争の帰結が左右される蓋然性は極めて高い。例えば，もしEUV光源の商用化にサイマーが先

行して成功すれば，サイマーを支援してきた多くの外国の半導体メーカーは，サイマーの光源を指定して露光装置を発注するだろう。審査結果の中で当事会社自身が述べているように，光源の選択は半導体メーカーが決めているからである。その場合，ギガフォトンが市場から淘汰される危険は極めて高い[18]。EUV 光源の開発では，サイマーが大きく先行し，ASML やインテル等の半導体メーカーが一体となってサイマーに研究開発の支援を行っている状況を鑑みると，本件統合によって研究開発が促進される効果も同時に考慮する必要があったかもしれない[19]。この点をも考慮すると，ASML の申し出た投入物閉鎖・顧客閉鎖に係る措置がどこまで適切なものだったか，公表された事実のみから十分に判断することは難しいものの，改めて検討してみる価値があると思われる。

　さらに付言すれば，半導体製造装置の研究開発ロードマップはインテルを中心とする半導体メーカーが主導して策定されてきたことからも分かるように，半導体メーカーの資金的・技術的な影響力は極めて大きい点にも注意が必要である[20]。この点，光源メーカー，露光装置メーカーとの関係のみならず，半導体メーカーにわたる三層構造の垂直連鎖のなかで，本件統合計画が市場競争にもたらす影響を判断する必要があったのではないか。例えば，サイマーと ASML の経営統合を主導したのは半導体メーカーのインテルであるという[21]。この点，製品化される前の研究開発にかかる競争をどのよ

---

18)　EUV 光源の開発に取り組む企業は事実上 ASML に絞られており，開発に成功すれば圧倒的な競争上の優位性を発揮できると言われている。湯之上隆「《半導体製造装置市場の最新動向》ASML が装置売上高 1 位に躍進—EUV は本当に実現可能なのか—」Electronic Journal（2012 年 11 月号）50–53 頁を参照。ただし，EUV 光源の開発は難航を極めており，2016 年 8 月現在，筆者の知る限り ASML が開発に成功したとの報道はない。

19)　KFTC の審査では，経営統合による EUV 光源の開発促進が効率性の向上による競争促進効果として考慮された。前掲注 3 韓国公取委の審議結果 3 頁。これに対し，公取委の審査では，効率性の向上による競争促進効果の考慮は明示的な記載がない。また，EUV 光源の開発が促進されることによる半導体メーカー（EUV 光源とは異なる川下市場（露光装置）の需要者）の便益をも，川上市場（光源）において考慮したものとして注目される。

20)　半導体業界では，国際半導体技術ロードマップ（ITRS: International Technology Roadmap for Semiconductors）の場で，半導体メーカーと製造装置メーカーが協力して開発目標に関する合意形成を行ってきた。しかし，徐々にロードマップの目標達成に巨額の資金が必要となり，設備投資・研究開発投資が一部の企業に集中化することとなった。さらに，技術的にもプロセスの微細化とウェハの大口径化が困難となり，2016 年には ITRS の活動は終了したとのことである。中村修「国際半導体技術ロードマップ活動終了の波紋」日経テクノロジーオンライン 2016 年 6 月 7 日を参照。

148　　　　　　　　　　　　Ⅱ　企業結合

うに評価するかによって，投入物閉鎖・顧客閉鎖への懸念とそれに対する問題解消措置の評価も分かれてくると思われる。本件統合計画によって研究開発競争における統合企業の競争力が極めて強固となる可能性が高いことを考慮すると，今後，本件統合計画に対して課された問題解消措置の履行状況の事後的な監視がいっそう重要となると思われる。

参考文献

Allain, M., C. Chambolle, and P. Rey (2011) "Vertical integration, information and foreclosure," IDEI Working Paper No. 801.

Chuma, H. (2006) "Increasing complexity and limits of organization in the microlithography industry: implications for science-based industries," *Research Policy* 35, 394–411.

Church, J. (2008) "Vertical mergers," *Issues in Competition Law and Policy Volume 2*, Chapter 61, 1455–1501, American Bar Association, Chicago.

Hart, O. and J. Tirole (1990) "Vertical integration and market foreclosure," *Brookings Papers on Economic Activity (Microeconomics)*, 205–285.

Milliou, C. and E. Petrakis (2012) "Vertical integration, knowledge disclosure and decreasing rival's cost," Working Paper 12-13 Economic Series, Universidad Carlos III de Madrid.

Ordover, J. A., G. Saloner, and S. C. Salop (1990) "Equilibrium vertical foreclosure," *American Economic Review* 80, 127–142.

Riordan, M. (2008) "Competitive effects of vertical integration," in P. Buccirossi ed., *Handbook of Antitrust Economics*, Chapter 4, 145–182, Cambridge: MIT Press.

Salinger, M. A. (1988) "Vertical mergers and market foreclosure," *Quarterly Journal of Economics* 103, 345–356.

Spengler, J. J. (1950) "Vertical integration and antitrust policy," *Journal of Political Economy* 58, 347–352.

Whinston, M. (1990) "Tying, foreclosure and exclusion," *American Economic Review* 80, 837–859.

---

21)　前掲注 17 服部論文 66 頁にその旨の指摘がある。

III

私的独占・不公正な取引方法

第6章

音楽放送業者の低料金設定による競争者の顧客奪取
有線ブロードネットワークス事件

川濵 昇・玉田康成

1. はじめに

　有線音楽放送事業の有力企業（シェア約70%）である有線ブロードネットワークス社（U社）はライバル企業のキャンシステム社（C社，シェア約26%）の顧客をターゲットとした差別的な廉売となる切替契約を提供し顧客を奪取し，その結果C社のシェアが大幅に低下した。公取委はこれをC社の事業活動を排除する私的独占にあたるとして排除措置を命じた（勧告審決2004年10月）。

　本件は大きなシェアを持つ事業者による競争事業者の事業活動の排除を目的とする差別的廉売に関する事件である。ならば問題となる差別価格の実質は不当廉売の場合と異ならないと考えられるが，不当廉売の場合には問題となる供給に要する費用を下回るかどうかについての基準に関して，審決ではとくに言及していない点が1つの論点となる。以下では，不当廉売類似型の差別対価を中心に，差別対価の反競争効果について，2節では法学的観点から，3節では経済学的観点から議論を行い，4節では結語を述べる。

2. 法学的議論

2.1. 事実と公取委の判断

本件は業務店向けに音楽放送を提供する音楽放送業における私的独占事件である。業務店向けの音楽放送の取引分野のシェアは，2003年6月末時点で受信契約数ベースで有線ブロードネットワークス（U）68％程度で首位，2位のキャンシステム（C）は約26％のシェアであった。2社が顧客との間で締結する業務店向け音楽放送の受信契約は，通常，契約期間を2年間とし，顧客は，2社が提示する複数の商材の中から受信する商材を選び，加入金及び月額聴取料を支払うこととされている。受信契約には，既に自社以外の音楽放送事業者との間で同契約を締結している顧客に対する「切替契約」とそれ以外の顧客との間で締結する「新規契約」があり，切替契約においては，加入金や工事費は現行の契約を継続した場合に顧客に発生しない費用であることから，月額聴取料のみを支払うこととなる。新規契約においては，Uは，おおむね，加入金及び月額聴取料を請求しているが，Cは，おおむね，月額聴取料のみを請求している。

2003年6月末時点において，Uが顧客に提示していた契約条件は，新規契約の場合，加入金を別にすると，月額聴取料金は4,725円であり，その無料期間は，チューナーが当該顧客の店舗等に設置された「チューナー設置月」に限られ，切替契約の場合，加入金は請求されず，月額聴取料は3,675円から4,725円までであり，その無料期間はチューナー設置月を含め最長で3か月であった。これに対し，同時点において，Cが提示していた受信契約の条件は，Uと顧客が競合していた商材については，切替契約及び新規契約を問わず，月額聴取料は4,725円とした上で，おおむね，当該金額から1,000円程度を割り引くとともに，無料期間はチューナー設置月を含め2か月程度であった。

U及びUの代理店であるNは，「Cから短期間で大量の顧客を奪い，その音楽放送事業の運営を困難にし，Cに音楽放送事業をUに売却させて音楽放送事業を統合することを企図して」，2003年7月14日以降，Cの顧客を奪取する行為を開始し，とくに，2003年8月以降，順次，Cの顧客に限

定した価格引き下げ等を行い，集中的にCの顧客を奪取している。すなわち，Cの顧客の大部分が受信している商材と顧客層が重複する商材について，月額聴取料が最低でも3,675円であったものをCの顧客に限って月額聴取料を3,150円等（場合によっては3,000円），また無料期間を従来の3か月から6か月とするなど，Cの顧客に限定してとくに有利な低料金設定が行われた。Uらのこれらの行為により，Cの受信契約の件数は，2003年6月末時点の26万2821件から，2004年6月末時点の21万6175件へと著しく（約17%）減少した。この結果，国内における業務店向け音楽放送の受信契約件数において，Uの占めるシェアは68%程度（2003年6月末時点）から72%程度（2004年7月末時点）に増加し，Cのシェアは26%程度から20%程度に減少している。また，Cは，2003年6月末時点において128箇所あった営業所を2004年8月末時点で90箇所に減少させている。なお，2004年6月30日に東京高等裁判所に対して，独占禁止法67条1項の規定に基づき緊急停止命令の申立てを行ったところ，2004年7月9日，UとNは申立ての内容に従って，すべての商材について，月額聴取料を3,675円以上とし，かつ，月額聴取料の無料期間をチューナー設置月を含めて3か月以内とする旨を決定し，それを遵守している。

公取委はこれらの事実に基づいて，「U及びNは，通謀して，Cの音楽放送事業に係る事業活動を排除することにより，公共の利益に反して，我が国における業務店向け音楽放送の取引分野における競争を実質的に制限していたものであって，これは，独占禁止法第2条第5項に規定する私的独占に該当し，独占禁止法第3条の規定に違反するものである」として，①Cの顧客に限って切替契約の条件として3,675円を下回る月額聴取料又はチューナー設置月を含めて3か月を超える月額聴取料の無料期間を提示する行為を取りやめている旨及び今後同様の行為を行わない旨を相互に書面により通知するとともに，Cに書面により通知すること，②今後，前項の行為と同様の行為により，他の音楽放送を提供する事業者の顧客を不当に奪取してはならないこと等を内容とする排除措置を命じた。

2.2. 法的な評価

本件は，市場で圧倒的シェアを有する事業者が，それに競争的制約を加え

うる唯一の競争事業者の顧客をターゲットに差別的廉売を行うことによって，競争事業者の事業活動を排除し，その競争的抑制をなくすことによって一定の取引分野における競争を実質的に制限したものである。排除の手段として差別的な廉売が用いられているという，私的独占における典型事例である。かかる差別的廉売で，相手方事業者を弱体化させて統合させることを意図しているというのも世界の独禁法で古くから見られるものである。

業務店向け音楽放送が一定の取引分野とされたことは，おそらく需要面・供給面いずれの代替性から見ても問題ないものと考えられる。問題の行為の前にUのシェアが68％程度，Cのシェアが26％程度であった。このことから，Uが当該市場で市場支配力を行使する上でそれに唯一の競争的抑制を加えていたのがCであると通常は推認できる。本件行為の結果Cのシェアが大幅に下落し，また営業所が4分の3以下にまで減少した。この結果，Uに対してCが加えていた競争的抑制が大幅に減少したはずである。本件行為の結果として市場支配力の形成又は強化があったと判断するのはもっともである。

2条5項の事業活動の排除は「他の事業者の事業活動を継続困難にさせたり，新規参入を困難にさせたりする行為である」とされている[1]。本件行為がCの事業活動を困難にしたことは確かである。また，上述のように反競争効果が生じていることも確かである。しかしながら，2条5項でいう排除とは正常な競争手段とは言えない形で，「正常な競争過程を逸脱した人為性」（NTT東日本最高裁判決）が必要となる[2]。本件で用いられた差別対価が競争手段として正常なものでないと言えるか否かが問題となる。

2.3. 独禁法による廉売規制の概略

競争者の顧客をターゲットにした差別的な廉売という本件排除行為は不公正な取引方法にも該当しうる行為である。要するに本件排除行為は不当廉売として，2条9項3号と一般指定6項に，あるいは不当な差別対価として2条9項2号や一般指定3項にも該当しうる行為である。もっとも，ここで問

---

1) 排除行為の定義については，根岸編（2010）38頁参照。
2) 最判2012年12月17日民集64巻8号2067頁。学説で効率性によらない排除とされたものである。根岸（2010）39-41頁。

題となる差別対価はＣの既存の顧客に対して行った廉売として不当性を持つものであり，その実質は不当廉売であると考えられる。実際，不当廉売で問題とされた事例の多くは，競争者と競合するセグメントでの廉売である。不公正な取引方法は反競争効果の低い段階で規制を行うものであり，一定の取引分野における競争を実質的に制限するには至らないものであっても規制される。ところで，不当廉売では，その供給に要する費用（総販売原価）を下回る必要があるとされている。実際，多くの国で費用基準が用いられている。本審決が費用について言及していないことが問題となる。

　独禁法2条9項3号は「供給に要する費用を著しく下回」り，継続しかつ「他の事業者の事業活動を困難にさせるおそれがある」ものを原則として不公正な取引方法としている。さらに，一般指定6項がその他の不当に低い対価を取り扱っている。

　供給に要する費用とは一般には総販売原価とされている。これは供給に要した固定費用（供給数量に関係なくかかる固定的な費用）と可変費用（供給数量に応じて変動する費用）の両方を含むものである。2条9項3号はそれを著しく下回る場合である。「著しく下回る」のとらえ方として，公取委は「可変的性質を有する費用（廉売対象商品を供給しなければ発生しない費用）を下回る場合」ととらえている3)。これは，供給しなければ回避できた費用であるから，回避可能費用基準と呼ばれており，可変費用のバリエーションの1つである4)。可変費用（回避可能費用）を下回った廉売を原則的に問題にするという費用基準は多くの国で採用されている基準でもある。

　一般指定6項は原価に相当する言葉は出てこないが，不当性の前提条件として総販売原価を下回ることを前提条件と考えている。

　なお，差別対価には不当な廉売タイプとそうでないタイプの両方があるので一般指定6項と同様に原価を現す表現が用いられていない。

---

3) ここでの現行法の考え方は公取委「不当廉売に関する独占禁止法上の考え方」によった。

4) 可変（回避可能）費用か固定費用かは問題となった行為の期間によって変化する。充分に長期であれば短期の固定費用は可変的なものとなる。また，排除行為として行われた廉売が特定できる場合（夕刊紙の新規参入に対してその紙面広告を奪うために行った広告面の新設）には，当該特定された廉売を行わなければかからない費用が回避可能費用ということになる。川濵（2013）参照。回避可能費用は単に数量に応じて変動するという意味の可変費用基準では固定費用とされる部分も含まれることもあるが，排除行為として特定できる廉売が明らかになった場合には，こちらの方が精密な尺度ということになる。

2.4. 不当廉売はなぜ規制されるのか

　価格競争は独禁法が推進すべき競争のはずである。なのに，それが不当と評価されるのはどのような場合だろうか。米国ではシカゴ学派の経済学の影響のもと，廉売が競争を害することはほとんどあり得ないという立場も有力であった[5]。もっとも，3節で見るように現在の経済学では廉売が様々な形で競争を害することを示している。よく見ると，それらの理論的な説明では原価は基準となっていない。それでは原価はどのような形で関連するのだろうか。可変費用（回避可能費用）基準については次のような理解もあった。完全競争での価格設定は限界費用であるから，限界費用まで近づくことは許容すべきであって，それを下回る場合を問題とすべきである。しかし，限界費用は一般に測定可能ではないから代理変数として平均可変費用等を基準とすべきだとするものである[6]。この説明は廉売の排除としての不当性の根拠づけに必ずしも成功しておらず，また不当廉売が排除として効果を持つのが，完全競争とは違った寡占的な市場環境であることを無視しているなど難点が多い[7]。もっとも，次のような形で説明することができる。

　まず，廉売が不当性を持つというのはどういう場合か。2つの視点がある[8]。

　まず，第1の視点は，当該廉売行為がそれ自体としては廉売行為者の利益ではなく，競争者を排除して市場支配力を形成・維持・強化する可能性があってはじめて利益となるような行為は，不当に競争を害するものと呼べるであろう。利潤犠牲と呼ぶこともあるが，これが「正常な競争範囲を逸脱した人為性」を有するように考えられる。3.5. で説明される経済学的に根拠のある不当廉売はいずれもこの視点から不当であることを充たしている。

　第2の視点は，自己の効率性を反映しない低価格で同等に効率的な企業に脅威を与えるものを問題とするというものである。価格競争において自己の効率性を発揮することは許容されるべきであり，それに対応できない企業が淘汰されるのは自然だという競争観から来るものである。

5）　3.5. を参照。シカゴ学派批判を受けた米国の不当廉売規制については中川（2001）参照。

6）　Areeda and Turner（1975）.

7）　可変費用等と限界費用が乖離するケースへの対応も問題となる。

8）　金井ほか（2015）291-297頁，300-321頁。

これら 2 つの視点と費用基準との関係を簡単に説明しておこう。

平均回避可能費用を下回る廉売行為は，それ自体としては当事者に損失をもたらすだけであり，原則として[9]，第 1 の視点から問題視される[10]。さらに，この水準の価格設定は廉売行為者にとっても事業活動の継続が困難になるものであるから，同等に効率的な企業にとっても脅威になることは確かである。

ところが平均総販売原価を下回ったとしても，第 1 の視点が充足されているどうかの判断に役に立たない上に，そもそも平均総販売原価を超えても第 1 の視点では不当になる場合が知られている。他方，第 2 の視点からは，平均総販売原価を超えている以上は自己の効率性を発揮していないということはできず，同等に効率的な企業にとって脅威になることもない。つまり，第 2 の視点からは必要条件ということになる。また，この視点からは廉売行為者にとって自分の廉売が不当視されないセーフハーバーを与えることになる。

要するに第 2 の視点は，自己の効率性を反映しない同等に効率的な事業者にとっても事業活動が困難になるおそれがあるもののみを不当視することによって価格競争を萎縮させないことを意図したものである。総販売費用以上の価格設定であっても，市場支配力の形成・維持・強化等以外には経済的合理性がなく，消費者の利益を害する不当廉売がありうることは知られているが，価格競争の重要性から自己の効率性の発揮と言える価格設定は許容しようというのがこの立場である。第 1 の視点から不当であるという判断は外部から評価することが難しく，この基準のみで判断されると価格競争は萎縮されそうに思われる。

なお，注意して欲しいのは，平均総販売原価割れは必要条件であって，そのような廉売だからといってそれだけで不当性が認められるわけではない。

2.5. 差別的であることの位置づけ

ところで，本件の廉売は差別的に行われている。差別対価であることは通常の不当廉売とは違った人為性を見出すことを正当化するだろうか。差別対

---

[9] 学習効果実現のためなど平均回避費用未満であることに事業上の合理性があるケース（3.5. 参照）は，「正当な理由」が認められる。

[10] 平均回避費用未満であることは反競争的な利潤犠牲の必要条件ではないが（3.5. 参照），この場合には特段の事情がない限り，反競争的な目的が認められるということである。

価について，価格差別として別個の問題があるから，異なった考慮が必要だという主張もかつては見られた。また，3.1.～3.3.で説明されるように，価格差別の存在は競争の作動に違いが見られ，消費者厚生と社会的余剰に別段の効果を持つ[11]。しかし，そこで説明されているように，価格差別であることを根拠に，当該行為を一律に規制することは妥当ではない。

それでは，不当廉売の成否を判断するにあたって，それが差別的であることが2.4.とは異なった取扱いを正当化するだろうか。差別的で競争者を狙い打ちにしているということが，そこに「正常な競争範囲を逸脱した人為性」を見出せるのではないかという意見もあるかもしれない[12]。しかし，不当廉売は競争者から顧客を奪うことによって事業活動を困難にするものなのだから，競争相手の顧客を狙い打ちにしない不当廉売はむしろ少ない。差別的であることだけに不当性の基準を見出すと価格競争を萎縮させることになるかもしれない[13]。

もっとも，本件ではU側がCの事業活動を困難に追い込み，ゆくゆくはそれを買収することさえ目的としていたという不当な意図を示す証拠があった。このような証拠と市場支配力の存在は，行為の不当性を認めるのに充分ではないかという意見もあり得よう。市場支配力を有する独占的な事業者が差別的な低価格を用いた場合には，第1の視点のみから不当性を判断することも，価格競争の萎縮の懸念から生まれた第2の視点を入れる必要はないという考え方もありうる[14]。しかし，学説では価格競争の萎縮はやはり問題だとする立場がわが国では多数であり，諸外国も同様である。活発な価格競争で競争相手をつぶすまで頑張るといった証拠が出てくることも少なくない。ただし，主観的な意図だけで不当性を根拠づけるのは価格競争を萎縮させるということになるかもしれない。

---

11) 本事例を離れるが，「行動に基づく価格差別（BBPD）」（3.1.）はインターネットでのマーケティング戦略の一部として消費者問題の点から問題を指摘されることも多いが，3.3.で説明されているように消費者厚生への影響の判断には競争状態のチェックが重要なものとなっている。

12) 舟田（2009）457頁以下参照。

13) 平林（2006）は，この観点から費用基準の充足を要求する。同様の見解については，金井ほか（2015）296頁及びそこで引用されている文献参照。

14) 同等に効率的な企業にとっての脅威という第2の視点は市場支配力を維持する人為的な行動の識別にとって必要ではない。その点から費用を超えた廉売を意図で識別する余地もある。この点についての検討は，川濵（2013）を参照。

第 6 章　音楽放送業者の低料金設定による競争者の顧客奪取　　159

2.6.　審決では認定されていない特有の事情

　本件では，費用・対価の検討はなかった。また，本件のような事実関係ではそれが難しいことも確かである。本件のような市場では既存顧客の切替には加入料等以外にも転換費用がかかり，無料期間がある程度許容されるなどの要因があるため費用・対価の算定は困難である。もっとも，次に述べる本件でU側が行った略奪的戦略を取り巻く特有の事情を見ると費用基準の充足が認定できたかもしれない。

　本審決後にCはUに対して損害賠償請求を行いそれが認められている[15]。その判決では差別的な廉売行為だけではなく，Cの従業員の3割に相当する従業員を引き抜き，その大半をNに移籍させ，Cの顧客奪取にあたらせたことが認定されている。引き抜きという行為の問題点は別にして，これを前提にすると本件で問題となった廉売による顧客奪取にかかった費用にはこれらの従業員をそれに従事させた費用も含まれるはずである。排除のためにとくに行った供給活動が識別できるとき，当該「供給をしなければ発生しない費用」が廉売型排除行為の費用の精密な尺度となる[16]。そのように考えると，本件で費用割れが認定できた可能性は高い。そうだとすると，公取委の費用の吟味は不充分であっても，その結論は不合理なものでなかったのかもしれない。もっとも，そうだとしても切替契約の対価を一律3,675円にしたこと等については価格競争を萎縮させるものではないかという懸念が残る。

3.　経済学的議論

3.1.　価格差別について

　独禁法では，不公正な取引形態の1つとして「差別対価」を規定しているが，それは経済学が「価格差別（price discrimination）」と定義する概念と行為としては重なっている。経済学が定義する価格差別とは，企業が同質の財・サービスを異なる顧客に対して異なる価格で販売することであり，これから説明するように企業の利潤だけではなく経済厚生や消費者余剰を高める

---

15)　東京地判 2008 年 12 月 10 日判例タイムズ 1288 号 112 頁。
16)　前掲注 4 参照。

効果がありうる。そして，企業のビジネス行為としてありふれたものであり，映画の通常価格と学生割引，航空券の通常価格と早割，書籍の単行本と文庫本，購入量が増加すると単価が安くなる数量割引，デパートの通常価格とセール価格のような時間や季節による価格差，都心デパートと郊外アウトレットのような地域・場所による価格差など，その例は枚挙にいとまがない。

最も広く定義すれば，価格差別とは消費者間の価格の差異が限界費用の差異に比例的ではない状況と言える[17]。価格差別が成立するためには，次の3つの条件が必要である。①独占や寡占（不完全競争市場）が成立し，企業がプライスメーカーである，②財の転売ができないなど価格の裁定が不可能である，③企業は直接，または間接的に顧客を分類できる。そして，③の点にもとづき，価格差別は次の3つに分類されることが多い。

- 第1級価格差別：それぞれの顧客が財・サービスに支払ってもよいと考える額（支払意欲額）と等しい価格を課すこと。企業が支払意欲額を知っていることが前提となる。
- 第2級価格差別：複数の価格メニューを用意し，顧客の自発的な選択を通じて異なる価格付けを行うこと。
- 第3級価格差別：顧客の属性，地域，時間などの識別可能な違いによって市場を分割し，それぞれに異なる価格付けを行うこと。

現実的には，第1級価格差別の実行は難しい。顧客の支払意欲額の情報を得ることが極めて難しいからである。それに対し，第2級価格差別は購入数量に応じて単価が変化する数量割引，携帯キャリアや保険会社が提供する契約メニュー，など，多くの例を見つけることができる。また，第3級価格差別についても，地域，年齢，性差による市場分割，デパートの季節ごとのセールなど日常ありふれている。

第3級価格差別に含まれるものとして，顧客の過去の行動履歴に依存した価格差別があり，それは「行動にもとづく価格差別（behavior-based price discrimination: BBPD）」と呼ばれる。事例としては，携帯キャリアなどで見られるように，既存顧客と新規顧客とのあいだや，さらには自企業の顧客とライバル企業の顧客とのあいだでの価格差があげられる。BBPD は競争下の企業による価格差別の戦略的な利用として典型的であり，有線ブロードネ

---

17) Stigler (1987) などを参照せよ。

第 6 章　音楽放送業者の低料金設定による競争者の顧客奪取　　　161

ットワークス事件も行為としては BBPD に含まれる。

3. 2.　独占のもとでの価格差別

　価格差別は，独占企業による余剰獲得手段として説明されることが多い。ミクロ経済学の標準的な教科書が教える独占の理論では，すべての顧客に一律の価格のみを課すことができる独占企業が想定される。一律価格のもとでは，財・サービスの販売増が価格下落を招くことを知っている独占企業は販売量を抑えることで価格を上昇させ，それは完全競争市場で成立する価格よりも高い。すなわち，取引を制限し価格をつり上げることで，完全競争のもとでは消費者に与えられるはずだった余剰を獲得し独占企業はより大きな利潤を得る。そして，本来はプラスの取引価値（余剰）が生まれるはずの取引が消滅したことで厚生のロス（死荷重）が発生する。けれども，そのような利潤機会の消失は独占企業にとっても好ましいものではないはずである。ここで価格差別が登場する。例えば，第 1 級価格差別によりそれぞれの顧客の支払意欲額に等しい価格を課すことができれば，あらゆる余剰を実現してそれを獲得することができる。また，第 2 級価格差別や第 3 級価格差別によっても，それぞれの顧客グループに適した価格付けが行われることで，一律価格のもとでは実現していなかった取引が実現し利潤も拡大することが多い。つまり，独占企業は価格差別を利用することで，一律価格の場合よりもより効果的に余剰を獲得することができる（余剰獲得効果）。そして価格差別が取引の拡大をもたらすならば経済厚生を増加させる傾向があり，通常は価格差別が禁止されない理由もここにある。ただし，価格差別が取引量の減少をもたらすならば総余剰も減少することになり，価格差別による取引数量の変化が，経済厚生に与える効果を評価する上で重要であることが分かる [18]。

3. 3.　競争のもとでの価格差別

　独占的な環境で価格差別を評価する際には，もっぱら余剰獲得効果のみに焦点を当てればよい。けれども，競争的な環境では加えて次の 2 つの側面を考慮する必要がある。

　① 顧客奪取効果（customer poaching effect）：ライバル企業との顧客を巡

---

[18]　これらの議論については，例えば Motta（2004）を参照せよ。

162　　　Ⅲ　私的独占・不公正な取引方法

る競争において，価格戦略としての価格差別が与える効果[19]。

② 排除型効果（exclusive effect）：ライバル企業を市場から排除し，競争
を減殺する手段としての価格差別の効果（略奪的価格類似型）。

以下では，まず顧客奪取効果について検討してみたい。

競争的な環境で一律価格と価格差別とを比較した場合，価格差別は競争を
激化させ，企業の利潤は低下し，消費者余剰と経済厚生が増加する傾向があ
る[20]。例えば，BBPD を利用することで，有線ブロードネットワークス事
件や携帯キャリア間の競争で見られるように，自企業の既存顧客には高価格
を，ライバル企業の顧客には低価格を提示するような状況を想定してみよう。
もし企業が一律価格を利用して競争するならば，それは事実上，限界的な顧
客（どちらの企業を選択するかの境界にいる顧客）を巡る競争を意味する。それ
に対し，価格差別を利用すると，各企業は既存顧客とライバル企業の顧客と
のすべての顧客を巡って競争することになる。結果として競争はより激しく
なり，企業の利潤減少と消費者余剰の増加をもたらす。ではなぜ企業は価格
差別を採用するのか。それは，ライバル企業が一律価格を採用する場合には，
価格差別を利用して顧客を奪取することが最適な反応だからである。いわば，
囚人のジレンマの状況に陥っており，ともに一律価格を利用することで高い
利潤が得られるにもかかわらず，価格差別が常にライバル企業に対する最適
な戦略となっているのである[21]。

有線ブロードネットワークス事件が当てはまるような，競争下にある企業
の規模に差があるような状況での BBPD を分析した研究としては，Shaffer
and Zhang（2000）や Gehrig et al.（2011, 2012）をあげることができる。
Shaffer and Zhang はそれぞれの企業を好む基盤となるような顧客グルー
プが存在する状況で，自企業を好むグループを優遇する戦略（pay-to-stay 戦
略）とライバル企業を好む顧客を優遇する戦略（pay-to-switch 戦略）を比較
した。そして，各企業を好む顧客グループの選好度に差がないならば，各企
業は pay-to-switch 戦略を採用し価格差別はやはり企業間競争を強化するこ

---

19)　customer poaching という用語は Fudenberg and Tirole（2000）による。
20)　競争的環境における価格差別については，Armstrong（2007）や Stole（2004）が詳し
い。
21)　基本的なアイデアについては，例えば Thisse and Vives（1988）や Chen（1997）を参
照して欲しい。

とを示した。けれども，もし顧客の選好度に大きな差があるならば，選好度が低い顧客を持つ企業は pay-to-stay 戦略を採用し，選好度が高い顧客を持つ企業は pay-to-switch 戦略を採用する。そして，とくに規模が大きい企業が pay-to-stay 戦略を採用し，規模が小さい企業が pay-to-switch 戦略を採用する場合には，従来の結論とは異なり，競争が緩和され両企業の利潤が一律価格の場合と比較して増加し得ることを示した。

Gehrig et al.（2012）は，規模に格差がある 2 つの企業は差別化された財・サービスを供給し，また顧客が取引企業を変更する際には切替費用（switching cost）が生じる状況を想定した。そして，有力企業にとっては一律価格のほうが価格差別よりも競争を和らげ，市場シェアを確保するうえで有効であると同時に企業の利潤を増加させることを示した。また，切替費用がそれほど高くないならば，消費者余剰は価格差別により増加することも示している。よって，顧客の便益を考えるうえでは，価格差別を禁止することは得策ではない。

Gehrig et al.（2011）は有力企業のみが価格差別を採用，弱い企業（新規参入企業を考えている）は一律価格しか採用できない状況を想定し，既存顧客と新規顧客を巡る競争を分析した。そこでは，有力企業による価格差別は消費者余剰を減少させるものの，企業利潤の増加を通じて経済厚生を増加させること，また，有力企業の価格戦略が一律価格か価格差別かは市場シェアに対して影響を与えないことが示されている。そのような意味では，価格差別はライバル企業の排除を目的とするよりも，むしろ新規顧客への販売促進キャンペーンのようなものと考えることができる。

顧客奪取効果のみを考えるならば，多くのケースで価格差別は競争を激化させ，消費者余剰を増加させる。経済厚生そのものについての評価は明確ではないが，通常のビジネス行為として価格差別をとらえるならば，とくに禁止するべき理由はない。また，財・サービスが経験財である場合，切替費用が存在する場合，固定費用の回収が必要な場合，ネットワーク効果が存在し顧客基盤が重要である場合，などのケースでも顧客奪取のための価格差別が正当な競争戦略として妥当であると言える。

有線ブロードネットワークス事件では，有力企業が価格差別を採用し，弱い企業が一律の低価格を採用したうえで，両者の顧客基盤の奪取を巡って競

争している点では上記分析と完全には一致しない。より正確に評価する必要
はあるが，有線放送サービスには一定程度の差別化が存在し，また切替費用
も存在すると考えられる。従来から存在した激しい価格競争の延長線上にて
有力企業の価格差別を評価すると，それは，価格の低下と消費者余剰の増加
をもたらし，経済厚生も増加させ得る。

3.4. 略奪的価格類似型としての価格差別

それでは，価格差別を反競争的な行為と判断する根拠はどこにあるのか。
独禁法では価格差別と行為としては重なる差別対価を，不公正な取引方法の
1つとしてあげており，それは2つに類型化することができ，1つは有力な
企業が，ライバル企業と競合する地域や顧客に対して不当に安い価格で販売
し，その事業活動の継続を困難にすることを目的とするものであり，有線ブ
ロードネットワークス事件について考慮すべき点はこれにあたる（略奪的価
格類似型）。もう1つは，有力企業が同一の財について合理的な理由なく価格
や取引条件について差別的な扱いをし，結果として一部の川下企業の事業を
困難とするものである（取引拒絶類似型）。

独禁法では差別対価も不当廉売（略奪的価格）も不公正な取引方法に該当
するとし，有線ブロードネットワークス事件では，差別対価を他者の事業活
動の排除を目的とした私的独占事件として取り扱っている。けれども，ここ
での差別対価はまさに略奪的価格の有効な手段として判断すべきものであり，
実際，不当廉売ガイドラインにおいても，「例えば，有力な事業者が，競争
者を排除するため，当該競争者と競合する販売地域又は顧客に限って廉売を
行う場合は，独占禁止法上問題となる」と差別対価を規定している。

不当廉売の「手段」として価格差別を評価すると，競合する市場のみをタ
ーゲットにできるので一律価格の場合よりも実行の費用がより安くなること
は明らかである。とはいえ，反競争的な行為は不当廉売であり，価格差別と
いう形式ではないことには注意する必要がある。ライバル企業の顧客をター
ゲットにした価格引下げについて排除型効果が現れるのは，そこに略奪の意
図が含まれる場合のみである。

3.5. 略奪的価格について

不当廉売は経済学では略奪的価格と呼ばれる。略奪的価格はライバル企業の排除を目的として，短期利潤を犠牲のもとに低価格を設定し，長期的には独占的な利潤を目指すものと定義でき，①原価割れ低価格による短期利潤の犠牲，②ライバル企業の排除後に長期的な高利潤を獲得できるだけの市場支配力の存在，の2つによって特徴づけられている。したがって，例えば，同質財の価格競争によって価格が限界費用まで低下し，技術的に劣位な企業が市場から退出してもそれは正当な競争の結果である。略奪的であるためには，ライバル企業との競争下での利潤を犠牲にしてライバルの排除を促し，退出後の独占利潤を目指す行為である必要がある[22]。

略奪的価格に懐疑的な立場を表明したのがシカゴ学派のMcGee（1958）であり，その意見は次の4つにまとめられる。①シェアが大きい有力企業の方が低価格による損失が大きい，②長期的には参入が起こり損失を埋め合わせることは困難，③有力企業のみが赤字に耐えられるわけではなくライバル企業も資金繰りが可能，④ライバル企業の買収など他の手段の方が合理的，の4つである。これらの点にもとづくシカゴ学派の議論は大きな影響力を持ったが，最近の経済理論は，有力企業による略奪的行為が合理的に説明可能であることを議論している。

まず，①については，ライバル企業の顧客のみに低価格を用意する価格差別が有効であり有線ブロードネットワークス事件においても注意する必要がある。②については，ライバル企業からは有力企業の経営方針や技術情報が観察できないという状況を想定し，攻撃的な価格付けによって参入を排除することでタフな企業だと評判を形成することで独占的な地位を目指す評判モデルや，費用が高い企業には実行できないような低価格を設定することで，自企業の技術が優れていることをライバル企業に伝え退出を促すようなシグナリングモデルがある[23]。また，有線ブロードネットワークス事件でも指摘されているように，ライバル企業の排除ではなく，弱体化させることで買

---

22) Ordover and Willig (1981) を参照。
23) 評判モデルについては，例えばKreps and Wilson (1982) を，シグナリングモデルについては，例えばMilgrom and Roberts (1987) を参照せよ。

収・統合を容易にし，利潤を確保するということを目的とすることもある。さらには，参入障壁が高い場合にはライバル企業の（再）参入は困難なので，それを評価する必要もある。③については，不完全な資本市場を想定すると企業規模が大きい方が資金制約が緩くなること，また，複数の事業を営む場合には，略奪による損失を別の事業でカバーできる内部相互補助が考えられる。

　価格差別の排除型効果については，Chen（2008）の研究が興味深い。Chen は有線ブロードネットワークス事件と同様に企業規模に差が存在し，また顧客が取引企業を変更する際には切替費用が発生するような競争的環境において，動学的な枠組みで BBPD を分析した。上述の議論からと同様に有力企業による排除が行われない場合には，BBPD は一律価格と比較して顧客により大きな余剰を与えてくれる。けれども，小規模企業が退出するような場合には消費者余剰は減少し，そして，排除を促す価格は切替費用が存在する場合には費用を下回る可能性がある。この研究は有線ブロードネットワークス事件について多くの示唆を与えてくれる。

　不当廉売と認定する基準として，4.1. でも説明したように価格が平均可変費用（平均回避可能費用）を下回るかどうかが伝統的に採用されてきた。企業が利潤最大化を目指す場合，短期の限界費用を下回る価格付けは明らかに非合理的である。にもかかわらず，企業がそのような低価格を付けたならば，そこに略奪的な意図を見つけることができるだろう。ただし，短期限界費用を測定することは困難なので，その代用として平均可変費用を採用する，ということが基本的な考え方である [24]。けれども，平均可変費用の基準にはいくつか難点がある。まず，上で説明したシグナリング理論などの略奪的行為が合理的に説明可能とする経済理論は，そもそも価格の費用基準にはもとづいていない。また，企業の利潤最大化行動による価格付けが平均可変費用を下回ることもありうる。とくに，学習効果やネットワーク効果がある場合，広告キャンペーンとしての役割などをあげることができるだろう。また，Chen（2008）の分析で略奪価格が費用を下回るのは，切替費用の存在という特殊要因にもとづいている。法的な判断をするうえで何らかの基準は確かに必要であるが，まずは廉価販売という行為の「意図」について，市場の構造

　24）　学説上，これまで有力とされてきた考え方である。Areeda and Turner（1975）を参照。

とあわせて丁寧に議論する必要がある。

有線ブロードネットワークス事件は，とくに費用についての言及がなされないまま，「差別対価」という不公正な取引方法を用いて他社の事業活動を「排除」する「私的独占」として扱われた。けれども，上述のように価格差別が問題となるのは，その行為そのものではなく，そこに排除型効果が意図されるときである。よって，ロジカルな意味では略奪的価格と区別する必要はなく，不当廉売を有効に実行するための手段と見るべきであろう。すると，不当廉売の評価について費用基準が必要であるならば，それはまた本件についても適用されるべきである。ただし，問題が少し複雑なのは，上述のように，経済理論が提示する略奪のロジックは，必ずしも費用条件を提示するわけではなく，また，実際に適用されている平均可変費用の基準も適切とは言い切れない。運用上，何らかの費用基準が求められることは仕方がない面もあるが，費用基準を満たすことは略奪的行為を行っていないことの十分条件ではないので，競争環境その他，状況に応じた判断が求められる。

3.6. 経済学的議論のまとめ

「差別対価」という言葉にはネガティブな印象が幾分含まれており，その理由は独占企業による余剰獲得の手段としての印象，不公平感，排除型効果の存在，といったものをあげることができるだろう。けれども，これまで議論したように，排除型効果を目指したものでなければ価格差別は問題ではなく，むしろ競争を強化させ，消費者余剰や経済厚生の改善につながることが多い。反対に，略奪的価格を実行する手段としては有効なツールでもあることも確かだ。よって，価格差別には様々な効果が複雑に存在しており，評価は競争環境に大きく依存している。

余剰獲得効果を評価する際には，需要と市場支配力，価格差別のあり方を徹底的に確認する必要がある。寡占市場では一律価格と比較して価格差別は顧客にとって有利であり，独占のケースとは反対に，価格差別は顧客奪取効果の存在により企業の利潤を減少させることが多い。ここでは取りあげなかった動学的な競争における価格差別の役割など論点は多く，余剰獲得効果のみの場合と比べると複雑だが，価格差別の競争促進効果はよく認識しておく必要がある。価格差別の排除型効果については，不当廉売（略奪的価格）の

文脈で読み解く必要がある。価格差別は略奪的価格の手段となりうるが，価格差別という行為そのものが問題であるわけではないことに注意する必要がある。

4. おわりに

　本件は大きなシェアを持つ事業者が競争事業者の事業活動の排除を目的とする差別的廉売に関する事件である。問題となる差別価格の実質は不当廉売の場合と異ならないと考えられるが，不当廉売の場合には問題となる供給に要する費用を下回るかどうかという基準について，審決ではとくに言及していない点が1つの重要な論点であった。法的考察では差別対価が競争手段として正常なものでないと言えるか否かが問題となる。まず，不当廉売類似型の差別価格を考える場合には，費用条件について検討する必要があるのではないか。また，差別対価の目的は不当廉売だけではなく，不当性の根拠が明確ではない場合には価格競争を萎縮させることにもなりかねない。同様のことは経済学的考察でも言える。競争事業者の排除を目指した排除型の差別対価を除いては，差別対価（価格差別）は消費者余剰や総余剰の拡大につながることが多い。価格差別の排除型効果については，不当廉売（略奪的価格）の文脈で読み解く必要があり，その際には費用条件が必要であるかもしれない。ただし，経済学的には費用条件は排除効果の必要条件ではなく，競争環境に依存した繊細な評価が必要となる。

参考文献

金井貴嗣・川濵昇・泉水文雄（2015）『独占禁止法（第5版）』弘文堂。

川濵昇（2013）「不当廉売規制における費用基準とその論拠」川濵昇・泉水文雄・土佐和生・泉克幸・池田千鶴編『競争法の理論と課題—独占禁止法・知的財産法の最前線—』有斐閣，209頁。

中川寛子（2001）『不当廉売と日米欧競争法』有斐閣。

根岸哲編（2010）『注釈独占禁止法』有斐閣。

平林英勝（2006）「最近の競争者排除型私的独占事件審決の検討」判例タイムズ1208号，49頁。

舟田正之（2009）『不公正な取引方法』有斐閣。

Areeda, P. and D. Turner (1975) "Predatory Pricing and Related Practices Under

第 6 章　音楽放送業者の低料金設定による競争者の顧客奪取　　　169

Section 2 of the Sherman Act," *Harvard Law Review* 88, 697–733.

Armstrong, M.（2007）"Recent developments in the economics of price discrimina-
tion," in R. Blundell, W. K. Newey and T. Persson eds., *Advances in Economics
and Econometrics: Theory and Applications: Ninth World Congress*, Cambridge
University Press.

Chen, Y.（1997）"Paying Customers to Switch," *Journal of Economics and Manage-
ment Strategy* 6, 877–897.

Chen, Y.（2008）"Dynamic Price Discrimination with Asymmetric Firms," *Journal
of Industrial Economics* 56, 729–751.

Fudenberg, D. and J. Tirole（2000）"Customer Poaching and Brand Switching,"
RAND Journal of Economics 31, 634–657.

Gehrig, T., O. Shy, and R. Stenbacka（2011）"History-based Price Discrimination
and Entry in Markets with Switching Costs: A Welfare Analysis," *European
Economic Review* 55, 732–739.

Gehrig, T., O. Shy, and R. Stenbacka（2012）"A Welfare Evaluation of History-
Based Price Discrimination," *Journal of Industry, Competition and Trade* 12, 773
–793.

Kreps, D. and R. Wilson（1982）"Reputation and imperfect information," *Journal of
Economic Theory* 27, 253–279.

McGee, J.（1958）"Predatory Price Cutting: the Standard Oil（NJ）Case," *Journal
of Law and Economics* 1, 137–169.

Milgrom, P. and J. Roberts（1987）"Informational Asymmetries, Strategic Behavior,
and Industrial Organization," *American Economic Review* 77, 184–193.

Motta, M.（2004）*Competition Policy: Theory and Practice*, Cambridge University
Press.

Ordover, J. and R. Willig（1981）"An Economic Definition of Predation: Pricing and
Product Innovation," *Yale Law Journal* 91, 8–53.

Shaffer, G. and Z. Zhang（2000）"Pay to Switch or Pay to Stay: Preference-based
Price Discrimination in Markets with Switching Costs," *Journal of Economics
and Management Strategy* 9, 397–424.

Stigler, G.（1987）*A Theory of Price*, Macmillan.

Stole, L.（2004）"Price Discrimination and Competition," in M. Armstrong and R.
Porter eds., *Handbook of Industrial Organization*（Vol. III）, North-Holland.

Thisse, J. and X. Vives（1988）"On the strategic choice of spatial price policy,"
American Economic Review 78, 122–137.

第7章

マージンスクイーズによる排除
NTT 東日本事件

岡田羊祐・柴田潤子

1. はじめに

NTT 東日本電信電話（以下，「NTT 東日本」）は，2001 年 8 月より，「B フレッツ」という名称で，戸建て住宅向け光ファイバ設備を用いた通信サービス（以下，「FTTH サービス」）の提供を開始した。本章では，このサービスをめぐる NTT 東日本による行為が，競業者との取引拒絶（私的独占）に当たるか否かが争われた事件を採り上げる。この事件は，公取委審判審決（2007 年 3 月）東京高裁判決（2009 年 9 月）を経て，2010 年 12 月に最高裁判決が言い渡された[1]。この判決は，競業者との取引拒絶が排除行為による私的独占に該当するか否かについて最高裁が初めて本格的な判断を示した重要な事例である。

本章の構成は以下のとおりである。2 節では，NTT 東日本事件の背景と概要を述べる。3 節では，最高裁判決における本件行為の排除行為該当性とその性格付けについて検討する。4 節では欧米のケースを踏まえた比較法的検討を行う。5 節では，マージンスクイーズという行為類型を経済学的視点から検討する。6 節で結語を述べる。

---

1) 最判 2010 年 12 月 17 日民集 64 巻 8 号 2067 頁。

図 7-1 NTT東日本事件の概念図

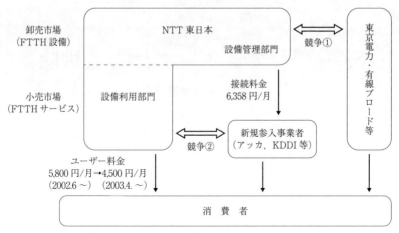

* 図の接続料金とユーザー料金は芯線直結方式に基づく。

2. NTT東日本事件

2.1. 事件の背景

　東日本地区における FTTH サービスは，有線ブロードネットワークス（以下，「有線ブロード」）が 2001 年 5 月から行っており，NTT 東日本は 2001 年 8 月から販売に参入した。その後，東京電力も自ら敷設した光ファイバを利用した FTTH サービスを開始し，3 社によるユーザー獲得競争が展開されることとなった。

　図 7-1 は FTTH サービスにおける卸売市場と小売市場の垂直的関係を示したものである。東京電力や有線ブロードは卸売と小売を垂直統合した事業形態を持つのに対して，NTT 東日本は垂直統合した事業者であると当時に，電気通信事業法により「第一種電気通信事業者」の許可を得た事業者として，上流の光ファイバ網の卸売を行う接続義務（電気通信事業法 38 条）を課されていた[2]。したがって，NTT 東日本と競合するサービスを提供する事業者

---

[2] 電気通信事業法 38 条では，「第一種電気通信事業者」の許可を得た事業者は，他の事業者からの請求に応じて電気通信設備に接続する義務が課せられている。「第一種指定電気通信設備」を設置する第一種電気通信事業者は，その接続料金および接続条件について接続約款を定め，総務大臣の認可を受けなければならないこととされている。

は，自らブロードバンド回線を敷設する事業者（東京電力・有線ブロード等）と，光ファイバを NTT 東日本から借り受けて FTTH サービスのみを提供する小売事業者（アッカ，KDDI 等）に分かれていた（図 7-1 参照）。したがって，NTT 東日本の FTTH サービスにおける競争相手は，卸売と小売を垂直統合した事業者（図 7-1 の競争①），および，小売段階のみからなる新規参入事業者（図 7-1 の競争②）の 2 種類からなっていた。

接続料金とユーザー料金の関係を具体的に規制する規定は電気通信事業法にはない。しかし，総務省は，「接続ルールの見直しについて」において，「接続料の水準と利用者料金の水準との関係については，接続料がいわば『卸売料金』であり，利用者料金が『小売料金』であることに鑑みると，利用者料金が接続料の水準を下回ることは，一般的には公正競争上適切でないと考えられる」とした[3]。これを踏まえて，総務省は，NTT 東日本のような第一種電気通信事業者のユーザー料金が接続料金を下回ることがないように行政指導を行ってきた。この行政指導を一般に「インピュテーション・ルール」と呼んでいる。

2.2. 事件の概要

NTT 東日本は，2001 年 8 月より，東日本地区の FTTH サービスにおいて，1 芯の光ファイバを 1 人のユーザーが専用する方式（芯線直結方式）による通信サービスを月額 9,000 円で開始した。また，2002 年 3 月に東京電力が月額 9,900 円の料金で同様の通信サービスを開始したことを受けて，NTT 東日本は，同年 6 月 1 日より，最大 32 ユーザーが 1 つの芯線を共有する方式（分岐方式）による通信サービス（ニューファミリータイプ）を開始した。分岐方式のもとでは，通信速度は芯線直結方式で利用する時よりも遅くなるが，共有ユーザー数が増えるほど接続料金が低減するので，1 人当たりユーザー料金を安く提供することができる。NTT 東日本は，このニューファミリータイプの利用率が 60％ になると想定してユーザー料金を月額 5,800 円に設定していた[4]。

---

3) 総務省電気通信審議会 2000 年 12 月 21 日付第 1 次答申。

4) ただし，ユーザーは，NTT 東日本に支払う光ファイバへの接続サービス料金の他に，インターネットサービスを利用する ISP 料金を支払う必要がある。

174 III 私的独占・不公正な取引方法

表7-1 芯線直結方式(ベーシックタイプ)と分岐方式(ニューファミリータイプ)の比較

	芯線直結方式 (ベーシックタイプ)	分岐方式 (ニューファミリータイプ)
1芯当たりユーザー数	1 人	1人以上(最大32人)
月額接続料金 (ユーザー1人当たり)	6,328円以上(芯線以外の施設を共用するユーザーの人数によって変動)	当初20,130円〜2,326円,2003年3月以降は17,145円〜1,746円(ユーザーの人数が増えるに従って低減)
月額ユーザー料金	9,000円	当初5,800円,2003年4月以降は4,500円
通信速度	100 mbps	最大100 mbps(同時に複数の利用者が使用することによって低下する可能性あり)

＊ 「最高裁判所判例解説」法曹時報64巻11号267頁(2012)を参照。

　その後,東京電力が2003年1月にユーザー料金を7,800円へ値下げしたことを受けてNTT東日本はニューファミリータイプを月額4,500円に引き下げた。ニューファミリータイプが提供され始めた当時,FTTHサービスを希望するユーザーは未だ十分に拡大しておらず,1芯を複数のユーザーが共有する分岐方式が必要となるケースは稀であった[5]。そのため,NTT東日本は,芯線直結方式から分岐方式へと変更するために必要となる分岐装置を設置せずに,ニューファミリータイプのユーザーに対して芯線直結方式によるサービスを販売していた。

　芯線直結方式と分岐方式を比較したのが表7-1である。分岐方式における接続料金の計算方法は若干複雑であるが,例えば2003年3月以降は,1芯を最大32ユーザーが使用する分岐方式の接続料金は,32分岐回線のうち1回線のみユーザーを収容した場合には17,145円と高額になるが,仮に32分岐回線のうち20回線(ほぼニューファミリータイプの利用率が6割となるケース)分にユーザーを収容した場合の1ユーザー当たり接続料金は2,335円となるように設定されていた。NTT東日本が総務大臣に届け出たニューファミリータイプのユーザー料金である5,800円は,ユーザー数が1芯当たり約19

---

5) 例えば,最高裁判決は,原審で確定した事実関係として,上告人であるNTT東日本は「平成15年3月末において,加入者光ファイバ……約380万芯を保有していたところ,そのうち,上告人が自社のFTTHサービス……に使用しているのが約84万芯,他の電気通信事業者が接続しているのが約2万芯であり,その余の約285万芯(全体の75%)は未使用の光ファイバ(以下,「ダークファイバ」という。)であった」と述べている。

名（収容比率約 60%）とした場合の 1 人当たり接続料金（約 4,906 円）に営業費を加えた金額として計算されたものであった。

NTT 東日本の光ファイバ設備を利用して FTTH サービスを販売しようとする小売参入事業者は，分岐方式によって販売することはなく，芯線直結方式によって NTT 東日本の光回線の接続サービスを販売していた。このとき小売通信事業者が NTT 東日本の光ファイバを利用する際に支払う接続料金は月額 6,328 円であった。一方，NTT 東日本が芯線直結として販売した分岐方式の料金を 5,800 円（2003 年 4 月以降は 4,500 円）に設定したことから，他の小売通信事業者が NTT 東日本の料金に対抗することは困難となっていた。この状態は，2004 年 3 月末まで続いた。

総務省は，2003 年 11 月に，このような状況に応じた柔軟な接続料金の設定について検討・報告することを求める行政指導を行った。これを受けて，NTT 東日本は，2004 年 4 月以降，ニューファミリータイプの新規ユーザーに対する芯線直結方式でのサービスの提供を停止し，芯線直結方式で利用している既存のユーザーについても順次分岐方式に移行する方針を明らかにした。

2.3. 公取委審判審決および東京高裁判決

公取委は，NTT 東日本は実際には使用していない分岐方式によるニューファミリータイプの接続料金およびユーザー料金を設定しながら，芯線直結方式を使用してニューファミリータイプを販売し，実質的に光ファイバ 1 芯の接続料金を下回るユーザー料金を提供することによって FTTH サービス事業者の事業活動を排除したとして，FTTH サービスの取引分野における競争の実質的制限を認定し，独禁法 2 条 5 項に規定する私的独占に該当するとした[6]。東京高裁の判決においても，新規事業者は，接続料金とユーザー料金とに逆ざやが生じて，大幅な赤字を負担せざるを得なくなり，FTTH サービス事業に参入することは事実上困難になるとして，独禁法違反が認められている。

---

6) 公取委審判審決 2007 年 3 月 26 日。

3. 最高裁判決の検討

3.1. 排除行為該当性について

　最高裁判決では，本件排除行為により，競争を実質的に制限すること，すなわち，市場支配力の形成，維持ないし強化という結果が生じていたものというべきであるとしており，競争の実質的制限については，通説的理解に基づいていると言える。

　私的独占にいう排除行為は，競争の実質的制限につながるさまざまな行為が該当することになるが，具体的に，いかなる行為が該当するかに関して，正常な競争行動と私的独占に該当する排除行為の区別は容易ではない。正当な競争行為の結果，他の事業者が排除されることは，私的独占にいう「排除」に含まれないことは言うまでもなく，従来の学説では，「非難に値する手段」や「人為的な反競争行為」に当たるものが排除行為に該当すると捉えられてきている。しかし，この「反競争的行為」や「人為性」の判断基準について一致した見解があるわけではない。少なくとも「不公正な取引方法」の行為類型に該当するような行為であれば，反競争的な行為として認定することができ，私的独占にいう排除行為となりうる。ここでは「人為性」も首肯しうるであろう。他方で，不公正な取引方法に該当しない行為についても私的独占に含まれる場合があることで学説は一致しているものの，その場合の「反競争性」や「人為性」について，統一的な基準を認めることは困難であり[7]，具体的事例に応じて「人為性」や「反競争性」の意義が問われることになる。ここでは，「効率によらない排除」として，商品・役務の価格と品質に基づくとは言えない手段による他の事業者の排除であると一応の位置付けをしておくこととする。

　本件で排除に当たるとされた行為は，「ニューファミリータイプのサービスを提供するに当たり，分岐方式を用いることを前提に接続料金の認可を受けてユーザー料金の届出を行ったにもかかわらず，実際には芯線直結方式を

---

7) 他の事業者の事業活動を妨害する行為（「日本医療食協会事件」公取委勧告審決平成8年5月8日 審決集43巻209頁），公的機関の権限行使に対する欺まん的な行為（「パラマウントベッド事件」公取委勧告審決平成10年3月31日 審決集44巻362頁）等の事例がある。

用い，同方式に基づく接続料金を下回るユーザー料金を設定したこと」である。ここでは，まず，認可を受けた接続の形態と実際利用していた接続の形態が異なることに事業法による規制の逸脱が認められる。実態は芯線直結方式でありながら，NTT 東日本がそれを宣伝せず，むしろ通信品質の劣る分岐方式を標榜していたことは「人為性」の要素として指摘される[8]。その結果，ユーザー料金が接続料金を下回る状況が生じ，ここから，新規参入者が NTT 東日本の加入者光ファイバに接続して FTTH サービスを提供しようとしても，NTT 東日本のユーザー料金に対抗しうる料金を設定しようとする限り，いかに能率的な経営を行おうとも絶対に黒字になることはないということに基づき，他の事業者が FTTH サービス市場に参入する可能性が，事実上排除されることになる。最高裁判決では，本件行為が排除に該当するかどうかは，「単独かつ一方的な取引拒絶ないし廉売としての側面が，自らの市場支配力の形成，維持ないし強化という観点からみて正常な競争手段の範囲を逸脱するような人為性を有するものであり，競業者の FTTH サービス市場への参入を著しく困難にするなどの効果を持つものといえるか否かによって決すべき」としている。本件では，NTT 東日本が加入者光ファイバ設備接続市場における事実上唯一の供給者としての地位を利用し，競争者が経済合理的な見地から受け入れることのできない接続条件を提示するなどして，新規参入を困難にし，正常な競争手段の範囲を逸脱しているとして，排除が理解されている。

　単独の取引拒絶ないし廉売としての側面を持つとして，行為形態としてどちらに当たるのかは直接的に明言されていないが，不当な取引拒絶の枠組みで検討されているようにも思われる[9]。しかし，判決で具体的に取引拒絶の要件該当性の検討がなされているわけではなく，「排除」は，「正常な競争手段の範囲を逸脱するような人為性」がある，究極的には実態が，競争者が NTT 東日本のユーザー料金に対抗できないほどの接続料金とユーザー料金の価格差を問題にしているようにも思える。この場合の反競争性は，単独の取引拒絶と不当廉売の行為の反競争性を併せ持った複合的な反競争性が捉えられることになろう。これに対して，NTT 東日本は，分岐方式の計算によ

---

8) 「最高裁判所判例解説」法曹時報 64 巻 11 号 304 頁（2012）。
9) 前掲注（8）280 頁。

り，自らは当面赤字覚悟の参入をしていること，他の事業者は高額でも品質の優れた芯線直結方式であることをユーザーにアピールすることができ競争条件は対等であるという旨の主張をしている。これは「正常な競争手段」を逸脱していないことの主張として理解されるが，判決では，FTTH の需要が少ない時期においては NTT 東日本が分岐方式でサービスを提供する可能性はなく，芯線直結方式によるサービス提供のみが現実的であったとして，かかる主張は認められなかった。

3. 2. 本件行為の性格付け

上記 3. 1. で述べた本件排除行為の本質は，結局のところ，ユーザー料金が接続料金を下回っていることであり，いわゆるマージンスクイーズに当たると理解される [10]。マージンスクイーズという行為類型は，従来の違法行為類型に当てはめて捉えることが可能なのかどうか，あるいは独自の違法行為類型として捉えるべきかについては，種々議論がなされている。既に述べたように，最高裁判決では，この点について，詳細に議論していないが，「取引拒絶」と「不当廉売」のハイブリッドとされている [11]。さらに，その違反基準については，川下の価格と川上の価格の価格差に着目されつつも，具体的な判断基準について明確にされているわけではない。そこで，マージンスクイーズに関して欧米の事例も増加し，議論も活発となっているので，次節では欧米における議論の整理を試みる。

---

10) 最高裁判決は本件行為を「単独かつ一方的な取引拒絶ないし廉売」と述べている。また，前掲注（8）279-281 頁は「プライススクイーズ」と呼ぶか否かは「単なる用語の問題」であるとする。なお，公取委の「排除型私的独占ガイドライン」では，マージンスクイーズとは，「川下市場で事業活動を行うために必要な商品を供給する川上市場における事業者が，自ら川下市場においても事業活動を行っている場合」において「供給先事業者に供給する川上市場における商品の価格よりも高い水準に設定したり，供給先事業者が経済的合理性のある事業活動によって対抗できないほど近接した価格に設定したりする行為」をいい，独禁法 2 条 5 項私的独占（排除型私的独占）に該当するものとされている。また，これは「供給拒絶・差別的取扱い」と同様の観点から排除行為該当性を判断するものとされている。

11) 川濵昇「価格スクイーズによる排除型私的独占」ジュリスト 1419 号 106 頁（2011）。

4. 比較法的視点からの考察

4.1. 欧州の事例——独立した違反行為類型としての理解とその基準

　欧州における代表的な事例として，まずドイツテレコムのケースが挙げられる[12]。DeutscheTelekom 社（以下，「DT 社」とする）が，川下市場（小売）における競争者に対して，川上である卸に当たる加入者回線の接続料金を，川下となる固定網の小売段階の顧客に対する料金よりも高い価格を課したことが問題となった。当該マージン（競争者への卸売価格と自らの小売価格の差額）は，小売サービスの供給のために既存の事業者である DT 社自身，生産関連費用をカバーするには不十分かどうかに着目されている。欧州では，また，DT 社が設定した卸価格の料金は，規制官庁の事前認可を受けていたが，DT 社には，マージンスクイーズを回避する価格（小売価格の引上げ）を申請することは可能であることから，競争法が適用されている。電気通信事業におけるマージンスクイーズが問題になった TeliaSonera ケースも[13]，固定電話網について旧独占事業者であった TeliaSonera が他の通信事業者に提供していた ADSL の接続サービスに係る卸売価格と，TeliaSonera 自身の小売価格（ブロードバンド）との価格差がマイナスである場合，ないしは TeliaSonera 自身が小売段階でサービスを提供するために必要な費用をカバーするのに不十分である場合には，TeliaSonera と同等に効率的な事業者であっても，小売段階におけるエンドユーザーへのサービス提供をめぐって有効に競争することができないことが問題視された。本件では卸と小売段階いずれにおいても事前の価格規制がなく，卸段階である ADSL 接続サービスを提供するという事業法上の義務が課せられていることは要件としないこと，川上における卸段階で提供されるサービスが，小売段階の販売に不可欠であることも要件とされなかった。欧州のケースに基づけば，マージンスクイーズは，垂直的統合事業者による川上と川下の両市場における価格設定を要件としており，略奪的価格および取引拒絶とは，効果に関する類似点は認識されているものの[14]，行為形態からみて厳密には区別され，独自の濫用行為

---

12)　*DeutscheTelekom* 欧州裁判所 C–280/08 判例集 I–9555。

13)　*TeliaSoneraSverige* 欧州裁判所 C–52/09 EuZW（2011）p. 339.

として違反行為類型の地位を確立していると解される[15]。

マージンスクイーズが，どのような基準で規制が行われているかについては，欧州委員会が公表したガイダンス[16]によれば，川下市場において「同等に効率的な競争者」（equally efficient competitors）ですら利益を上げる事業活動を行うことができないような川上市場での価格を設定することを問題視しており，これは，上記の具体事例においても同様の立場である。また，その場合，垂直的統合事業者の川下部門の「長期増分費用」（long-run average incremental cost: LRAIC）が基準として採用されている。ドイツテレコムのケースでは，DT社が仮に加入者回線の料金を支払わなければならない場合に，小売価格は損失を被ることなくエンドユーザーに提供するために十分であるかを評価することができるため，当該基準が適していると判断されている。

4.2. 米国の事例——事業法の優先的適用

米国では，マージンスクイーズ自体は原則としてシャーマン法2条違反に当たらないとされ，卸段階における取引拒絶ないしは小売段階における略奪的価格として審査されることになる。代表的な事例であるlinkLineケースでは，加入者回線網の独占的販売者であるパシフィックベルが，DSLサービスにおいて競合するインターネットサービスプロバイダーに対して，当該DSLサービスのために用いられる加入者回線網の卸伝送には高い卸価格を課し，同時にDSLインターネットサービスについて自身の川下の顧客には低い小売価格を課したことが問題となったが[17]，最高裁は，シャーマン法2条違反に当たる独占化を否定した。そこでは，パシフィックベルが，反トラスト法上，川上市場においてその競争者に対する取引の義務が存在せず，川下市場において略奪的価格設定が認められない限りは，事業者は競争者のマ

---

14) 欧州委員会が公表したガイダンス（Guidance on the Commission's enforcement priorities in applying Article 82 of the EC Treaty to abusive exclusionary conduct by dominant undertakings 官報2009年C45号2頁）では，マージンスクイーズは，取引拒絶の代替として用いられることがあるとされ，取引拒絶と同じ部分で説明されている。

15) Walter Frenz "Die Kosten-Preis-Schere im Licht aktueller Entwicklungen," *NZKart*（2013）p. 60以下参照。

16) 注14参照。

17) *Pacific Bell Telephone Co. v. linkLine Communications Inc.*, 129 S.Ct.1109（2009）.

ージンに配慮する義務はなく，マージンスクイーズは反トラスト法上の独立した違反行為と捉えられないとした。なお，事業法が適用される場合，反トラスト法の補充的適用はないとされている。

上記の最高裁判決で示された考え方は，欧州の立場と根本的に異なっている。米国の最高裁の立場は，まず，川上市場と川下市場を分離して検討しており，そこでは，垂直的統合事業者による行為であることについて特に考慮されていない。米国では，川上における取引拒絶は，明白に取引義務が課せられる場合にのみ問題視されているが，事業法上の取引義務が存在することが必ずしも，反トラスト法上の取引義務の前提として捉えられていない。そして，事業法による規制が存在する場合に，シャーマン法が補充的に適用されることは否定されている。このような考え方は，事業法による事前規制がある場合，マージンスクイーズは，当該垂直的事業者の行為に起因するのではなく，規制当局によって引き起こされたという見方[18]が根本にある。

4.3. 事業法と独禁法の関係

マージンスクイーズ行為は，本件のように，卸段階および小売段階という垂直的に活動する事業者の価格行動を起点とするものであり，かかる事業者の価格に対しては事業法の規制が課せられている場合が殆どであり，事業法の規制が，独禁法上の判断にどのように勘案されるかは，独禁法と規制が交差する幅広い問題と関係する。本件では，総務省がニューファミリータイプの設備構成や接続料金について行政指導を行っていることが認定されており，総務省がNTT東日本の料金設定を認めていたわけではなく，むしろ，NTT東日本が規制から免れていた実態も認められる。最高裁判決では，総務大臣が電気通信事業法に基づく変更認可申請命令や料金変更命令を発出していなかったことについては，独禁法上本件行為を適法なものと判断していたことを示すものでないことは明らかであるとし，このことにより，本件行為の独禁法上の評価が左右される余地もないとしている。有効な法的措置がとられていない場合には，独禁法の適用は排除されるべきでなく，独禁法上の観点から独自に行われるべきであることを示唆しているとも理解できる。これに

---

18) Niamh Dunne "Margin Squeeze: Theory, Practice, Policy—Part II," *ECLR*（2012）p. 66.

対して，これらの指導が有効になされていれば，むしろ事業法で解決し得た事例という位置付けも可能であるが，事業法規制が有効に機能していないところで，行為者が，自らの判断で料金を変更する余地があったことが独禁法の適用の主たる根拠である。そして，この独禁法の適用自体は事業法の義務と反することはない。本件において，NTT東日本は自らの判断で接続料金の変更の申請，ないしはユーザー料金の変更届を行うことができたと考えられ，このことはNTT東日本の負う電気通信事業法上の義務と相反することもない。

　事業法と独禁法の関係の理解は，欧米で立場が異なっている。米国においては，事業法に服している場合，競争上の問題は，事業規制法上の措置が講じられる場合に回復しうるのであり，単に独禁法を通しては回復し得ないという理解に依っている。取引拒絶・事業法と反トラスト法の関係が争点となったTrinkoケース[19]やlinkLineケースでは，規制法上の措置が競争問題を解決するために有効であるとされ，実際，Trinkoにおいては，既存の事業者の行為は，既に審査を受け事業規制によって回復された。米国の最高裁の決定においては，規制法上の措置が可能かどうかは重要な要素となっており，規制レジームが形骸化している場合でも，事業規制法による解決が必要であるというアプローチを採用していると理解できる[20]。

　欧州では独禁法と事業規制の目的は，双方とも究極的には同様に競争を促進することであるとしても，独立した法的審査の仕組みであることを前提とする。そして，欧州においては，基本原則として，支配的事業者は，既に歪められている競争をさらに弱体化しないという「特別の責任」[21]を負っていることが承認されている。ドイツテレコムのケースでは，これに基づき，支

---

19)　*Verizon Communications Inc. v. Law Offices of Curtis V. Trinko, LLP*, 540 U.S.398 (2004). 既存の電気通信事業者は，FCC規則により他の事業者に対する地域網の接続義務が課せられていたが，競争者（AT&T等）からの接続要求を拒否したことは，シャーマン法2条違反に当たらないとされた。他社が持っていないインフラを所有したとしても，そのインフラを他社に解放する義務・原則はないとされた。

20)　これに対して，日本で事業法と独禁法の関係が争点となった，大阪バス協会事件（公取委審判審決平成7年7月10日審決集42巻3頁）では，事業法規制が形骸化している例外的状況を除き，事業法で禁止される違法運賃に係る価格協定は原則として独禁法違反を構成しないとしており，米国と違う立場を取っている。

21)　支配的事業者は，既にその存在により競争を歪め得る立場にあるとされ，残っている競争をさらに歪めないことに責任を持っているという，欧州法で確立している原則である。

配的事業者である DT 社は，直接的または規制当局を仲介して間接的かは問わず，スクイーズを回避するために垂直的マージンの少なくとも一方の価格が変更可能な場合に，かかる措置を講じなかったという（ある意味）失敗に対して責任が問われていると捉えうる。つまり，ドイッテレコムのケースでは，卸価格はもっぱら規制当局によって設定されており，支配的事業者によって自由に設定されていないことを意味するが，小売価格は，当該期間にわたり上限価格（プライスキャップ）の水準が継続的に低下しており，規制当局の認可を通して小売価格の変更が可能であり，DT 社は，この一方の価格，すなわち小売価格を変更するという自主的な判断が可能であったことが重視され，独禁法の適用が肯定されている。

米国では，事業法の規制がある場合には，事業法が優先され，略奪的行為に該当する場合を除いて，反トラスト法上の取引義務がなければ，違法とされない。これに対して，EU と日本は，それぞれ理論的根拠は異なるにしても，事業法と独禁法の適用の競合を認め，日本でいう相互補完説の立場が取られていると理解される。すなわち，事業法によって作り出された秩序を前提としても，政府ないしは法律によっていっさいの競争手的行動が排除されている場合を除いて，競争秩序が機能する余地がある場合，当然そこには独禁法の適用が認められることになる。相互補完説に基づいて，電気通信事業法とは別の独自の立場から独禁法の適用を考える必要があり，電気通信事業法に適合していることから直ちに独禁法に適合しているとはいえないのである [22]。

5. 経済学的視点からの考察

5.1. マージンスクイーズによる競争者の排除と搾取

マージンスクイーズとは，上流で支配的地位にあり下流まで垂直統合している事業者が，下流において競争関係にある事業者に対して，上流の卸売価格を高め，あるいは下流の小売価格を低めることによって，下流の競争を阻害する行為をいう。このような行為が競争制限効果を持つ特別な行為類型として注目すべきか否かは，既存の経済理論の枠組みでは十分に説明できない

---

22) 前掲注（8）294 頁。

状況が生じるか否かによる。

本件のような垂直的市場構造のもとで生じる競争阻害効果は，①下流の競争事業者の「排除」（exclusion），あるいは，②上流の独占的地位を利用した市場支配力の行使による「搾取」（exploitation）の 2 通りが考えられる。

このうち，①の排除効果に対しては，良く知られたシカゴ学派からの批判がある。すなわち，上流の独占的な垂直統合企業は，卸売価格を操作することによって下流市場の利益を吸い上げることができるから，下流の効率的企業を市場から排除しない方が合理的ではないかという批判である。

これまで，このシカゴ学派の批判に対して，「市場閉鎖」（market foreclosure）が生じる理論的可能性がさまざまに指摘されてきた [23]。すなわち，市場閉鎖による排除効果が生じうるケースとして，①水平的市場における排除（抱き合わせ・バンドリング），②垂直的市場における排除（投入物閉鎖），③隣接市場における排除，の 3 通りが考えられる [24]。本件で問題となった行為は，このうち投入物閉鎖のケースに相当する。日本の審判決や排除行為ガイドラインは，排除や取引拒絶，搾取等の行為を総称して，マージンスクイーズあるいは価格圧搾（price squeeze）と呼んでいるように思われる。

一方，「搾取」の考え方をマージンスクイーズに当てはめると，上流のボトルネックを所有する垂直統合企業は，市場支配力を行使して卸売価格を引き上げることによって独占レントの最大化を図ろうとする。これは，シカゴ学派の批判にも見られるように効率的な下流の競争企業は必ずしも排除されず，単に独占的な価格形成が行われる典型的なケースであるにすぎない。あるいは，卸売価格の引上げによる搾取的濫用に当たり，「ライバル企業のコスト引上げ」（raising rivals' cost）に相当する行為ともいえる [25]。

---

23) 市場閉鎖の理論については本書第 5 章も参照されたい。あるいは，より包括的なサーベイとして Rey and Verge（2008）を参照のこと。

24) このうち水平的な排除行為については本書第 6 章を参照されたい。主な略奪的行為（predation）の理論は，評判効果（reputation effect）による排除，市場条件の誤認を招くようなシグナリング（signal jamming）による排除，資本市場による資金調達の不完全性に依拠した値下げ競争による消耗戦による排除（financial predation）などである。より詳しくは Motta（2004）pp. 411–422 を参照されたい。

25) ただし，搾取的濫用行為を規制するためにマージンスクイーズを禁止することが，経済厚生にどのような影響を与えるかは理論的にそれほど明確ではない。この規制が小売段階の競争を弱めてしまう可能性があるからである。詳しくは，Jullien et al.（2014）を参照。

第 7 章 マージンスクイーズによる排除   185

図 7-2 マージンスクイーズによる排除行為

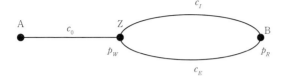

5.2. マージンスクイーズの判定基準

4 節で述べたように，EU ガイダンスでは「同等に効率的な競争者」という考え方に基づいて，マージンスクイーズにおける競争制限効果の有無を判定する。すなわち，「顕著な市場支配力」(significant market power) を持つ垂直統合企業が，下流の競争相手に上流サービスを提供する際の卸売価格を自らの下流事業にも適用すると利益を上げることができない場合に，マージンスクイーズが生じていると判定する。この判定基準を簡単な図を用いて説明しよう。

マージンスクイーズが生じる典型的市場構造を図 7-2 に示す。ある通信サービスを地点 A から地点 B まで提供する垂直統合企業を I とする。ここで，中継点 Z から B までのサービスを部分的に提供する下流企業 E がこの市場に参入したとしよう。下流企業 E が A から B までのエンド・ツー・エンドの通信サービスを提供しようとするためには A から Z までの通信回線サービスを企業 I から購入ないし借り入れる必要がある。ここで，企業 I の限界費用を A から Z までは c_0，Z から B までは c_I と表そう。一方，参入企業 E は Z から B までの限界費用は c_E であるものとする。また企業 E が上流の A から Z までのサービスを企業 I から購入する際の卸売価格を p_W，下流で消費者に販売される小売価格を p_R とする。

ここで，NTT 東日本のような第一種電気通信事業者に課されている「インピュテーション・ルール」とは，FTTH 設備の接続料金を p_W，FTTH サービスのユーザー料金を p_R とみなせば，$p_R > p_W$ が満たされることである。この条件が満たされる限り，マージンスクイーズは起こり得ないことに注意しよう。このとき，企業 E には $p_R - p_W$ のマージンが常に保証されることになるからである。

このインピュテーション・ルールを解釈する場合，卸売価格 p_W と小売価

格 p_R が費用に照らしてどのような水準にあるかという点が，マージンスクイーズの効率性の評価と密接に関連してくる。その点を以下説明しよう。

同等に効率的競争者テストに従えば，接続料金は以下の条件を満たすように設定されるべきである。

$$p_W \leq c_0 + （機会費用）= c_0 + (p_R - c_0 - c_I) = p_R - c_I$$

既存企業と同等に効率的な企業の（サービス 1 単位当たりの）機会費用は，企業 I の逸失利益 $p_R - c_0 - c_I$ に相当する[26]。シカゴ学派の批判によれば，もし $c_I > c_E$ であれば，$p_W = p_R - c_I$ ではなく，$\hat{p}_W = p_R - c_E$ となるように企業 I は卸売価格を設定するはずである。このとき，自らよりも効率的な下流の事業者 E を排除するインセンティブは企業 I に生じない。上式から明らかなように，同等に効率的競争者の適正マージンの参照基準は c_I $(\leq p_R - p_W)$ となる点に注意されたい。

このように，同等に効率的競争者テストでは，参照されるべき費用水準は垂直統合企業の「平均回避可能費用」（average avoidable cost）に当たる c_I となる[27]。したがって，このテストをパスする場合にはマージンスクイーズは生じない。しかし，そもそも既存企業の単位費用 c_I が効率的であるか否かはこのテストではチェックできないし，小売価格 p_R が搾取的となっているか否かについても判定できない。小売価格の適切さや長期増分費用の効率性は市場条件に応じて別途に判定すべきである[28]。

以上の議論をまとめると，接続料金規制が存在しない状況では，市場閉鎖が妥当するか否かをまず検討すべきであり，一方，接続料金規制が存在する場合には，マージンスクイーズの有無を同等に効率的競争者テストによって

---

26) この EU ガイダンスの考え方は，いわゆる Efficient Component Pricing Rule（ECPR）と呼ばれるルールと本質的には同じものである。Baumol et al.（2003）を参照のこと。

27) 平均回避可能費用とは，もし事業者が当該商品役務の追加的な提供を取りやめた場合に，負担しなくても良くなる費用のことである。これは通常であれば平均可変費用に等しい。なぜならば，生産を停止することによって回避できる費用は可変費用に相当すると考えられるからである。ただし，生産に係るすべての投入要素が変化する「長期」の場合には，平均回避可能費用は平均総費用に等しくなる。EU ガイダンスにおける平均回避可能費用とは，固定費のうちサンクされた部分は含めないという考え方に立つものと解釈できる。

28) Baumol et al.（2003）は，この点を考慮して，同等に効率的競争者基準は，接続料金規制が存在する状況のもとで「部分的ルール」（partial rule）を提供するに過ぎないと述べている。

判定し，仮にマージンスクイーズに該当しないと判定された場合であっても接続料金や小売料金の水準が適正か否かも同時に検討されるべきである。

　現実の日本の電気通信市場における接続料金規制では，平均回避可能費用ではなく長期増分費用（total element long-run incremental cost: TELRIC）に従う方式が採られている。この方式は，「ネットワークの費用を実際の費用発生額ではなく，現時点で利用可能な最も低廉で最も効率的な設備と技術で新たに構築した場合の費用額に基づいて計算する方式」と定義される[29]。もしNTT東日本に課されていた接続料金が「低廉で最も効率的」な費用に基づいていたならば，NTT東日本の設定した小売価格が低すぎるという状況（いわゆる略奪的価格の設定）が妥当しない限り，マージンスクイーズは起こり得なかったはずである。

　現実には，FTTHサービスの導入期という事情から，NTT東日本は月額ユーザー料金を低く設定しようという強い意欲を持っていたものと推測される。すなわち，本件でマージンスクイーズと呼ばれている行為は，①低廉なユーザー料金の設定（いわゆる「浸透価格」（penetration price）の設定）による新規ユーザーの開拓，および，②略奪的価格設定による競争者の排除，という2つのインセンティブが混然一体となったものと解釈することができるだろう。もし，このような事情がNTT東日本および総務省に十分に共有して理解されていたならば，芯線をシェアする十分な需要者が存在しないという当時の分岐方式の利用実態に即して，きめの細かい接続料金規制が導入されるように努力すべきであった。

5.3.　市場画定の問題

　公取委審決とその後の判決では，「戸建て住宅向けFTTHサービス市場に一定の取引分野が成立するか」も争点となっていた。例えば，審決では，FTTH，ADSL，CATV等について，「大容量のデータ通信を行うという意味ではユーザーの目的は共通しているものの，各ユーザーは，その通信設備，通信サービスの内容および料金を勘案した上で各サービスを選択するのであって，上記の各サービスにはサービスに応じた個別のユーザーの需要が存するものと認められる」と述べた上で，戸建て住宅向けFTTHサービス市場

---

29)　郵政省（現総務省）「長期増分費用モデル研究会」報告書（1999年9月20日公表）。

を一定の取引分野と認定している。最高裁もこの判断をおおむね支持している。

　しかし，これらサービス間に代替関係があるか否かは優れて実証的な問題である[30]。日本のブロードバンド・サービス需要の代替関係を推定した経済分析を見る限り，FTTH サービスを単独の市場と画定することは難しいように思われる。欧米では，規制政策・競争政策の評価を行う場合に需要の弾力性や供給における代替の弾力性の分析に依拠した議論が広く行われている。しかし，本件の審決・判決を見る限り，需要構造に十分な注意が払われて市場の画定が行われたとはいいがたい。

　また，審判審決では，供給側の代替性に着目して，「FTTH サービス事業については，新たに光ファイバ設備を敷設する必要がある点において，既設の電話回線（メタル回線）やテレビ用のネットワークを利用する ADSL や CATV インターネットと比べ，サービス提供を開始するための時間及び費用に差異がある」としており，供給の代替性は低いとみなしていた。しかし，これは事業者の投資インセンティブに関わるため，資本コストを考慮しつつ動学的に評価すべき論点である。投資インセンティブに影響する要因は多様であり，規制ルールが将来の投資インセンティブに与える影響も大きい。この点に鑑みれば，本件では，図 7-1 にいう競争①と競争②を等しく視野にいれた上で，競争制限効果の評価を行う必要があったといえるのではなかろうか。

6.　おわりに

　本件は，競業者との取引拒絶ないし廉売が排除行為による私的独占に該当するか否かについて，最高裁が初めて本格的な判断を示した重要な事例であった。判決では，具体的に取引拒絶の要件該当性の検討がなされているわけではなく，「正常な競争手段の範囲を逸脱するような人為性」があることに注目して排除行為に該当するとされた。この点，欧米の判例に見られるよう

---

30)　消費者選択の問題という観点から日本のブロードバンド・サービス需要の代替関係を推計した研究として，例えば，Ida and Kuroda（2006），Sunada et al.（2011）を参照。Ida and Kuroda（2006），Sunada et al.（2011）では，戸建て・集合 FTTH と高速 ADSL との間には密接な代替関係があることが示されている。

な明確な基準が提示されたとはいいがたい。また，経済学的視点から見ると，マージンスクイーズという行為は，取引拒絶と廉売のハイブリッドとみなせる行為であり，独自の行為類型として違法性の判断基準を立てることは難しい。むしろ，接続料金規制の在り方がこの種の行為の性格を強く規定している点に留意すべきである。また，日本でも確立しつつある「同等に効率的な事業者」基準は，接続料金や小売料金の水準の適正性について判断するものではない点についても留意すべきである。

参考文献

Baumol, W., J. Ordover, F. Warren-Boulton, and R. Willig (2003) Brief of *amici curiae* economics professors to U.S. Supreme Court in *Verizon v. Trinko*.

Ida, T. and T. Kuroda (2006) "Discrete Choice Analysis of Demand for Broadband in Japan," *Journal of Regulatory Economics* 29, 5–22.

Jullien, B., P. Rey, and C. Saavedra (2014) "The Economics of Margin Squeeze," IDEI Report, Institut D'Economie Industrielle.

Motta, M. (2004) *Competition Policy: Theory and Practice*, Cambridge University Press.

Rey, P. and T. Verge (2008) "Economics of Vertical Restraints," in P. Buccirossi ed., *Handbook of Antitrust Economics*, MIT Press, 353–390.

Sunada, M., M. Noguchi, H. Ohashi, and Y. Okada (2011) "Coverage Area Expansion, Customer Switching, and Household Profiles in the Japanese Broadband Access Market," *Information Economics and Policy* 23, 12–23.

第8章

包括徴収による排除

JASRAC 事件

池田　毅・大木良子・川濵　昇

1.　はじめに

　音楽著作権の管理事業を過去法律上独占していた JASRAC が締結していた包括的なライセンス契約が排除型私的独占に問擬された JASRAC 事件は，音楽著作権という消費者に身近なテーマであったこともあり，社会的にも大きく耳目を集めた。本章で扱う同事件の最高裁判決（本判決）は [1]，本書第 7 章で採り上げた NTT 東日本事件最高裁判決に続く，2 件目の排除型私的独占に関する最高裁判決である。本判決は，NTT 東日本事件判決の規範を踏襲した事例判決であるが，本章で検討されるとおり，使い放題の性質を有する包括契約の独禁法上の判断について有益な示唆を提供するほか，本判決の検討により，排除効果・人為性・競争の実質的制限についても NTT 東日本事件判決の判示をよりよく理解することが可能となる。

　本章の構成は以下のとおりである。2 節で JASRAC 事件の概要を述べる。3 節では，本判決に係る法的論点として，包括契約の排除効果，排除行為の人為性，排除効果と競争の実質的制限の関係について検討する。4 節では，包括徴収の排除効果を経済学的視点から検討する。5 節で結語を述べる。

---

1)　最判 2015 年 4 月 28 日民集 69 巻 3 号 518 頁。

2. JASRAC 事件

2.1. 事案の概要

　JASRAC は，音楽著作権の管理事業者であり，著作者や音楽出版社（権利者）から音楽著作権の管理を受託し，放送事業者等に対して利用許諾を行う事業者である。2001 年に著作権等管理事業法が施行されるまで，JASRAC は許可制の下，音楽著作権管理事業を営む唯一の事業者であり，同法施行後登録制に移行（自由化）した後も，放送利用にかかる音楽著作権の大部分の管理を受託している。

　JASRAC の放送事業者に対する利用許諾にかかる使用料の徴収方法としては，1 曲 1 回ごとの料金を支払う方法（個別徴収）と，JASRAC の管理楽曲すべての包括的な許諾に対して，利用回数にかかわらず，放送事業者の放送事業収入に所定の率を乗じて得られる金額を支払う方法（包括徴収）がある。もっとも，放送事業者が年間に利用する利用数を個別徴収により支払うと包括徴収の場合よりも著しく多額になるため，JASRAC はほとんどすべての放送事業者との間で包括徴収による利用許諾契約（包括契約）を締結している（本件行為）。

　著作権管理事業の新規参入者であるイーライセンスは 2002 年に事業を開始したが，放送事業者から徴収した使用料は僅少なものにとどまっていた。

　公取委は，2009 年 2 月 27 日に，本件行為が私的独占に該当するとして JASRAC に対して排除措置命令を行ったが，2012 年 6 月 12 日，排除効果の立証が不十分であるとして，自ら排除措置命令を取り消す旨の審判審決を行った（本件審決）。その後，排除措置命令の名宛人ではないイーライセンスが審決取消請求を行い，東京高裁は，本件審決を取り消す旨の判決をした（原判決）[2]。原判決に対して公取委と参加人である JASRAC が行った上告受理申立てを受理して行った判断が本判決である。

2.2. 本判決の要旨

　本判決は，NTT 東日本事件判決を引用しながら，私的独占の排除行為に

　2）　東京高判 2013 年 11 月 1 日判時 2206 号 37 頁。

該当するか否かは，市場支配力の形成・維持・強化という観点からみて正常な競争手段の範囲を逸脱するような人為性を有するものであり，他の管理事業者の本件市場への参入を著しく困難にするなどの効果を有するものといえるか否かによって決すべきものであるとした。

　本件行為が上記の効果を有するものといえるかについては，市場の状況・JASRAC および他の管理事業者の地位および競争条件の差異・音楽著作物の特性・本件行為の態様や継続期間等の諸要素を総合的に考慮して判断されるべきものとした。

　そして，本件での具体的な総合考慮として，以下のとおり述べる。すなわち，本件市場において JASRAC との間で包括契約を締結しないことが放送事業者にとっておよそ想定しがたい状況の下で，JASRAC の管理楽曲が使用される割合（放送利用割合）が反映されない徴収方法を採ることにより，放送事業者が他の管理事業者に放送使用料を支払った場合にその負担すべき総額が増加する。楽曲の放送利用における基本的に代替的な性格も相まって，本件行為は，放送事業者による他の管理事業者の管理楽曲の利用を抑制するものであり，その抑制の範囲がほとんどすべての放送事業者に及び，その継続期間も相当の長期間にわたるものであることなどに照らせば，排除効果を有するとした。

　さらに，本判決は「なお書き」において，JASRAC は，著しく高額となる個別徴収の使用料を定め，これにより放送事業者が包括契約の締結を余儀なくされる状況を生じさせるとともに，包括徴収の内容として，放送使用料の金額の算定に管理楽曲の放送利用割合が反映されないように定めることによって，放送事業者による他の管理事業者の管理楽曲の利用を相当の長期間にわたり継続的に抑制したとした。そのため，本件行為は，別異に解すべき特段の事情のない限り，人為性を有するものと解するのが相当であるとした。

3.　法的論点の検討

3.1.　包括契約の排除効果

　先例である NTT 東日本事件判決は，排除型私的独占の行為要件である「他の事業者の事業活動を排除」については，他の事業者の市場への参入を

著しく困難にするなどの効果，すなわち排除効果と，自らの市場支配力の形成・維持・強化という観点からみて正常な競争手段の範囲を逸脱するか，すなわち人為性の2つにより判断されるとした。

排除効果の認定手法につき，NTT東日本事件判決と本判決で考慮された要素を緻密に比較する試みもあるが（その例として滝澤（2015）），排除効果を有する排除行為にはさまざまな形態のものがありえ，事案に応じて，市場の状況・行為の態様等が総合考慮されることになるから，厳密な定式化は困難であるし，その必要もないと思われる。

むしろ，事例判断である本件においては，包括契約，すなわち使い放題の性質を有する契約がどのような場合に排除効果を有するかを検討することが有益であると思われる。一般消費者に身近なサービスだけをみても，家庭用インターネットの月額課金や携帯電話における通話料ないしデータ通信（パケット通信）の無制限コース，音楽配信サービスにおける定額制の「聴き放題」サービスなど，さまざまな包括契約が存在する。しかし，これらの契約のほとんどは独禁法上問題となる排除効果をそもそも有しない。

ではなぜ本件ではこれが認められたのだろうか。包括契約においては，いったん契約してしまえば，追加のサービスの提供は無料となる。しかし，サービスの提供には何らかのコストがかかっているのが通常であると思われる。たとえ包括契約において提供されるサービス全体についてみればコスト割れしていないとしても，すでにある量のサービスに対して包括契約の対価が支払われていることを前提に，追加的に提供されるサービスだけに注目すると，追加的に提供されるサービスに対価は発生せず，コスト割れでの提供が行われていることになる。そうだとすれば，「追加的に提供されるサービスの提供」について競争している競争事業者が代替品を提供する機会が奪われるということになる。本判決が，イーライセンスと契約した場合の追加的な費用について言及しているのも，このような趣旨に基づくものと思われる。

しかし，包括契約全体として必ずしもコスト割れしていない場合において，上記のようなシナリオによる弊害が生じるためには，競争が上記の「追加的に提供されるサービス」をめぐって行われていることが必要である。すなわち，競争事業者（本件ではイーライセンス）が自ら対抗的な包括契約を提供することで行為者（本件ではJASRAC）の包括契約ごと奪い取れるのであれば，

包括契約のレベルでの競争が存在し，競争事業者が排除されることはない。冒頭に掲げた家庭用インターネットや携帯電話の通話料定額においては，いずれの事業者も包括的な契約を提供することが可能であり，包括契約同士の競争が展開されており，包括契約による競争者の排除は生じにくい。

　本件で，イーライセンスが JASRAC との間で包括契約のレベルでの競争を行うことが困難となっていたことについては，インテル事件（勧告審決2005 年 4 月 13 日）と類似する構造が存在していたように思われる。すなわち，インテル事件においては，ハイエンドの CPU についてはインテルしか提供することはできないため，ライバルである AMD は実質的には競争しておらず，インテルの忠誠リベートは，AMD がインテルと実効的に競争することが可能であるローエンド CPU における競争[3] において AMD を排除する役割を果たしたと評価されている[4]。本件でも，音楽が基本的に代替的なものであるとしながら，他方で放送事業者が JASRAC との包括契約の締結を余儀なくされていたと認定しているのは，JASRAC が 2001 年までの法的独占の下で蓄積した楽曲ポートフォリオにより[5]，インテル事件と同様に，JASRAC から一定の楽曲の提供を受けることが放送事業者にとって不可欠な状況になっていたためと考えられる[6]。このため，イーライセンスは，包括契約のレベルで競争することはできず，そして，上記の「追加的に提供されるサービスの提供」についても，包括契約によって追加費用なしで供給する JASRAC と競争することは困難であった。

　さらに，本件の二面市場（two sided market）としての側面が重要である[7]。すなわち，著作権管理事業においては，管理楽曲を放送事業者に提供する利

3）　インテル事件におけるローエンド CPU のように，サンクコストが小さく，新規参入者の市場参入が容易である市場をコンテスタブル市場（contestable market）と呼ぶことがある。

4）　詳細については 4.2.3. を参照されたい。

5）　この点は，JASRAC の個々の管理楽曲の中に放送事業者が特に利用を希望する非代替的な楽曲が含まれていた可能性と，放送事業者にとって一定の規模のポートフォリオを有する管理事業者から許諾を受ける必要があるところ，JASRAC がかかる要請を満たす唯一の管理事業者であり非代替的であった可能性とがある（この点につき中川（2016）を参照）。本判決は明確な記載をしていないが，おそらく両方の要素があったものと思われる。

6）　包括契約ではない従量制（1 曲あたり）の提供価格が包括契約に比べて高額で，放送事業者の選択肢になりえなかったこともかかる事実認定を強固にしている。

7）　二面市場（双方向市場ともいう）の特徴については，本書第 9 章（DeNA 事件）が詳しく検討している。

196　　　Ⅲ　私的独占・不公正な取引方法

用許諾市場とは別に，権利者から楽曲の管理業務の委託を受ける管理委託市場が存在する。このように，2つの市場で異なった製品や役務をユーザーに供給し，しかもそれらの市場の需要間にネットワーク効果が発生する場合を二面市場と呼び，二面市場を結び付ける事業者をプラットフォーム事業者と呼ぶ。二面市場は，たとえば新聞・雑誌（読者と広告主）をはじめ，市場の至るところでみられるのであって，二面市場であることから直ちに通常の競争と異なると議論するのは短絡的であり，競争の実態を事案ごとに丁寧に吟味する必要がある。具体的には，ネットワーク効果の大きさや規模の経済性，市場規模などを勘案する必要がある。

　本件では，権利者は通常1つの著作権管理事業者のみを選択する（上流市場においていわゆるマルチホーミングが存在しない）。そして，著作権のライセンスという性質上，上流市場で管理委託を行う権利者は原則として下流市場である許諾市場における許諾収入に応じた収入を得るため，下流市場に多数の顧客を有しない著作権管理事業者に管理委託するインセンティブを有しない。さらに，著作権管理事業者は多数の権利者と利用者を仲介するプラットフォームであり，自ら楽曲を生み出すことも困難である。言い換えれば，インテル事件においては，AMDが投資と研究開発を行ってインテルと競争し得るハイエンド製品を開発すべきという議論がありうるが，本件では，もともと下流市場において顧客を有していない新規参入者であるイーライセンスが顧客を獲得するための楽曲を入手する術が存在しなかったという特徴がある。

　したがって，本件の包括契約は，まず上流市場における楽曲の調達でイーライセンスを排除し，それによって，下流市場における許諾についても同社を排除するという効果を有していたと考えられる。たとえば，家庭用インターネットサービスであれば，いかに零細なプロバイダーであっても，上流市場において顧客に提供すべきインターネット回線さえ確保できれば，大手プロバイダーの使い放題サービス（包括契約）に対して同等の使い放題サービスで対抗でき，下流市場における排除が生じないことからすれば[8]，本件では上流市場における排除効果こそが本質であったともいえる[9][10]。

---

　8)　この点，上流市場におけるインターネット回線の入手をいわゆるマージンスクイーズと呼ばれる価格設定で困難にしたのがNTT東日本事件である。本書第7章を参照されたい。

　9)　本件排除措置命令の主文は，放送利用割合が利用許諾料に反映されない方法を採用することにより，他の管理事業者への支払分だけ放送事業者の負担が増加することを問題にするも

以上からすれば，本件では，単に独占的地位を有する行為者が包括契約を締結することで排除効果があるとしたものではなく，行為者が，包括契約の締結を余儀なくさせるだけの非代替的なポートフォリオを有しており，さらに被排除者が本件における二面市場の性質上，顧客を獲得するに足りるインプットを得られないようになっていたことを踏まえて，排除効果が存在すると認定したものと考えられる。

3.2. 排除行為の人為性

本判決は，原審において争点とされなかった人為性について傍論として判断を行っている。人為性は条文上の要件ではなく，排除型私的独占ガイドラインにも明示的な言及はない。先例であるNTT東日本事件判決は，人為性を，自らの市場支配力の形成・維持・強化という観点からみて正常な競争手段を逸脱するものであるかにより判断するとする。

そもそも，競争とは他者を排除する過程であるところ，安価で良質なものを提供することで他者を排除するのは正常な競争そのものである。また，取引自由の原則の下では，市場支配力を有する事業者といえども，ある者と取引をすることを強制されることは原則としてなく，取引を行うかどうかを決定するのも正常な競争である[11]。NTT東日本事件判決を素直に読めば，人為性はこれらの正常な競争行為を排除行為から除外するための要件であり，それ以上のものではない[12]。

のであるが，たとえ他の管理事業者への支払金額を放送利用割合に即してJASRACへの支払金額から控除したとしても，下流市場において放送事業者の負担の総額が減少するものではなく，下流市場の需要者に直ちに利益をもたらすものではない。しかし，かかる控除が行われる場合には，新規参入管理事業者はJASRACよりも有利な条件を権利者に提示することにより，上流市場において権利者がJASRAC以外の管理事業者に委託するインセンティブを増加させることができる。このことからすれば，排除措置命令も上流市場における競争阻害の解消をむしろ主眼にしているとみることができる。

10) なお，二面市場の双方における排除が，平成19年改正法施行後は課徴金の算定に影響を与えうる点については上杉（2015）を参照。

11) 池田毅「企業法務独禁法事例コレクション第8回取引拒絶・取引拒絶型差別的取扱い」（ジュリスト1470号52頁以下）では，何らかの先行行為等により取引拒絶の判断を自由に貫徹させることが妥当でない事情が認められる場合に，独禁法上の取引拒絶が成立しうると論じたが，そのような場合における取引拒絶は，排除型私的独占の文脈では，人為性を有する取引拒絶と解されることになる。

12) 結局のところ，人為性がないとして排除行為から「除外」される行為としては，本文に記載した①コスト割れに至らない良質廉価な商品・役務の販売と，②取引自由の原則の範囲

198 Ⅲ 私的独占・不公正な取引方法

　排除型私的独占ガイドラインはコスト割れ販売・排他的取引・抱き合わせ・供給拒絶（差別的取扱い）を排除行為として掲げるが，これらは人為性を有する典型的な排除行為である。そして，本件の包括契約は，上記のとおり，新規参入者であるイーライセンスが競争可能である領域（コンテスタブル市場）については追加料金なしで提供するというものであり，コスト割れ販売としての性質を有する。また，放送事業者にとってJASRACと契約しないという選択が事実上存在しなかったとの事実認定からすれば，JASRACの非代替的なポートフォリオに，包括契約によって代替的なポートフォリオを抱き合わせていたと評価することもできる。

　このように，本件の包括契約は正常な競争とは異なり，典型的な排除行為の性質を複数有しており，人為性については容易に認めることができる。本判決が「別異に解すべき特段の事情のない限り」との留保を付したのは，複数の参考文献が指摘するとおり，人為性の要件が原判決において検討されていないことに鑑み，原審での審理を受ける権利（審級の利益）を確保しようとしたものにすぎず，人為性の判断においていわゆる正当化事由を広く読み込む趣旨ではないと解される[13]。人為性において考慮されない正当化事由については，それ以外の競争制限効果・競争促進効果とともに，競争の実質的制限の成否において検討するのが適切である。

　なお，本判決は，人為性の認定において個別徴収の場合の許諾料が著しく高額であることを指摘するが，これはあくまで放送事業者が包括契約を締結することを余儀なくされていたことに関連する付加的な事情にすぎない。上記の本件の包括契約の性質からすれば，かかる事情がなくとも人為性を認めることは可能である。そもそも，放送事業者にとって，包括契約の許諾料との比較において個別徴収が選択可能な料金設定（すなわち，同じだけの楽曲を

───────────

　　内での取引拒絶・差別的取扱いに尽きるように思われる。人為性を「肯定」するために，効率性によらない排除であるかどうかやライバル費用の引上げであるかがさまざま議論されているが（その例として中川（2016）），これらは①②に該当しない場合がどのような場合であるかという逆の視点からの議論を行っているとみることができる。そのような議論は人為性が否定されるかが明確でない行為類型においては有益でありうるが，本件では，判決が明示するように排除効果を有する包括契約の締結を余儀なくさせていたのであるから，①②に該当しないことは明らかである（この点につき長澤（2015）を参照）。

13）　利用回数を正確にカウントすることができなかったことや，放送事業者にとっても利用回数をカウントしない包括契約が便宜であったこと等は，人為性を否定する正当化事由ではなく，競争の実質的制限の成否において検討されるべきと思われる。

利用した場合に同等ないし安価）なのであれば，JASRAC とは個別徴収契約を結んだ上，JASRAC の管理楽曲の利用数を減らして，代わりに新規参入者から楽曲の許諾を受けることが可能なのであり，もとより排除効果が生じないとの帰結になる。

3. 3. 排除効果と競争の実質的制限の関係

私的独占においては，行為要件として排除効果が検討され，さらに競争の実質的制限を検討することになる。この点，同じことを二度検討するものであり，一定の取引分野の画定のみが問題となるとする見解もある（その例として上杉（2015））。しかしながら，競争の実質的制限においては，輸入等をはじめとするさまざまな牽制力や，上記のとおり人為性に収まらない正当化事由が検討されることになるから，同じことを二度検討するものであると類型的にいうことはできない（中川（2016）を参照）。

ところで，本判決の解釈として，排除効果の検討において「実際に」イーライセンスを「具体的に」排除したことの認定を不要にしたものと理解するものもある（その例として根岸（2015））。そのような考え方からは，競争の実質的制限の検討において，排除行為による市場支配力の形成・維持・強化が生じていたかが実質的に検討されることになろう。しかし，本判決は，排除効果の認定にあたって，イーライセンスの利用実績が僅少にとどまっていたとの原審の認定事実を前提とし，同社が競争から排除されていたとの具体的状況を排除効果の総合考慮に用いている。本件審決では特定の楽曲（大塚愛の「恋愛写真」）の利用状況等に基づいて具体的な排除の有無が争われたが，本判決がそれらを検討していないのは，それらの排除に関する主張が原判決の事実認定において排斥されたからにすぎない。以上からすれば，本判決が排除効果として抽象的な排除の蓋然性で足りるとしたと断定することはできない [14]。

もっとも，本件のように排除効果の検討において，排除行為に基づく具体的な排除が認定されている場合には [15]，「競争者が排除されれば，通常は市

---

14) もっとも，本判決は，抽象的な排除の蓋然性で足りるとしたものではないが，一方で，排除効果の認定において実際の具体的な排除が必要と判断したわけでもない。本判決と異なり，抽象的な排除の蓋然性のみで排除効果を認定する場合には，具体的な排除を含む市場支配力の形成・維持・強化の有無が競争の実質的制限の成否として検討されることになる。

場支配力を形成・維持・強化するものと解されるから，他者排除事案においては，経験則上，競争の実質的制限の状態が生じているものと推認することも許されよう」（岡田幸人「最高裁時の判例」（NTT 東日本事件判決調査官解説）ジュリスト 1443 号 85 頁）との指摘もあるとおり，正当化事由が認められない限り，競争の実質的制限も原則として肯定されることになろう。

4. 経済学的論点

4.1. 包括徴収の経済分析

4.1.1. 著作権管理事業における競争

2001 年 9 月，著作権に関する仲介業務に関する法律（仲介業務法）が廃止され，同年 11 月に著作権等管理事業法が成立した。これにより著作権管理事業は許可制から登録制となり，JASRAC の実質的な独占が続いていた市場に数社の新規参入が実現することとなった。しかしながら，新規企業が参入した事業は，音楽著作権のうち一部に限られており，テレビやラジオ放送など放送分野における管理事業は，依然として実質的に JASRAC による独占状態が続いている[16]。事案の概要で説明されたとおり，放送事業者向けの管理事業市場に対し，イーライセンス，JRC（ジャパン・ライツ・クリアランス）が参入を試みたが実質的に参入することは困難であった。本判決は，JASRAC による包括徴収がその原因であると指摘している。

放送分野における使用料徴収額は，図 8-1 に示されているとおり 2014 年度で 316 億円であり，JASRAC による全徴収額（1,125 億円）の 28% を占め，JASRAC 最大の徴収種目となっている。安藤（2012）によれば，これまで JASRAC にとって最大の収入源であったオーディオディスクの売上が急速に減少している中，放送分野における使用料は堅調であり，また利用者である放送事業者の数が少ないことから，管理事業者にとっては魅力的な市場で

---

15) 本判決は，実際の具体的な排除の状況を排除効果の認定において用いているが，このことからすれば，当該排除が行為者の排除行為と因果関係を有するものであることを当然の前提としていると思われる。そうだとすれば，競争の実質的制限の認定においても行為と結果の因果関係が原則的に認められることになるように思われる。

16) JASRAC の市場シェアは 2013 年で 98% であるといわれる（日本経済新聞 2015 年 4 月 29 日付記事）。

図 8-1　JASRAC による放送使用料徴収額推移（2000 年度〜2014 年度，単位：億円）

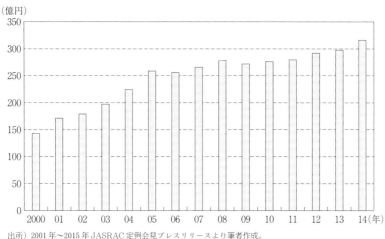

出所）2001 年〜2015 年 JASRAC 定例会見プレスリリースより筆者作成。

ある。

4.1.2. 包括徴収の料金構造

　JASRAC の料金構造についての本判決の認定は事案の概要で述べたとおりであるが，安藤（2012）がより具体的に説明している。JASRAC の放送使用料の算定方式には包括徴収と曲別徴収の 2 方式があるが，1978 年度以降，すべての放送事業者が包括徴収を採用している。包括徴収では，放送各社は前年度の放送事業収入の 1.5％（NHK は前年度の全事業収入の 1.5％）を支払えば，JASRAC の管理楽曲をすべて何回でも利用できる[17]。一方，曲別徴収では 1 曲 1 回の利用について 5 分までであれば 64,000 円，5 分を超えるごとにさらに 64,000 円が使用料として発生する。安藤（2012）によれば「曲別徴収は包括徴収に比べて使用料が高くなるため，放送局にとってデメリットとなる。現在，曲別徴収を採用している放送事業者はない」（192 頁）とのことである。

　この事件で問題とされた包括徴収は，固定料金や定額料金という名称で広く観察されるものと同様の構造を持つ。すなわち，一定額を支払えばどの財をどの数量購入しても従量部分の料金はかからない。また，固定料金と従量

---

[17]　実際の利用料の計算は毎年細かく見直され，複雑になっている。詳細は安藤（2012）191 頁を参照。

料金からなる「二部料金制」(two-part tariff) の議論においてよく知られているように，独占企業が限界費用ゼロで財を供給しているときには，従量料金を同様にゼロとしつつ，定額料金によって消費者余剰をすべて吸収することで，独占企業は利潤を最大化できる[18]。楽曲利用の限界費用はゼロに限りなく近いと考えると，JASRAC のような独占企業が包括徴収制をとることはきわめて合理的な行動とみなせるであろう。

また，2つ以上の企業がともに固定料金のみを用いて価格競争を行うことも，特に近年のデジタル財の市場ではよくみられる。たとえば，音楽や映像のストリーミング・サービスは限界費用がゼロに近いと考えられるので，包括徴収型の料金体系による競争がしばしば観察される。この場合，固定料金部分において価格競争をしていることになるため，固定料金が低く抑えられることになる[19]。

4.2. 事件の特徴と包括徴収の排除効果

このように，すべての包括徴収が競争を妨げているとはいえない中で，どのような場合に排除効果が問題となりうるのだろうか。以下では，包括徴収によって排除効果が生じる状況を経済学的視点から3つに整理して検討する。

4.2.1. 放送事業者による追加支出の忌避

包括徴収契約の重要な特徴は，実際の使用量（購入量）にかかわらず，料金が発生する点である。JASRAC の包括徴収契約においては，イーライセンスの管理楽曲を使い，JASRAC の管理楽曲を使わなかったとしても，JASRAC への支払総額は変化しないため，その楽曲分の料金も JASRAC に支払われていると考えることもできる。

同様の特徴を持つ包括徴収方式の契約が新規参入を困難にしている事例として，米国マイクロソフト事件がある（以下，Gilbert (1998) に基づく）。この事件では，いわゆる「per-processor 契約」が問題視された。per-processor 契約とは，マイクロソフトが PC 向けオペレーティング・システム（MS-DOS）を独立の PC メーカーにライセンスする際に，個々の PC が MS-DOS

---

18) このとき，従量料金が限界費用と等しくなっていることから，社会的に最適な消費量を実現しているが，最大化された社会余剰はすべて生産者余剰となる。

19) 2企業の二部料金による競争については Belleflamme and Peitz (2010) pp. 234-237 で簡潔に示されている。

を実装しているか否かにかかわらず，PC メーカーの出荷するすべての PC に装着されたプロセッサー（たとえば，Intel 80486 マイクロプロセッサ）の数に応じてライセンス料を支払うという契約をいう。マイクロソフトは，これ以外のライセンス方式もオファーしていたが，per-processor 契約が最も有利になるようにロイヤリティを調整していた。その結果，1993 年には MS-DOS 全出荷量の 60% 以上を per-processor 契約が占めるに至った。以下では，Gilbert（1998）に基づき，この per-processor 契約によって買い手が追加的支出を避けるようになり，結果として新規参入が生じにくくなることを説明する。この契約方式は，JASRAC による包括徴収の料金構造の排除効果を考察するうえで参考になる。

まず，既存企業（マイクロソフト）と新規企業が同質的な財（ここでは OS）を生産していると仮定する。既存企業の OS を PC メーカーが 1 単位購入する際の価格を p とする。既存企業と PC メーカーが per-processor 契約を結んでいる場合には，PC メーカーがライバル企業の OS を購入しても既存企業にライセンス料 p を支払わなければならない。そのため，PC メーカーが新規企業の OS を 1 単位購入する際の費用は，新規企業の OS 価格 p_e に加えて合計で p_e+p となり，既存企業との価格競争で新規企業は不利になる。

これは，Aghion and Bolton（1987）が指摘した排他的取引契約の排除効果と同様である。Aghion and Bolton では，買い手と既存企業が排他的取引契約を結んでおり，買い手がその契約を破り新規企業と取引した場合，違約金（f とする）を既存企業に対して支払うという契約を結んでいたとする。このとき，新規企業と新たに取引しようとすると，新規企業に支払う価格 p_e に違約金を加えた p_e+f を支払うことになる。これは，per-processor 契約における既存企業の OS 単価がこの違約金に相当する（f=p）ことを意味する。新規企業の OS を購入する場合の価格 p_e+p は，既存企業の OS（価格 p）と比較して p_e だけ高くなるので，買い手が追加的な支払いを避けようとする結果，新規参入が妨げられることになる[20]。

また，Gilbert（1998）は，既存企業と新規企業の OS が差別化されている

---

20) Aghion and Bolton（1987）が明らかにしたとおり，効率的な新規参入者から既存企業への違約金を通じたレントの移転が生じるため，既存企業と買い手が排他的取引契約に合意することで，新規企業が既存企業よりも効率的な場合でもその参入が妨げられることになる。

ケースについても分析している。既存企業，新規企業のそれぞれの OS の価値を u，v と表す。買い手である PC メーカーは，既存企業の OS を購入した場合には u−p の効用を得る一方，新規企業の OS を購入した場合，per-processor 契約の下では，v−p−p_e の効用を得る。このとき，v−p−p_e＞u−p であれば，新規企業の財を購入する。この条件を変形すると，v＞u+p_e となり p の大きさは無関係になる。もし，新規企業が単位あたりの価格をゼロ（p_e=0）として，別途，固定料金を徴収することができるとすれば，この条件は v＞u となり，新規企業の OS の価値が既存企業のそれを上回る限り参入が可能になることから，per-processor 契約の下でも望ましい参入は阻害されない。しかし，Gilbert and Shapiro（1997）で示されるとおり，たとえ新規企業が固定料金を用いたとしても，per-processor 契約によって新規企業のレントの一部が既存企業にシフトすることになり，新規企業の利潤が低く抑えられるため，投資や参入にかかる初期費用（固定費用）が十分にまかなえない場合には，参入が阻害されるなどの長期的な非効率性を生じさせる。

　JASRAC が用いた固定料金による包括徴収契約も，上記の per-processor 契約と同様に考察できる。包括徴収のような固定料金のみの場合，既存企業の楽曲の単位あたり価格はゼロ（p=0）となり，イーライセンスが正の単価をつけていた場合には，v−p_e＞u−0（v＞u+p_e）を満たさなければ，新規企業の楽曲は購入されない。また上述のとおり，新規企業の楽曲の単価を p_e=0 として固定料金を徴収することができる場合には，短期的には参入は阻害されないが，長期的には投資インセンティブが損なわれるなどといった非効率性が生じるかもしれない [21]。

　本事件では，イーライセンスは，固定料金ではなく正の単価（p_e＞0）を設定していた。上記の考察からわかるように，正の単価の下では，楽曲が差別

21）　固定料金部分を明示的に考慮しても同様の条件が導かれる。楽曲の総購入量を X とし，既存企業の固定料金を F とする。既存企業の楽曲のみを購入した場合放送事業者の効用は uX−F となる。一方，X のうち新規企業の楽曲を購入する割合を α（0≦α≦1）とすると，放送事業者の効用は （v−p_e）αX+u(1−α)X−F となる。このとき，新規企業の楽曲を購入する条件は，（v−p_e）αX+u(1−α)X−F＞uX−F，変形すると v＞u+p_e となる。このとき，既存企業の楽曲の購入数は （1−α)X であるが，固定料金は X 購入したときと同じく F であり，新規企業への支払いはすべて追加的な支出となる。言い換えれば αX の楽曲について，既存企業の楽曲を購入すれば費用ゼロで単位あたり u を得るが，新規企業の楽曲を購入すれば追加的な費用がかかり，単位あたりの効用は v−p_e となるため，この大小を比較することから同様の条件が導かれる。

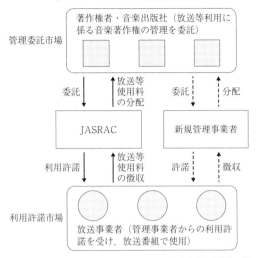

図 8-2 管理事業市場の二面性

出所）2009年2月27日公取委公表の「社団法人音楽著作権協会に対する排除措置命令について」参考資料を基に筆者作成。

化されていたとしても，望ましい参入が妨げられることがある。これは，放送事業者によるイーライセンス管理楽曲の利用が期待を大きく下回るものであったことを説明しているといえる。たとえ，イーライセンスの楽曲の価値がJASRACの楽曲の価値より大きくても（v>u），その単価が十分低くない限り（v-u>p_e），放送事業者は追加的な支出を避けようとするので，イーライセンスの楽曲を利用しないだろう。その結果，既存企業の包括徴収によって新規参入企業の利潤が低く抑えられることになり，参入が生じにくくなる。

4.2.2. 二面市場におけるプラットフォーム間競争

JASRACやイーライセンスのような著作権管理事業者は，図8-2にあるように，著作権者と著作物の利用者である放送事業者を結び付けるプラットフォームの役割を担っている。プラットフォームが，2つ（またはそれ以上）の市場を結び付けていることから，プラットフォームが関係する市場のことを二面市場（two-sided market）や多面的市場（multi-sided market）と呼ぶ[22]。本事件では，著作権者がその著作権の管理をプラットフォームに委

---

[22] 二面市場における競争については本書第9章でも検討されている。

託する市場（管理委託市場）と，プラットフォームが著作物の利用を放送事業者に許諾する市場（利用許諾市場）の2つの市場を管理事業者であるJASRACやイーライセンスが結び付けている。管理事業者間の競争は，プラットフォーム間の競争であるといえる。

　二面市場では，片方の市場において需要を得ること（参加者を獲得すること）が，もう片方の市場において需要を得ることに繋がる。JASRACは管理委託市場において，既に多くの楽曲の管理を委託されている。このことから，利用許諾市場において，すべての放送事業者がJASRACと契約を結ぶことになる。このとき，包括徴収契約を用いることで利用許諾市場において新規企業よりも有利な立場に立てる（より高い利潤を得られる）ことは前節で確認したとおりである。そして，利用許諾市場における有利な契約が，もう片方の市場である管理委託市場において，さらに多くの著作権者をひきつけることに繋がっている。

　著作権者や音楽出版社は，通常1社の管理事業者とだけ委託契約を結ぶため，どちらに委託するほうが利潤が大きいかを比較して委託先を選択するだろう。ここで，利用許諾市場で包括契約を用いることによって利用許諾市場で大きなシェアを占める（あるいはイーライセンスを競争から排除する）ことができれば，管理委託市場での著作権者獲得競争においてもJASRACがイーライセンスよりも有利な立場に立つことができるだろう。

　この二面市場の枠組みを用いて，エイベックスがイーライセンスへの委託を取りやめ，JASRACへの委託に切り替えた事情を説明することができる。著作権者は，単価制を取るイーライセンスに委託すると，利用許諾市場における放送事業者の需要獲得のため，JASRACの膨大な管理楽曲の中の代替可能な楽曲との厳しい価格競争にさらされる。結果として，楽曲の利用が見込めない，または見込めたとしても利潤が低く抑えられることになるため，著作権者としては，より大きな利用量と利潤が見込める包括徴収方式のプラットフォームへの委託切り替えを選択することになるのである。

4.2.3. 既存事業者による管理楽曲の囲い込み

　仲介業務法に基づき2001年まで独占的に管理事業を営んでいた経緯から，JASRACはほぼすべての既存の楽曲の管理委託を受けていた。放送事業者は，その管理楽曲を利用しない可能性が低いため，必ずJASRACと放送利

用料についての契約を結んでいる。

このように契約を避けがたい取引相手は，買い手に対して市場支配力を持ち，包括契約を用いることによって，新規参入者が優れた製品（楽曲）を有していたとしても，市場で競争することを困難にすることができる。このように，市場支配力を持つ既存企業の価格付けによって買い手が新規企業との取引を避けるようになる結果，新規企業が排除される可能性がある。このメカニズムは，インテル事件で指摘される忠誠リベートに類似している。

そこで，以下では，忠誠リベートによる排除効果について，早川（2015）を参考に説明する[23]。インテル事件では，PC に搭載する CPU をすべて（もしくは高い割合で）インテルから購入することを条件に，インテルから買い手である PC メーカーに対して，リベートや資金提供が行われた。インテル製の CPU にはその一部で代替品が存在せず，PC メーカーが必ず購入する財（マスト・ストックという）であるため，PC メーカーにとって，インテルは契約を避けがたい取引相手である。

忠誠リベートは，買い手の需要量のうち，インテルとライバルの製品が代替的で競争可能である部分（コンテスタブルな部分）の競争に影響を与える。たとえば全量購入がリベート付与の条件である場合，ライバル企業と取引することでこの条件を満たせなくなる。これにより失われるリベート全体をライバル企業が補償する場合に限り，買い手はライバル企業と取引する。既存企業にとっての製品 1 単位あたりの値引き額は，リベート額÷全需要量となるが，ライバル企業にとっては，リベート額÷コンテスタブルな部分の需要量となり，コンテスタブルな部分が小さいほど参入を困難にする。このような値引き条件を含む価格付けによって，参入が困難になっているのである。

本事件では，JASRAC が多くの管理楽曲を保有していることから，放送事業者の需要量のかなりの部分が非コンテスタブルであることが推測される。また，包括徴収契約は「全管理楽曲を購入すれば固定料金を適用する」と解釈することができ，曲別徴収で購入するよりも低い固定料金であれば，放送事業者は包括徴収契約を受け入れる[24]。その結果，コンテスタブルな部分の楽曲についても，JASRAC からは購入済みであることになる。既に購入

---

23) インテル事件の経済分析としては，Gans（2013）を参照。

済みの代替楽曲と比較して，新規企業の楽曲が十分に差別化されていて，かつ利用料金が低い場合に限り，放送事業者は購入することになる。このとき追加的な支出を避けることから参入が妨げられることは 4.2.1. でみたとおりである。包括徴収という価格設定が，忠誠リベートと同様に，間接的に排除効果を持つことが分かる。

以上の検討から分かるように，インテル事件のように，買い手にとってのマスト・ストックを有する既存企業が，競争の余地のある財を含めた包括徴収を採用しているとき，新規企業の財は消費者に需要されにくく，またされたとしても利潤が小さく抑えられ，新規企業の参入を困難にする効果が生じる。

5. おわりに

2015 年 4 月の本判決に前後して，JASRAC は使用料の徴収方式に対する検討，変更を行っている。2015 年 2 月から，JASRAC，イーライセンス，JRC の管理事業者 3 者と放送事業者側との間で，管理事業者の管理する楽曲の利用シェアを加味した新しい徴収方式導入の検討を開始し，同年 9 月には合意に至っている [25]。2016 年度から，JASRAC の包括徴収での年間料金を JASRAC 管理楽曲の比率を掛ける形で減額することで，管理事業者ごとの利用割合が固定料金部分に反映される予定である。しかし，包括徴収を維持している以上，新規企業が単価を用いる限りは参入が困難になる構造は残る。この減額によって，新規企業が固定料金を用いることを促進できれば，この変更が包括徴収の排除効果を弱める可能性も考えられる。今回の法的判断の影響によって，長年維持されてきた徴収方式の変更が検討されていることは重要ではあるが，今後，利用許諾市場において競争が生じるために望ましい料金体系を設計する必要があり，更なる検討が必要である [26]。

---

24) 非コンテスタブルな部分が大きく，単価が高く設定されていれば，より固定料金を受け入れやすい。

25) 管理事業者が放送分野で管理する楽曲の総放送利用時間（秒単位）を分母とし，各管理事業者が管理する楽曲の利用時間を分子とする式で利用割合を算出。包括徴収額にこの比率を掛けて使用料を算出する（イーライセンス 2015 年 9 月 18 日付プレスリリース参照）。この合意に先駆けて，JASRAC は 5 月，シェアを反映して包括料金を減額することを発表している。

また，適正な法的手続を経た結果とはいえ，本件は，排除措置命令から本判決まで6年以上を要しており，2016年9月9日にJASRACが差戻し後の審判を取り下げたことにより，ようやく決着をみた（2016年9月14日公取委ウェブサイト報道発表資料）。その間，執行停止により本件で問題となった行為は完全には解消されることなく長期間継続することとなった[27]。そのことには排除措置命令と本件審決において，公取委の判断がぶれてしまったことが少なからず影響していることは否定できない。動きの速いIT等の分野では，競争当局がタイムリーに介入し是正を行うことにより，早期に市場の競争秩序の正常化を行うことが求められるが，公取委をはじめとする競争法の実務関係者は，本判決の意義を十分に理解した上で，将来の生じうる事案に迅速・的確に対応することが求められる。

参考文献

安藤和宏（2012）「JASRACの放送包括ライセンスをめぐる独禁法上の問題点」知的財産法政策学研究39号，179-227頁。

上杉秋則（2015）「JASRAC事件上告棄却判決について」NBL1051号，27頁。

清水知恵子（2015）「最高裁時の判例　音楽著作権の管理事業者が放送への利用の許諾につき使用料の徴収方法を定めるなどの行為が，独占禁止法2条5項にいう『排除』の要件である他の事業者の参入を著しく困難にする効果を有するとされた事例」ジュリスト1483号，83頁。

滝澤紗矢子（2015）「判例クローズアップ　私的独占における排除効果の判断枠組みと人為性の内容―JASRAC事件最高裁判決―」法学教室421号，50頁。

中川寛子（2016）「連載独占禁止法判例研究会　第41回　JASRAC事件最高裁判決―最三判平成27・4・28民集69巻3号518頁―」NBL1071号，90頁。

長澤哲也（2015）「独禁法事例速報　排除型私的独占における排除効果と人為性―JASRAC事件最高裁判決―」ジュリスト1483号，6頁。

26）　料金設計以外の変化として，エイベックスによるJASRACからイーライセンスへの委託移管（2015年10月）が挙げられる。イーライセンスは，2015年3月にエイベックスの持分法適用会社となり，また2016年2月にJRCと事業統合しNexToneとなった。この一連の動きは，二面市場のうち，管理委託市場における新規参入を促進するものとみることができる。

27）　排除型私的独占に対する課徴金導入を内容とする2009年改正独禁法の施行日である2010年1月1日以降に違反行為が継続していれば，除斥期間の制約を受けない限り，公取委は，排除措置命令の執行停止にかかわらず，課徴金納付命令の対象とすることが可能である。なお，本件では，仮に前記施行日以降に排除措置命令が行われていたとしても，同命令時点では「当該行為がなくな」っていなかったため（7条の2第4項），同命令と同時に課徴金納付命令を行うことはできなかった。

根岸哲（2015）「JASRAC 最高裁判決（平成 27 年 4 月 28 日）」公正取引 777 号，67 頁。

早川雄一郎（2015）「EU の Intel 事件一般裁判所判決—忠誠リベート，域外適用—」公正取引 773 号，66-77 頁。

Aghion, P. and P. Bolton (1987) "Contracts as a Barrier to Entry," *The American economic review* 77 (3), 388-401.

Belleflamme, P. and M. Peitz (2010) *Industrial organization: markets and strategies,* Cambridge University Press.

Gans, J. S. (2013) "Intel and Blocking Practices (2010)," in J. E. Kwoka and L. J. White ed., *The Antitrust Revolution: Economics, Competition, and Policy*, 6th edition, Oxford University Press.

Gilbert, R. J. (1998) "Networks, Standards, and the Use of Market Dominance: Microsoft (1995)," in J. E. Kwoka and L. J. White ed., *The Antitrust Revolution: The Role of Economics*, 3rd edition, Oxford University Press.

Gilbert, R. and C. Shapiro (1997) "Antitrust issues in the licensing of intellectual property: The nine no-no's meet the nineties," Brookings Papers on Economic Activity, Microeconomics, 283-349.

第9章

プラットフォームにおける取引妨害

DeNA 事件

佐藤英司・林　秀弥

1.　はじめに

　デジタルな分野におけるプラットフォーム（以下，「PF」）の市場は急速に拡大し，巨大企業が独占化する傾向にある。1 つの PF に利用者が集積することによって正の外部性が発生する場合，PF 事業者はいち早くより多くの利用者を取り込む戦略をとる。しかし，ときには不公正な取引方法と思われるような排除行為が行われる可能性がある。市場が急速に変化するため，このような排除行為に対して競争政策上の措置を講じる必要があれば，公正取引委員会（以下，「公取委」）は迅速な対応をする必要があるものの，PF 事業者による排除行為には競争促進の側面を有している場合があり，競争政策を考えるうえで特有の困難さが生じる。

　PF を特徴とする市場における排除行為の事例として DeNA 事件がある[1]。株式会社ディー・エヌ・エー（以下，「DeNA」）はモバゲータウンという PF を，グリー株式会社（以下，「グリー」）は GREE という PF を運営している。ソーシャル・ゲーム提供事業者（social application provider, 以下，「SAP」）はモバゲータウンや GREE といった PF を介してソーシャル・ゲームを提供していた。DeNA 事件は，DeNA が SAP に対してグリーとの取引をやめる

---
1)　公取委 2011 年 6 月 9 日排除措置命令（2011 年（措）第 4 号）〔（株）ディー・エヌ・エーに対する件〕。

よう要請し，グリーとの取引を行った SAP のゲームをモバゲータウンのランキングから外したり検索できなくしたりするなど SAP とグリーの取引を妨害したとして，公取委が DeNA に対して排除措置命令を行った事件である。本章では DeNA 事件を取り上げ，PF における排除行為の法的・経済学的論点を提示し検討する。

　本章は以下のように構成されている。2 節では双方向的な PF を特徴とする市場の特徴について簡単にまとめる。3 節で DeNA 事件の概要を説明する。4 節で法的論点，5 節で経済学的論点を整理する。6 節で結語を述べる。

2.　双方向市場の特徴

　様々なグループ間の取引を仲介する場としての PF は，直接的な契約関係にない 2 つのグループが PF に加入することでグループ間での直接的な相互取引を可能とすることがある[2]。ある PF に加入することは，その PF に対する特殊投資を必要とする。PF に対する特殊投資として具体的には，ハードウェア購入費用や API（application programming interface）を用いたソフトウェア開発に必要な学習費用だけでなく，PF までの交通費のような機会費用が挙げられる。また，PF 加入によって可能になるグループ間での相互取引では，価格や販売方法，製品の質などの取引条件を各グループが自分自身でコントロールできる。

　PF がこのような特徴をもつ市場を双方向市場（two-sided market）という。図 9–1 のように，複数のグループ（例えば，インターネット・ユーザーとコンテンツ・アプリケーション・プロバイダー）が，仲介者となる PF（例えば，インターネット・サービス・プロバイダー）を介して影響を及ぼし合う市場である。インターネット・ユーザーはインターネット・サービス・プロバイダーに接続料を，コンテンツ・アプリケーション・プロバイダーはあるインターネット・サービス・プロバイダー向けにアプリケーション開発費用を支払っている。それによって，インターネット・ユーザーはコンテンツ・アプリケーション・プロバイダーと直接的な取引が可能になっている。双方向市場の例はインターネットに止まらず，クレジットカード（加盟小売店とカード・ユーザ

2）　Hagiu and Wright（2015）による多面的 PF の定義を参考にした。

図 9-1 双方向市場の構造

ー）やショッピングモール（店子となる小売店と消費者）など枚挙にいとまがない。

　双方向市場ではネットワーク効果がしばしば生じる。ネットワーク効果（network effect）とは，ある財からの効用がその財を利用するユーザー数に依存する外部性である。このネットワーク効果は主に2つの経路によって生じる。これを表したのが図9-2である。第1の経路は直接ネットワーク効果（direct network effect）と呼ばれるもので，ネットワークに連結されるユーザー数が多ければ多いほど各ユーザーの効用が増加するものである。典型例として，電話やファクシミリのネットワークがある。電話加入からの効用は通話相手が電話に加入しているか否かに依存する。第2の経路は間接ネットワーク効果（indirect network effect）と呼ばれるもので，1つのPFを利用するコンテンツ・プロバイダー数が多ければ多いほどそのPFを利用するユーザーの効用が増加するものである。具体例として，ソフトウェアとハードウェアの関係がある。あるハードウェアからの効用はそのハードウェアに対応するソフトウェアの数に依存する。

　ネットワーク効果が大きい双方向市場では1つのPFが急速に独占する傾向がある。例えば，1990年代の日本のビデオゲーム市場が挙げられる。1990年代，ソニーのプレイステーションとセガのセガサターンは任天堂のスーパーファミコンに代わる次世代ハードウェアとして競争し，プレイステーションが独占的地位を得た。この独占化にはネットワーク効果が大きく関わる。ネットワーク効果はユーザーにとって正の外部性であり，ユーザーやコンテンツ・プロバイダーが多ければ多いほどその効果は大きくなる。そのためユーザー数とコンテンツ・プロバイダー数の大きさがPF間競争上重要となるので，PF事業者はいち早くより多くの利用者を取り込む戦略をとる。その際，不公正な取引方法と思われるような排除行為が行われる可能性がある。

図9-2 直接ネットワーク効果と間接ネットワーク効果の図解

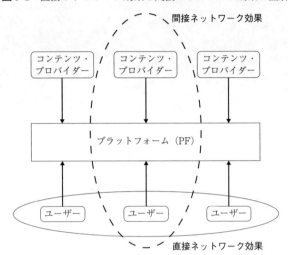

3. 事件の概要

3.1. 事件の背景

　ソーシャル・ゲームは従来のゲームとは異なる3つの特徴がある。第1に，ソーシャル・ネットワーキング・サービス（social networking service, 以下，「SNS」）を利用し，ユーザー間で情報交換が可能なことである。第2に，ゲーム専用端末を必要とせず携帯電話などから利用できることである。第3に，ソーシャル・ゲームは基本利用料金が無料であるがゲーム内の一部アイテムなどが有料であることである。

　ソーシャル・ゲーム市場は2007年以降，DeNAとグリーの2強を軸として急成長してきた。グリーは，「釣り☆スタ」を2007年にリリースしたところ，1,000万人以上の会員数を獲得した。また翌年には「探検ドリランド」や「ハコニワ」をヒットさせた。一方，DeNAは，2009年に「怪盗ロワイヤル」をはじめとするヒット作を次々とリリースし，各社のPFであるモバゲータウンやGREEに多数のユーザーが登録した。その結果，ソーシャル・ゲームにかかる売上額において2010年1月以降，DeNAは第1位，グリーは第2位となった。

ユーザーにとって重要なことは，1つのPFからより多くの魅力的なソーシャル・ゲームが利用可能となることである。従来，DeNAやグリーは，自社でソーシャル・ゲームの開発を行ってきたが，2010年にAPIを公開することによって提携パートナーであるSAPからのソーシャル・ゲームの提供を容易にした。SAPはソーシャル・ゲームの売上の一部をPF事業者に支払うことによって当該PFでソーシャル・ゲームを提供可能となる。より多くのユーザー数を獲得するため，PF事業者はより多くのSAPをいち早く自社PFに取り込もうとしていた。

SAPにとって重要なことは，各PFにおいてユーザーが自社のソーシャル・ゲームにアクセスしやすくすることである。ソーシャル・ゲームはモバゲータウンやGREEなどのPFを介して提供される。そのためユーザーはPFにまずアクセスし，PF上に貼られた各ソーシャル・ゲームへアクセス可能なリンクを辿ることで各ソーシャル・ゲームを利用する。PF上には多数のソーシャル・ゲームが存在するが，あるソーシャル・ゲームがPF事業者の「イチオシゲーム」や「カテゴリ検索」などに掲載されるとユーザーの目を引くことが可能になる。従って，PF事業者の「イチオシゲーム」や「カテゴリ検索」などに掲載されるか否かが当該ゲームのユーザー数に大きな影響を与える。

3.2. 事実の概要

DeNAは売上額において2010年1月以降，国内第1位の地位を占めており，多くのSAPにとってDeNAは重要な取引先となっていた。2010年7月頃，DeNAは，モバゲータウンにおける売上額が多いなど，ソーシャル・ゲームの提供において有力な事業者であると判断して選定したソーシャル・ゲーム提供事業者（以下，「特定SAP」という）に対し，グリーの運営するGREEを通じてソーシャル・ゲームを提供した場合に，当該特定SAPがモバゲータウンを通じて提供するソーシャル・ゲームのリンクをモバゲータウンのウェブサイトに掲載しないようにすることにより（以下，「リンク切り」），GREEを通じてソーシャル・ゲームを提供しないようにさせていた（以下，「本件行為」，図9-3）。

図 9-3　DeNA 事件の模式図

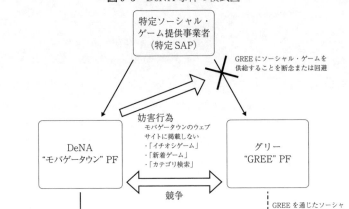

3.3. 命令要旨

　DeNA は，グリーと特定 SAP とのソーシャル・ゲームにかかる取引を不当に妨害していたものであって，この行為は，一般指定〔不公正な取引方法（昭和 57 年 6 月 18 日公正取引委員会告示第 15 号）〕14 項に該当し，独禁法 19 条の規定に違反する。

　公取委は，リンク切りにより，他の事業者の運営する携帯電話向け SNS を通じてソーシャル・ゲームを提供しないようにさせる行為を行わないことなどを命じた（確定）。

3.4. 大山農協事件との比較

　DeNA 事件と同様に，双方向市場における排除行為の事例として大山農協事件がある[3]。大山農協事件は，同農協が「木の花ガルテン」という農産物直売所を運営していたところ，株式会社元氣家が運営する農産物直売所「元氣の駅」が現れたため，直売用農産物の出荷について双方の農産物直売所に登録した農家に対し，「元氣の駅」に直売用農産物を出荷しないよう求めた，

3）　公取委命令 2009 年 12 月 10 日（2009 年（措）第 24 号）審決集 56 巻 2 号 79 頁〔大山農協事件〕。

というものである。大山農協は，双方出荷登録者に対し，元氣の駅に直売用農産物を出荷した場合には，木の花ガルテンへの直売用農産物の出荷を取りやめるよう申し入れていた。実際に，大山農協は双方出荷登録者に対して，当該双方出荷登録者が木の花ガルテンに出荷した直売用農産物を，木の花ガルテン各店舗において人目に付かない売場に移すなどの制裁措置を講じた。

　大山農協命令の行為と本件行為とは，独禁法の観点からは，いずれも，みずからが運営するPFを利用する者に対し他のPFを利用しないよう求めたという行為が問題となっている点で共通している。しかし，大山農協命令において公取委は，一般指定12項（拘束条件付取引）を適用して違反としたのに対し，本件命令においては，一般指定14項を適用して違反とした。すなわち，大山農協事件において公取委は，一般指定12項の適用にあたって，「元氣家は，元氣の駅を運営するために必要な量の直売用農産物を確保することが困難な状態となっており，近隣の青果市場を通じて直売用農産物でない農産物を仕入れざるを得なくなり，更には大山町の特産品である梅干しを目玉商品とする催事を中止せざるを得なくなるなど，元氣の駅の運営に支障を来している」と認定している。これに対し，本件命令において公取委は，DeNAからの「要請を受けた特定ソーシャル・ゲーム提供事業者の少なくとも過半について，GREEを通じて新たにソーシャル・ゲームを提供させることが困難となっていた」と認定するにとどまっており，GREEの運営に支障を来したことは認定されていない。このように，本件に対する排除措置命令では，大山農協事件の排除措置命令とは異なり，グリー（GREE）にとって「他に代わり得る取引先を容易に見いだすことができなくなるおそれがある」かどうかについて[4]，明確な認定はなされていない。この点が2つの事件の大きな相違点である。

　経済学的観点から，大山農協事件における行為と本件行為は，いずれも双方向的なPFの事業者による行為である点と，PFに対する需要を大きく左右する財の供給者の囲い込みである点の2点で共通している。DeNAはモバゲータウンを運営しゲーム・ユーザーがモバゲータウンに登録することで

4）　公取委「流通・取引慣行に関する独占禁止法上の指針」（1991年）によると，「競争者の取引の機会が減少し，他に代わり得る取引先を容易に見いだすことができなくなるおそれがある」場合に，公正競争阻害性の認定の根拠となる排除効果があるとされる。

SAP から提供されるソーシャル・ゲームをプレイでき，大山農協は木の花ガルテンを運営し消費者は木の花ガルテンに足を運ぶことで農家から提供される直売用農産物を購入できる。このように DeNA と大山農協はいずれも双方向的な PF を運営している。また，DeNA はソーシャル・ゲームの提供において有力な事業者であると思われる特定 SAP に対して，大山農協は目玉商品となる梅干し農家に対して，他の PF を利用しないよう求めた。いずれも PF に対する需要を高めるようなコンテンツの囲い込みであるといえる。これらの 2 点は事件の重要な特徴であるので，DeNA 事件と大山農協事件は類似事件とみなすことができる。

4. 法的論点の整理 [5]

本件の論点は，①適用法条として一般指定 14 項を用いたことは妥当か，②本件行為の公正競争阻害性の捉え方は適切か，に集約されると思われる。

4.1. 適用法条

①について否定的な論者は，14 項の行為要件が一般的かつ抽象的であるだけに，通常の正当な競争行為を萎縮させることのないよう，その適用は慎重でなければならず，その適用範囲は限定的でなければならないというものである。すなわち，14 項は，自由競争減殺型の行為を規制する場合と，競争手段の不公正さをもつ行為（いわゆる「不正手段型」）とを規制する場合の両方があることを前提としつつ，不正手段型を主たる適用対象とするものであるところ [6]，本件行為は，いわゆる「専売店契約」などと同様，取引社会において広範かつ頻繁に行われている通常の競争行為であって，14 項にかかる過去の先例（①物理的妨害（〔熊本魚事件〕[7]，②誹謗中傷〔ドライアイス仮処分事件〕[8]，③契約の奪取〔東京重機工業事件〕[9] など参照）に照らしても不正手段

---

5) この部分は，林（2013）をさらに発展させたものである。

6) 独占禁止法研究会報告「不公正な取引方法に関する基本的な考え方」（1982 年 7 月 8 日）第 1 部 2 （4）参照。

7) 熊本魚事件勧告審決 1960 年 2 月 9 日審決集 10 巻 17 頁。

8) 東京地決 2011 年 3 月 30 日（ウェストロー・ジャパンデータベースに収載〔ドライアイス仮処分事件〕）。

であるとはいえないから，仮に独禁法違反を問うにしても，14 項ではなく，排除効果の認定が必要な一般指定 2 項または同 12 項の適用を問題とすべきだとするものである。

　萌芽的市場への介入に対して，動学的競争の視点から懐疑的な見方がある。すなわち，ソーシャル・ゲーム市場がここ数年で急激に発展し，現在もなおその途上にあって変化の激しい状況の下では，本件行為のような特定 SAP の囲い込みを行うことは，通常の正当な競争行為であるという主張である。また，本件行為には，オープン化のために投入した投資資金を回収し，他社へのノウハウの流出を防止するという正当化理由（競争促進的理由）がありうるから，その点の吟味なしに，手段それ自体が不正であるとはただちにいえないというものである。

4.2. 公正競争阻害性

　適用法条として一般指定 14 項を用いたことは妥当かという論点は，公正競争阻害性の捉え方は適切か，という論点と密接にかかわる。本件行為は，2 項や 12 項による自由競争減殺から説明することも可能であった。しかし，公取委の説示するように，競争手段の不公正さから取引妨害の公正競争阻害性を説明することもできる[10]。むしろ，取引妨害の適用対象の射程を広げた本件の公取委の判断は積極的に評価してよい。以下，その理由を 4 点挙げることとしたい。

4.2.1. 一般条項としての取引妨害規制

　まず，「不当な取引妨害」における「競争手段の不公正さ」は，上記のような物理的妨害や誹謗中傷など，明らかに社会的に許容できないような手段が採られた場合に限られるものではない。「独禁研報告書」は，「社会的倫理的に非難に値する手段を用いて行う場合が多いが，反社会性・反倫理性のゆえに直ちに公正競争阻害性を有するといえるものではない。……その行為自体の有する目的・効果からみて，そのまま放置するなら，独占禁止法 1 条の目的で予定されていると考えられる価格・品質による競争が歪められ，また，

---

9)　東京重機工業事件勧告審決 1963 年 1 月 9 日審決集 11 巻 41 頁。

10)　なお，両者について，「実際上重なり，判然と区別することが困難な場合も多」いことを指摘する。根岸（2009）を参照。

220　　　　　　　　Ⅲ　私的独占・不公正な取引方法

顧客の商品選択を妨げるおそれがあるような行為」を取引妨害とみなしている [11]。すなわち，能率競争（価格・品質・サービスを中心とする競争）に反する行為であれば，一般条項として，不当な取引妨害規制の余地を広く認めたものと考えてよい。

4.2.2.　自由競争減殺効果を持つ取引妨害

　ソーシャル・ゲームの市場特性から，PF 事業で非常に有力な地位を有する DeNA が，グリーと特定 SAP がオープン化による新サービスを提供しようとする矢先にその機先を制するために行った本件行為には，自由競争を減殺する効果がある。

　ソーシャル・ゲームの主たる顧客獲得手段は，ウェブサイトの TOP ページあるいは第二階層などに設置されている，PF のゲームポータルサイトなどで，人気アプリランキングなどのリストに自社タイトルを掲載してもらうなどの，SNS・PF 側が発信する情報に由来するところが大きい。これは，SAP からすれば，間接ネットワーク効果がはたらくことを意味する。「新着ランキング」「イチオシ」などのコーナーに掲載することにより PF が提供する顧客誘引力は，ソーシャル・ゲームでは，サイト内のゲーム利用者から発信される情報の重要性と相まって [12]，SAP にとっても非常に顧客獲得効果が高い「導線」である。

　加えて，ユーザーの行動様式として，ユーザーはいったん入った PF に固定化されやすいという傾向をもつ。この行動様式は，ソーシャル・ゲームの特性から生じる。すなわち，ソーシャル・ゲームは通常のゲームと違ってユーザー間のつながりを生じさせるために PF を乗り換えることに伴う心理的抵抗を高める。またアイテムを得るために購入するポイントや仮想通貨などは，他の PF には原則として移行できない。であるがゆえに，本件行為のように最大手 PF による特定 SAP の囲い込みによる市場閉鎖効果はそれだけ大きくなる。

　以上のように，SAP とのソーシャル・ゲーム料金回収代行取引の拡大を

---

　11)　田中編（1982）106 頁を参照。

　12)　通常，ゲーム会社は，自社ゲームタイトルの販売促進をするにあたり，ユーザーに対して供給者主導型のプロモーションコストを要する。しかし，ソーシャル・ゲームの場合，ユーザー間のコミュニケーション作用をきっかけとする，いわばユーザー主導型のプロモーション作用がはたらく。

通じて当該 SAP の抱えるキラーコンテンツ（ゲーム）を囲い込むことができればできるほど，対ユーザー取引（仮想通貨の購入など）で有利になるという特色（双方向性）を有する。したがって，対 SAP 市場の閉鎖性を緩和しないと，対ユーザー市場における競争が活性化しない。本件行為は，対 SAP 市場で行われたとしても，対ユーザー市場で排除効果を生むおそれがある。なお，この場合の競争減殺効果は排除された者のシェアの減少といった吟味は必要としない。公正競争阻害性のレベルであれば，被排除者が競争的行動をとる上で費用などのハンディキャップが生じるという意味で排除されていれば，競争減殺効果としては十分と考えられる。

4.2.3. 商品選択の自由を阻害する取引妨害

グリーと特定 SAP は，API の公開等による PF のオープン化によって，特定 SAP の提供するゲームのユーザーを獲得しようとした。PF のオープン化により，ソーシャル・ゲーム市場に多種多様なゲームタイトルが投入され，ソーシャル・ゲームの供給量は質・量ともに急激に拡大した。しかし，本件行為によって，少なからぬ特定 SAP が GREE を通じたゲーム・ユーザーへのサービス提供を断念し，結果としてユーザーも不利益を被っていると解される。すなわち，本件行為がなければ，SAP 間の自由な競争が行われ，ユーザーもその自由な選択によって GREE を通じてゲームを利用できたはずである。しかし，DeNA によるリンク切りによってそれができなくなっている。要するに，本件行為はユーザーの商品・役務の選択の自由（囲い込まれた特定 SAP のゲームに強い選好をもつ少なからぬユーザーの GREE 上でプレイしたいという選択の機会）を妨げるおそれのある競争手段であり，PF サービスの価格・品質・サービスを中心とする競争（能率競争）の観点からみて手段として不公正である。

4.2.4. 優越的地位の濫用としての取引妨害

本件の担当官解説（大胡ほか 2011）では，本件行為は，「特定ソーシャル・ゲーム提供事業者の自由な意思決定を阻害し，取引先選択の自由を侵害する」（94 頁）とされている。命令によれば，多くの SAP にとって DeNA は重要な取引先となっていたとあり，担当官解説は，「特定ソーシャル・ゲーム提供事業者は，DeNA からの要請を受け入れないと，上記手段を採られることにより，モバゲータウンにおける売り上げが大幅に減少することを

恐れ，多くの事業者が当該要請を受け入れた」としている。これは，「乙にとって甲との取引の継続が困難になることが事業経営上大きな支障を来すため，甲が乙にとって著しく不利益な要請などを行っても，乙がこれを受け入れざるを得ない」関係とみる優越的地位の濫用ガイドラインの見方と親和的である（甲が DeNA，乙が特定 SAP であると想定する）[13]。それゆえ，本件は，特定 SAP に対する DeNA の優越的地位の濫用という側面もあったのではないかとも解される。もちろん本件では，優越的地位の濫用で問題となるようなタテ（取引当事者間）の関係が直接問題となったのではなく，ヨコ（競争事業者間）の競争が阻害されることが問題にされており，その意味で，優越的地位の濫用規制とは反競争効果の局面が異なる。ただし，本件は，特定 SAP に対して本件行為のような圧力をかけたことを通じて，後発 PF 事業者であるグリーのキャッチアップ競争を阻害しようとした点に，能率競争に反する競争手段であると評価できる。その意味で，本件行為の「競争手段の不公正さ」は，PF の SAP に対する取引上の地位の優越とも関係するのである。いずれにせよ，本件で公取委が手段として不当と考えたのは SAP に対する以上のような強圧性であろう。

　以上は，「ライバル企業の費用引上げ行為（raising rivals' costs）」論からも説明できる。グリーが DeNA の本件行為によってこれら有力な特定 SAP と取引できないということは，グリーが特定 SAP と取引するための費用を引き上げたということになる。あるいは，グリーが特定 SAP と取引するために新たに高額な金銭的支援を行う必要があるかもしれず，それも本件行為によって新たに発生したライバル費用と考えることができる。このように，DeNA の本件行為は，ライバルであるグリーのキャッチアップ競争のための費用を著しく引き上げたとみることもできる。

　担当官解説では，本件の重点は本件行為の実効性確保手段（リンク切り）が競争手段として不正であったため，本件命令の主文も当該手段に限定して設計されたとしている（同95頁第2の2）。ちなみに，本件行為と同種の行為を扱った大山農協事件の主文では，本件のようにリンク切りに限定した主文とはなっておらず，農業者が他の農産物直売所と取引しないようにさせることそれ自体を禁止しており，両者の違いが際立っている。この点を捉えて，

　13）　公取委「優越的地位の濫用に関する独占禁止法上の考え方」（2010年11月30日）第2。

両者間で一般指定 14 項と 12 項に適用が分かれたと解することには一定の説得力がある。たしかに一般論としては，ソーシャル・ゲームのような人気の浮き沈みが激しく，将来を取り巻く状況の不確実性がきわめて大きいような市場では，大山農協事件の命令のような包括的な行為禁止命令をすることには躊躇があったのかもしれない。

5. 経済学的論点の整理

　2000 年代より双方向市場に関する経済学的分析が盛んに行われており，それらの研究成果を踏まえて本件を検討する[14]。経済学的にみて，（1）SAP に対する手数料は上昇するのか，（2）潜在的 PF 事業者の参入が困難になるのか，（3）ゲーム・ユーザーの余剰が減少するのか，（4）開発支援によって SAP 間の競争が促進されるのか，の 4 つの論点がある。排除措置命令書から個々の論点を定量的に評価することができないので推測の域を出ないが，結論として公取委の判断は妥当であったように思われる。以下では，4 つの論点についてそれぞれ考察する。

5.1. ソーシャル・ゲーム提供事業者に対する手数料への影響

　本件行為は対 SAP 市場において市場支配力を強め，SAP に課される手数料水準の低下を妨げることになる。多数のユーザーが利用する PF では間接ネットワーク効果が大きく，DeNA は多数のユーザーが利用するモバゲータウンを有している。そのためモバゲータウンには間接ネットワーク効果が大きく，モバゲータウンに対してソーシャル・ゲームを主に提供する SAP の他の PF へ乗り換える費用が大きくなる。つまり，本件行為によってモバゲータウンにゲームを提供する SAP は GREE へのゲーム提供が困難になるので，モバゲータウンから別の PF へ乗り換える費用をより大きくさせることになる。これによって，DeNA は高水準の手数料を課すことができるため，本件行為によって対 SAP 市場での市場支配力が強まるといえる[15]。本

14）　双方向市場に関する経済分析のサーベイとして Evans and Schmalensee（2015）がある。

15）　ただし，手数料をあまりにも高く設定し SAP 数が大きく減少するとユーザー数も減少するので，あまりに高水準な手数料とはならない。このように，PF 事業者がネットワーク効果を考慮して価格設定を行うことは Armstrong（2006）で理論的に示されている。

件と類似事件である大山農協事件では排除措置命令書に出荷手数料の違いが掲載されており，市場支配力をもち排除行為を行った大山農協のほうが高く，元氣の駅との手数料に差がある。

5.2. プラットフォーム事業への参入の可能性

排除行為には PF 間競争を長期的に促進する可能性がありうる。排除行為による長期的な競争促進効果を示した研究に Lee（2013）がある。Lee（2013）は 2000 年から 2005 年までのアメリカのビデオゲーム市場に関するソフトウェアとハードウェアの売上データを用いて，ハードによるソフトの独占供給契約がハード間動学的競争にどのような影響を与えるのかソフトの異質性を考慮して実証分析を行った。規模の小さい PF 事業者がハード需要を高める質の高いソフトの独占供給契約を結ぶと，市場に存続可能となり PF 間競争が促進されることを明らかにしている。

しかしながら，モバゲータウンは規模が大きく，また DeNA による囲い込みは特定 SAP の囲い込みであるため，本件行為が Lee（2013）で示唆された長期的な PF 間競争を促進する効果を有するとは限らない。本件と類似事件である大山農協事件では大山町の特産品である梅干し出荷事業者が囲い込まれた。元氣の駅は「特産品である梅干しを目玉商品とする催事を中止せざるを得なくなるなど元氣の駅の運営に支障を来している」と排除措置命令書にて事実認定され，供給数の限られているキラーコンテンツの囲い込みが PF 事業者の新規参入を困難にさせたと考えられる。DeNA はモバゲータウンにおける売上高が多いなどソーシャル・ゲームの提供において有力事業者を選定した上で，これらの事業者に対して本件行為を行っていた。また多くの SAP にとって DeNA は重要な取引先であり，実際に DeNA は主要 PF 事業者として比較的シェアが大きい。したがって，DeNA による特定 SAP の囲い込みが長期的な競争促進効果を有するとは考えにくい。

5.3. 囲い込みによるゲーム・ユーザーの余剰への影響

ソーシャル・ゲーム市場では，ユーザーは単一の PF のみ利用可能と捉えることが適当であると思われる。ソーシャル・ゲームの利用登録料は無料であるためユーザーは複数の PF を容易に利用することができる。しかし，複

数の PF で同じソーシャル・ゲームが提供されているとしても PF 間でのユーザー情報の互換性がない。つまり，ある PF でソーシャル・ゲームを始めると，各ユーザーが獲得したアイテムや他のゲーム利用者との関係などのデータを他の PF に引き継いで利用することができない。さらに，ヘビー・ユーザー間では SNS を通じて頻繁に情報交換するため，直接ネットワーク効果が生じているであろう。したがって，ユーザーは複数の PF を利用可能であったとしても同一のゲームで複数の PF を利用することが困難であると考えられる。

　ユーザーが単一の PF のみ利用可能な状況では，本件行為には GREE ユーザーの余剰を損ねる効果がある。本件行為は DeNA に提供しているソーシャル・ゲームをグリーに提供しないようにすることである。そのため，モバゲータウンのユーザーにとって利用可能なゲーム数が増加するわけでも減少するわけでもない。よって，本件行為のモバゲータウンのユーザーへの影響はない。しかしながら，本件行為によってグリーに提供するゲーム数が減少する。とくに，DeNA は特定 SAP に対してグリーへのゲーム提供をやめるよう要請している。これは GREE のユーザーにとって質の高いゲーム数の減少を意味する。GREE のユーザーにとって利用可能なゲームの質と数の減少となるので，GREE ユーザーの余剰が損なわれる。

5.4. 開発支援による競争促進効果

　DeNA 事件の排除措置命令書において「今後，GREE を通じて新たにソーシャル・ゲームを提供しないこととした場合にはソーシャル・ゲームの開発又は提供について支援を行う」として囲い込みの対価となる SAP へのゲーム開発支援が事実認定されている [16]。この開発支援には SAP 間競争を促進する可能性がある。しかしながら，これらの競争促進効果が大きいと推測しがたい。

　DeNA はソーシャル・ゲームの開発ノウハウを有しているため，DeNA による SAP への開発支援は SAP 間の静学的競争と動学的競争を促進する可能性がある。ソーシャル・ゲームは PF を介して提供されるため PF 事業

---

16) 担当官解説（大胡ほか 2011）では DeNA のソーシャル・ゲーム開発支援について触れておらず，どのくらい開発支援があったのか定かではない。

者はユーザー情報を得やすい。DeNA は PF に集まるユーザー情報にもとづいた開発支援を行うことができる。このような開発支援によって SAP はユーザーの選好に応じたソーシャル・ゲームの提供が可能になり，ゲームの質に関する SAP 間の競争が促進されると考えられる。また，ソーシャル・ゲームの開発ノウハウを有する DeNA による開発支援があれば，開発や運営ノウハウが不十分な新規 SAP は参入が容易になる。

しかしながら，これらの競争促進効果が大きいとは推測しがたい。本件行為の主な対象者は特定 SAP であり，特定 SAP の提供するゲームはモバゲータウンにおける売上高が多い。それゆえ，ソーシャル・ゲームの開発ノウハウを既に有していると思われる。開発ノウハウを有している SAP に対して，さらなる開発支援を行ってもその効果が大きいとは考えにくい。また，DeNA による開発支援があれば，新規 SAP であっても容易にヒット作を提供できるものではない。ソーシャル・ゲームは多数のユーザーを獲得すると，直接ネットワーク効果が働くためさらなるユーザーを獲得できる。そのためヒット作となるためにはゲーム提供初期段階でいかにユーザーを獲得するかが鍵となる。ゲーム提供初期段階では周知・広告こそ重要であり，開発支援があるから SAP の新規参入が促進されるとは考えにくい。

5.5. 小　括

経済学的にみて，本件行為には PF 間競争阻害と GREE ユーザーの選択を狭めることによる余剰損失だけでなく，開発支援による SAP 間競争を促進する効果も考えられた。しかし，本件行為の競争促進効果が大きいと推測されず，結論として公取委の判断は妥当であったと思われる。極めて急速に変化する双方向市場での排除行為に対する公取委の早期介入は評価に値する。

しかしながら，公取委が動学的競争の観点から本件行為をどこまで検討したのか疑問が残る[17]。ネットワーク効果が大きい双方向市場は急速に拡大し独占化する傾向にあるため，市場が萌芽的段階ではコスト割れであってもサービスを拡充し，より多くの消費者と生産者の獲得を行う可能性がある。ネットワーク効果が大きいので競合他社よりわずかでも大きなシェアを獲得

17）DeNA が開発支援を行うことを通告したものの実際に開発支援が行われていなかったため公取委が検討に値しないと判断した可能性は否定できない。

すればシェアの差が拡張されることがあり，将来の利潤獲得機会が見込める。そのため短期的には非合理的な行動が長期的には合理的となりうる。それと同時に市場のパイを拡張させようと，利用者の利便性を追求するようなイノベーションを活発にさせうる。したがって，より多くの消費者と生産者の獲得を意図する戦略は短期的な競争制限効果と長期的な競争促進効果をもち，2つの相反する効果を比較考慮する必要がある。

　ネットワーク効果が大きい双方向市場における排除行為の短期的な競争制限効果と長期的な競争促進効果を比較衡量する際には経済分析が必要となる。市場が急速に拡大する段階において排除行為が行われると，たとえ排除行為による競争制限効果が大きくとも被害を被る事業者の利潤が市場拡大によって増加することがある。そのため競争制限効果が見かけ上，小さくなり，市場への介入が遅れる可能性がある。市場介入が遅れると，急速に市場は独占化してしまい，手遅れとなりうるので，公取委には不公正な手段に対して迅速な対応が求められる。競争制限効果と競争促進効果を的確に判断し，市場への介入時期を見極めるために経済分析を活用する必要がある。

6.　おわりに

　DeNA 事件では，問題となった囲い込みによりネットワーク効果によって増加したコンテンツとユーザーがとどまることを通じて，①コンテンツの増加や質の向上につながる，②ユーザー数の増加につながる，③ PF の価値を高める，④取引コストの低下につながる（「囲い込み」により PF 上にコンテンツが集約されることで，ユーザーの取引コストの低下につながる）といった場合もある。このことから，PF による「囲い込み」は，PF 以外の事業者による囲い込みと比べて独禁法上正当と認められる場合もあるのではないかとか，たとえば，PF による「囲い込み」の正当性として，ゲーム開発段階で PF 事業者がコンテンツ・プロバイダーにノウハウや情報を提供することによりゲームが制作された場合，そのゲームを他 PF 事業者に提供するのは，PF 事業者の利益に相反するとして，コンテンツ・プロバイダーを囲い込むことは許容されるのではないかといった点について経済学的知見を織り交ぜて今後周到に吟味する必要があろう。

PF は，これまで述べたとおり，双方向市場における複数の顧客グループの中間に位置するものであり，一方の顧客グループとの取引の増加が他方の顧客グループの取引をも増加させるという間接ネットワーク効果が働くものである。このことから，PF については，間接ネットワーク効果を内部化して社会厚生を改善する可能性がある一方で，その間接ネットワーク効果により寡占的ないし独占的となる傾向がある。このため，本件のような PF 事業については，その競争法上の規律が問題となったのである。

PF が双方向市場を成立させるものであることは，PF 事業に関し競争法の見地から評価する際に特有の困難を惹起する。たとえば，PF 事業者による一方の顧客グループに対する価格設定を単独で評価しても，それは双方向の顧客グループに対し同時に行う価格設定の一部分のみを捉え一面的に評価してしまうことになってしまう。PF 事業者を当事者の一方とする囲い込みも，その競争への影響を十全に評価するには，双方向の顧客グループを包括的に捉えて行わなければならない。本章で検討した DeNA 事件はそのことを如実に物語るものである。

参考文献

大胡勝・今野敦志・増田達郎（2011）「株式会社ディー・エヌ・エーに対する排除措置命令について」公正取引 733 号，91-96 頁。

岡田羊祐・林秀弥編（2014）『クラウド産業論』勁草書房，第 2 章・第 3 章。

曽我部真裕・林秀弥・栗田昌裕（2016）『情報法概説』弘文堂。

田中寿編（1982）『不公正な取引方法―新一般指定の解説―（別冊 NBL）』商事法務。

根岸哲（2009）「一般指定 15 項の競争者に対する取引妨害の公正競争阻害性―公取委審判審決平成 21・2・16―」ジュリスト 1378 号，171 頁。

林秀弥（2013）「双方向市場における公正競争阻害性―プラットフォーム事業者による取引妨害事件―公取委排除措置命令平成 28・6・9」ジュリスト 1451 号，96-99 頁。

Armstrong, M. (2006) "Competition in Two-Sided Markets," *RAND Journal of Economics* 37, 668-691.

Evans, D. and R. Schmalensee (2015) "The Antitrust Analysis of Multi-Sided Platform Business," in R. Blair and D. Sokol eds., *The Oxford Handbook of International Antitrust Economics* Vol. 1, Oxford University Press.

Hagiu, A. and J. Wright (2015) "Multi-Sided Platforms," *International Journal of Industrial Organization* 43, 162-174.

Lee, R. (2013) "Vertical Integration and Exclusivity in Platform and Two-Sided Markets," *American Economic Review* 103, 2960-3000.

第**10**章

再販売価格の拘束と公正競争阻害性
ハマナカ事件・アディダス事件
土井教之・中川晶比兒

1. はじめに

再販売価格の拘束（以下，「再販」）は，日本では不公正な取引方法に該当する行為として禁止されている。2009年の独禁法改正により，再販が課徴金対象類型となったのは，不公正な取引方法の中でも特に規制すべき行為と位置付けられてきたからである。再販は「原則違法」類型とされてきた。それは，違反を立証する側（典型的には公取委）にとっては，独禁法2条9項4号に書かれた要件のうち，「正当な理由」以外の要件の充足さえ立証すれば，競争に対して悪影響を持つことが推定されることを意味する。競争にどのような悪影響を与えるのかを個別事件ごとに立証する必要はない。このような規制態度の背景には，従前の審判決例において違反事例が最も多かったことから，他の非価格制限（拘束条件付取引）とは区別して規制すべきだと考えられた経緯がある（これが一般指定の1982年改正の背景であった）。また，諸外国も（米国を除いて）基本的にこのような立場である[1]。しかしながら，近年では流通業者の集中度が高まっており，メーカーが強かった時代に策定された「流通・取引慣行に関する独占禁止法上の指針」（以下，「流通取引慣行ガイ

---

1) 例えばドイツの連邦カルテル庁は，最近数年間で少なくとも5社の再販メーカーに対して制裁金を課している。名宛人にはマットレスメーカー3社，ポータブルナビゲーションシステムメーカー1社，さらにはLEGOが含まれる。最近の傾向につきSchöning（2015）を参照。

ドライン』）の見直しが日本では始まっている。同じく課徴金対象類型とされた不当廉売や優越的地位の濫用においては，法学者は経済分析とも対話をしながら，違反要件の洗練化を行い，規制範囲を適切な領域に限定することを少なくとも理論上は受け入れてきた。これに比べると，再販がどのようなメカニズムで価格競争に悪影響を与えるかという問題は，なお未解明の部分が残っている。

　本章で扱う 2 つの事件は，いずれも小売価格の下限について自由な価格設定を制限する最低価格再販を規制したものである。ハマナカは，2008 年の公取委による排除措置命令を不服として審判請求を行ったが，審決ではハマナカの行為が独禁法に違反するとされ，その取消訴訟（東京高裁）でも 2011 年の判決で公取委審決が維持された。アディダス事件は 2009 年改正後の事件であり，2012 年に公取委は再販行為をやめること等を命じる排除措置命令を下した。

2.　ハマナカ事件 [2]

2.1.　事実の概要

　ハマナカは，手芸手編み糸の販売業者であり，同社の販売するハマナカ毛糸は，他の手芸手編み糸に比して知名度が高く，一般消費者には，ハマナカ毛糸を指名して購入する者が少なくない。このため，ハマナカ毛糸は，手芸手編み糸を取り扱う小売業者にとって品ぞろえに加えておくことが重要な商品となっている。ハマナカは，ハマナカ毛糸について，「標準価格」（希望小売価格）を定め，小売業者に周知している。

　ハマナカは，かねてから，ハマナカ毛糸を安く販売する小売店に対して周辺の小売業者から苦情が寄せられた場合に，安売りをやめるよう申し入れをするなどして，個別に対応していた。2005 年 7 月ころに大手の小売業者であるユザワヤが大阪市に出店した際，「オープン記念セール」としてハマナカ毛糸の一部を標準価格の 40〜50％ 引きで販売したところ，周辺の小売業者から極端な安売りをされると経営が成り立たないといった苦情がハマナカに寄せられた。そこでハマナカは，ハマナカ毛糸の「値引き限度価格」を，

---

2)　東京高判平成 23 年 4 月 22 日審決集 58 巻第 2 分冊 1 頁。

玉単位で標準価格の 10% 引き，袋単位で標準価格の 20% 引きと定め，同年
9 月以降，安売り店にこれを受け入れるよう個別に申し入れてきた。

　ユザワヤは，ハマナカからの再三にわたる申し入れの結果，「他の小売業
者にも値引き限度価格以上の価格で販売させるようにすることを条件とし
て」，値引き限度価格以上の価格で販売した。そこでハマナカは，値引き限
度価格を下回る価格で販売している他の事業者についても同様の申し入れを
した。値引き限度価格以上での販売に応じなかった 2 つの小売店に対しては，
出荷停止によって値引き限度価格以上の販売を受け入れさせた。ハマナカに
は，インターネット小売業者（以下，「ネット販売業者」）に対する安売りの苦
情も寄せられたことから，同社はネット経由の販売でも値引き限度価格以上
の価格で販売させる方針を決めた。安売り事業者を含む一部のネット販売業
者（当時存在したネット販売業者 53 社のうち少なくとも 15 社）に対して値引き限
度価格以上の価格で販売するよう申し入れるとともに，卸売業者に対しても
取引先ネット販売業者に対して同内容の申し入れをさせた。

　小売業者のうちで，イオンは申し入れに応じなかったことから，ハマナカ
は，イオンの約 150 店舗のうち約半数の店舗においてハマナカ毛糸をすべて
買い上げるとともに，一次卸売業者に対しイオンの仕入れ先二次卸への出荷
を停止させた。その結果，イオンは見切り品及び廃番品以外のハマナカ毛糸
を取り扱えなくなった。

　以上の行為の結果，小売業者（ネット販売業者を含む）は，ハマナカ毛糸を
おおむね値引き限度価格以上の価格で販売している。

2.2. 高裁判旨

2.2.1. 拘束の有無

　「イオンは，原告による買上げ及び出荷停止等を受けても，原告の要請
に従って販売価格を値引き限度価格以上に引き上げることはしなかった
ことが認められるが，……原告がイオンに対してハマナカ毛糸の出荷を
停止する措置を講じたため，イオンはハマナカ毛糸を従前と同様に販売
することができなくなり，……平成 20 年 1 月には，見切り品及び廃番
品以外のハマナカの毛糸を取り扱わなくなったのであり，このことは他
の小売業者に対しても『見せしめ』的な効果をもつことは明らかである

232　　　Ⅲ　私的独占・不公正な取引方法

から，原告が値引き限度価格を実効性をもって維持させているとの認定
は左右されない。」

2. 2. 2.　正当な理由

　原告は，正当な理由について次のように主張した。「手芸手編み業界は，
中小の小売業者の店員等が消費者に編み方の指導等をし，手芸手編み糸を販
売することにより成り立っている。」「ところが，大手の小売業者や量販店が
ハマナカ毛糸について大幅な値引きをして販売をするようになったため，消
費者は，中小の小売業者等の指導により編み方を習得した後，大手小売業者
等から安い手芸手編み糸を購入するようになり，その結果，中小の小売業者
の中には，適正な利益の確保が困難になり，倒産，廃業する店が増加してき
た。」「原告は，多数の中小の小売業者が値引き競争のために経営が苦しくな
り，値引き限度価格以上の価格での販売を希望したため，大多数の中小の小
売業者が生き残れるようにし，産業としての，文化としての手芸手編み業を
維持し，手芸手編み業界全体を守るため，小売業者に対して値引き限度価格
以上の価格で販売するように条件を付けてハマナカ毛糸を供給する等したも
のである。」「中小小売業者の生き残りを図るという部分は国民経済の民主的
で健全な発展を促進するという独占禁止法の目的に，産業としての，文化と
しての手芸手編み業を維持するという部分は，一般消費者の利益を確保する
という独占禁止法の目的に，それぞれ合致するものであり，本件行為には，
……正当な理由がある」。

　「しかしながら，……『正当な理由』は，公正な競争秩序維持の観点から，
当該拘束条件が相手方の事業活動における自由な競争を阻害するおそれがな
いことをいう。」「原告の主張する目的のうち，中小小売業者の生き残りを図
るという部分は，中小小売業者が自由な価格競争をしないことで生き残りを
図るというのであるから，公正かつ自由な競争秩序維持の見地からみて正当
性がないことは明らかであり，国民経済の民主的で健全な発展の促進という
独占禁止法の目的に沿うともいえない。また，原告の主張する目的のうち，
産業としての，文化としての手芸手編み業を維持するという部分は，一般的
にみて保護に値する価値とはいえるものの，それが一般消費者の利益を確保
するという独占禁止法の目的と直接関係するとはいえない上，同法23条の
指定も受けていない商品について，上記の目的達成のために相手方の事業活

動における自由な競争を阻害することが明らかな本件行為という手段を採ることが，必要かつ相当であるとはいえない。

よって，本件行為に一般指定12項の正当な理由があるとはいえない。」

3.　アディダスジャパン事件 [3]

アディダスジャパン（以下，「アディダス」）は2009年2月に「イージートーン」を発売開始した。この商品はトーニングシューズ（靴底の形状や靴内部の素材によって筋肉に負荷が掛かる仕組みを採用したもの）に分類され，2010年3月及び9月に行ったアディダスのテレビコマーシャル等の効果により，市場が拡大している。なかでも同社のイージートーンは，一般消費者の認知度が高く，一般消費者のなかにはイージートーンを指名して購入する者が少なくないことから，品ぞろえに加えることが重要な商品となっていた。

アディダスは，イージートーンの発売当初から，希望小売価格から10％引きの価格を値引き限度価格と定めて，その価格以上で販売するよう要請していたが，人気が高まるにつれて，安売り店に対する他の小売業者からの苦情がアディダスに寄せられるようになった。

そこでアディダスは，遅くとも2010年3月下旬以降，値引き限度価格以上の価格で販売するように要請し，要請に従わない場合には出荷停止や在庫を返品させるなどの措置をとった。さらに2010年11月以降に発売するモデルについては，希望小売価格からの一切の値引きを認めず，同様の要請及び措置をとった。

本件行為により小売業者はおおむねアディダスの要請に従った価格で販売していた。

4.　法的論点の整理

2件の事件はいずれも単独のメーカーによる再販の事件である。どのような行為が独禁法の禁止する再販に当たるかは，独禁法2条9項4号に定め

3）　アディダスジャパン（株）に対する件・排除措置命令平成24年3月2日審決集58巻第1分冊284頁。

られている。すなわち，（ア）正当な理由がないのに（イ）再販売価格の
自由な決定を拘束すること，が違法な再販にあたる。従って，通常争点と
されるのも，「拘束」があるか否か，「正当な理由」があるか否か，の2点で
ある。

4.1. 拘束（行為）

4.1.1. 拘束の認定

再販売価格の拘束が認められるためには，「必ずしもその取引条件に従う
ことが契約上の義務として定められていることを要せず，それに従わない場
合には経済上何らかの不利益を伴うことにより現実にその実効性が確保され
ていれば足りる」（ハマナカ審決）というのが通説判例である。再販の実効性
を確保する手段には飴とムチの両方がありうるが，そのような分類が常にで
きるわけではない。小売業者が喜んで応じている場合にも拘束があると言わ
ざるを得ない[4]が，この場合に飴かムチかを問う実益はない。要請に応じ
ていれば，拘束を認めるに十分である。2つの事件に共通する実効性確保手
段は，出荷停止である。ハマナカ事件では，ユザワヤが他の小売業者にも値
引き限度価格を受け入れさせることを条件に，再販を受け入れたことが認定
されている。ハマナカが再販体制へ移行した契機に，特定の小売業者の発言
力があったことが明らかにされているという点で，興味深い事案と言えよう
（なお後出注7を参照）。

4.1.2. 拘束の実効性と見せしめ

すべての小売業者がメーカーによる小売価格の指定に従っていなくても，
再販は実行可能である。全体として（公取委の表現を使えば「おおむね」）再販
が実行可能である限り，個別に従っていない小売業者がいても，拘束要件の
充足は否定されない。ハマナカ事件で，結局のところハマナカの要請に従わ
なかったイオンについて，審決は，大勢に影響のない抵抗があっても拘束は
否定されないとした。他方，東京高裁はさらに踏み込んで，イオンに対する
措置が他の小売業者に対する見せしめ的効果を持つとした。

---

4) コールマンジャパン（株）に対する件（排除措置命令平成28年6月15日）は，メーカー
が，下限価格の遵守を小売業者に要請し，小売業者からそれに従う旨の「同意」を得ること
をもって拘束を認定する一方，同意した小売業者の逸脱へのメーカーの対処は，「実施状況
等」として分けて論じる。

第 10 章　再販売価格の拘束と公正競争阻害性　　235

　課徴金規定がない時代には，拘束の有無の認定とは，結局のところ，再販破りが横行するほど実効性が弱くないことを確認すれば足りる。しかしながら今後，課徴金規定の適用を考える状況（繰り返し違反行為の場合である，独禁法 20 条の 5 ただし書）が仮にあるとすれば，拘束が実効性を持たなかった流通業者向けの売上高を課徴金対象から外す必要が生じる。見せしめにされたイオンに対する拘束の有無が争点となり，被審人側は再販破りをしていた流通業者の存在を立証しなければならない。

4.2.　正当な理由

4.2.1.　原則違法

　独禁法 2 条 9 項 4 号の定義規定にある「正当な理由がないのに」は，再販が原則違法であることを示す文言とされ，他の要件（すなわち再販売価格の拘束）を満たせば，反競争効果（自由な競争を阻害するおそれ）を持つことが事実上推定される。従って，再販が競争にどのような態様で悪影響を及ぼすかを，公取委・原告側が個別事件で具体的に立証することなく，正当な理由の有無に争点が進む。ハマナカ事件において審決が，「ハマナカ毛糸の小売価格を維持させる本件行為が，小売業者間のハマナカ毛糸に係る価格競争を阻害するものであって，公正競争阻害性を有するものであることは，その性質上明らかというべきである。」としているのはその明確な表明である。

4.2.2.　正当な理由とその立証

　ハマナカ事件でハマナカは，中小の小売業者を安売りによる廃業から守るために再販が正当化されると主張した。独禁法が考慮する「正当な理由」はそれほど広範なわけではない。一般に，競争促進的な目的（市場取引を活発化させる目的）か，社会公共目的（何らかの法的要請を基盤に持つ妥当な目的）のいずれかが，正当な理由として認められるものとして挙げられる。ハマナカの主張はそのいずれについても正当な理由としての適格性を否定された[5]。もっとも，ハマナカの主張内容は，小売業者間のただ乗り（free riding）防止として，競争促進的な目的と立論することも可能だったかもしれない（本件

---

　5)　高裁判決は「産業としての，文化としての手芸手編み業を維持する」目的に一定の理解を示しているが，それは独禁法の外の，社会通念上の話であれば共感できるという趣旨にすぎない。法的な基礎付けを持たない以上，裁判所立法の形で正当な理由を認めることは忌避されよう。

でそれがもっともらしいか否かの検討は，後述5.3.2.を参照。）。しかし正当な理由として認められるためのハードルはなお高い。仮にハマナカの主張が目的において正当であったとしても，当該目的達成のために再販が必要であること（合目的性）も立証しなければならない。ハマナカ事件で値引き限度価格の設定された経緯を見る限り，再販価格の水準が，販売前サービスの供給体制を維持するために合理的な水準のマージンを確保するものだったとは考えにくい。また，販売前サービスを提供する業者にはリベートを与えるといった代替的手段が，再販よりも効果的でない（例えば努力水準の監視が難しいため）ということも示されていない。公取委は2015年に流通取引慣行ガイドラインを一部改正し，再販における正当な理由の例として，ただ乗り防止のみを明示的に挙げた。その文言を見る限り，どこまで広くただ乗りの防止を正当な理由として認めるのかは，今後の運用に委ねられているようである。

4.2.3. 再販はどのようにして競争に悪影響を与えるか

再販が自由な競争に悪影響を与える理由は，（i）メーカー間のカルテルないし協調的価格設定の手段として使われること，（ii）流通業者間の価格競争の回避を支援する手段として使われること[6]，（iii）競合メーカーないし競合流通業者の事業活動を困難にする（競争を排除する）ために使われること，に求められる。しかし現行実務では，複数メーカーが横並びで再販を行っている場合を除き，個別事件がどれに当たるのかを論じることはない。というのも，通説判例では，当該ブランドに関する流通業者間の価格競争を制限すること（ブランド内競争制限）だけで競争に対する悪影響としては十分であると考えているからである。ブランド内競争制限は上記（i）〜（iii）のいずれとも整合的であり，かついずれのシナリオでも法的結論には差異が生じないため，論じる実益がないのである[7]。

上記（i）〜（iii）の説明には，法学の観点からしても，なお論じ尽くされていない部分が残る。（ii）の場合には，単独メーカーによる再販と複数メーカーによる再販の両方が考えられ，競争に与える影響は異なりうるが，そ

---

6) メーカーが小売業者間の価格競争回避を支援する場合，小売業者の団体と協議を経た場合を除き，メーカーが指定する小売価格は，小売業者間の共同利潤最大化価格とは必ずしも一致しない。その意味で小売業者間のカルテルと同視することはミスリーディングである。

7) 小売業者も違反者に加えるべき場合があることを主張するならば，実益が生じる。日本での学説状況につき，長谷川亜希子「判批」公正取引730号68頁（2011）を参照。

れらは分節化されていない。また，(i) と (ii) はどちらか一方しか成立せ
ず相互に排他的な関係にあるのか，両立しうるのか明らかにされていない。
流通業者間の価格競争を回避することが発端であったとしても，その要請を
受けたメーカーが，競合ブランドが追随的に値上げすることを期待して再販
を行うことはあり得よう。この場合には (i) と (ii) の両方が認められる。

　ブランド内競争制限をすれば，ブランド間競争も制限される（上記 (i) の
場合でなくても）という議論は古くから与えられてきたが，それは少なくと
も公取委実務を説明するものではない。2015 年の流通取引慣行ガイドライ
ン改正では，「垂直的制限行為に係る適法・違法性判断基準」という節が新
設された。垂直的制限の公正競争阻害性の判定に当たっては一般に，「ブラ
ンド間競争……の状況」「ブランド内競争……の状況」「垂直的制限行為を行
うメーカーの市場における地位」「対象となる流通業者……に及ぼす影響
（制限の程度・態様等）」「対象となる流通業者の数及び市場における地位」を
「総合的に考慮して判断する」としている。他方で再販について述べた節で
は，「再販売価格の拘束は，流通業者間の価格競争を減少・消滅させること
になることから，通常，競争阻害効果が大きく，原則として公正な競争を阻
害するおそれのある行為である。」と従来の立場を踏襲している。上記の
「総合的に考慮」で意図されているのは，再販がブランド間競争に与える
「影響」や「効果」を分析することではない。再販が行われているときに，
その市場環境として既に存在するブランド間競争の「状況」を見ることにす
ぎないから，これは公取委が事実認定として従来から行ってきたことである。
その意味で，新設された節は，再販の原則違法を改めて確認するものになっ
ている。

5. 経済学的観点からの考察

　本節は，係争となったハマナカ事件の法的判断について経済学の観点から
考察する。まず再販の経済理論及び当該分野の競争構造を簡単に整理・展望
したうえで，事件について企業の主張，審判決の判旨，事実認定などについ
て評価を試みる。

5. 1. 再販の経済分析——再販の厚生効果

経済学は多様な再販の効果を明らかにし，そして規制の変遷に影響を与えてきた。そこでまず，再販の経済分析を簡単に整理する[8]。なお，当該事件に関連して，メーカーが主導する最低価格再販（ないし値幅再販）を議論の対象とする。

再販は基本的には単独行動でブランド内競争の制限であるが，その効果は大きく経営効率の促進とメーカー間（ブランド間）の競争制限を含む。まず，再販は，通常指摘されるように，1）市場支配力が見られる製販両段階で利潤極大化から起こる「二重限界性」問題の回避，2）流通業者間で起こりうる「ただ乗り」問題（「ショールーム化」問題）を回避し販売前サービスを有効に行う方法，3）ブランド・イメージの維持と品質保証，4）在庫調整による需要の不確実性への有効な対処，5）価格の固定や継続的な取引による取引費用の削減など，経営効率を改善する効果を持ち，そしてまたその効果を基にしてブランド間競争を刺激する可能性を持つ[9]。その結果は経済厚生（以下，「厚生」）の改善である。

再販の厚生への全体的効果は上記の経営効率のみならずブランド間競争にも依存し，再販が当事者以外の企業の行動に与える影響を含む。とりわけ，厚生の悪化につながる競争制限効果が注目される。再販が競争制限を誘引するのは，1）市場での価格の透明性上昇，あるいは再販価格が業界の参照価格となり易いことなどにより，メーカー間で暗黙の共謀あるいはカルテルが成立する（支配的企業寡占の「単独効果」も含む），2）新規参入者も含む再販が，参入価格の引下げを阻止し既存企業を保護する，3）メーカー自身の製品差別化，あるいは他社に不利な差別的対応を小売業者に行わせることによって競争者や新規参入者を「締出す」，4）小売価格競争の制限によって製販両段階の効率・革新を阻害する，などの場合である。

以上から，再販の厚生効果は明快とは言えない。この複雑さに影響する主な要因を検討すると，まず，再販によるブランド内競争の制限は，各段階の競争者の反応によって必ずしも実現されるわけではない。例えば，競合メー

8）色々な議論を含む詳細な整理として，例えば Gundlach and Krotz（2015）参照。

9）その他に，再販が許容される理由としておとり廉売の防止が指摘されたこともある。

カーから競争圧力を受け，再販の実施・実効が困難な場合もある。逆に，複数企業が並行して再販を行う場合（マルチ再販），協調が成立し易いかもしれない。

つぎに，流通構造の性格も再販の実施に影響を与えるかもしれない。流通業者は，小規模小売店，スーパー，デパート，専門量販店，ネット販売業者，通販業者など，多様なチャネル業態から構成される（「マルチチャネル」）。この場合，再販への対応に業態間で利害対立が起こったり（チャネル間競争），チャネル間でただ乗りが起こる可能性がある。また，流通業者はしばしば同一製品について特定メーカーのみと取引する専売店ではなく，複数メーカーの製品を同時に販売する「併売店」である。このときも，小売店の対応は互いに異なる可能性がある。

最後に，競争制限効果と経営効率効果は互いに排除せず，併存する可能性を持つ。このとき，再販は「厚生トレードオフ問題」を含む。例えば，経営効率効果による厚生改善は競争制限による厚生悪化によって相殺されることもある。従って，両者の比較衡量が重要となる。

以上の考察から，再販は厚生の改善と悪化の両方の効果を含み，そして実施後の厚生は実施前に比べて増加も減少も起こる。加えて，産業・製品の特性・市場構造が再販の形成と効果に影響する。それ故，多くの経済分析は効果の比較衡量とケースバイケース接近の必要性を指摘する。また，経済分析を適切な法的ルールの策定・運用に適用するために，再販の形成と効果の厳密な考察が不可欠である。

しかし，多くの理論分析から導き出される多様な効果は実証的に十分に検証されていない。しかも，実証分析は理論分析とは対照的に極めて少ない。確認される事実は実施された再販事例における実施後の価格上昇である。これは再販の一次効果がブランド内競争の制限であるから予想どおりであるが，この事実から厚生の改善・悪化の判断は困難である。価格上昇は両方の厚生効果と整合的であるからである。

効果と経済分析の多様性は，近年の米国では，当然違法から合理の原則へ規制の転換を明言した Leegin 事件判決（2007年）[10] につながり，それ以降多くの再販の実施が見られる[11]。そうしたなかで，最近の研究に注目する

---

10) *Leegin Creative Leather Products, Inc., v. PSKS, Inc.*, 551 U.S. 877（2007）.

と，米国では，Baily and Leonard（2010）は，再販が価格に影響を与えなかったことを明らかにし，他方 MacKay and Smith（2014）は再販後に価格上昇と生産量低下が起こることを実証し，競争制限効果を支持する。欧州では，価格分析（ドイツ，フランス）や，再販の形成に影響を与える要因の効果分析（イギリス，スペイン）から，競争制限効果の可能性を指摘する研究がある（例えば Bonnet et al. 2013）。他方日本では，経済分析はこれまで理論でも実証でもきわめて少ない[12]。

また，再販は多様な効果や経済分析に特徴付けられることから，合理の原則の適用が望ましく，規制の策定・執行の際に考慮すべき諸要因やそれらの評価手順（考慮要因の優先順位，セーフ・ハーバーなど）が重要となる。こうした執行手続きについて経済分析は少なく，今後一層の分析が求められる。米国では，Leegin 事件判決以降の規制のテストケースと言われるコンタクトレンズ事件（現在係争中）の司法判断が注目される[13]。

5.2. 併売店に対する再販

再販の実施される分野の流通段階に注目すると，上で指摘したように，小売店はしばしば，競合する複数メーカーの製品を同時に扱う併売店となっている。こうした流通構造はほとんどの消費財で見られるものである。すると，再販に影響を与える産業特性の1つとして，併売店は固有の効果を持つかもしれない。

ここに注目したのが契約理論でいう common agency の役割を重視する interlocking relationships（重合的関係）論（例えば Rey and Vergé 2010）である。それによると，再販がなければ，ブランド内競争とブランド間競争が同時に働き，競争的結果が得られるが，再販が実施されると，メーカーは，

---

11) これを契機として再販を含めてマーケティングと競争政策の関係に注目が集まり，今後多くの実証分析が出てくるものと予想される。

12) 日本では，再販ではないが，他の垂直的制限行為において経営効率効果と競争制限効果の比較によって司法判断が分かれたことがある。化粧品販売に関連した資生堂東京販売事件と花王化粧品販売事件である。根岸哲「不公正取引 II─資生堂東京販売事件・花王化粧品販売事件判決，ソニー・コンピュータエンタテイメント審決─」（www.koutori-kyoukai.or.jp/research/201311negishi.pdf）参照。

13) Leegin 事件とコンタクトレンズ事件（複数の主要メーカーが再販売価格の拘束を実施。マルチ再販）については，詳しくは Elzinga and Mills（2014），Gundlach and krotz（2015）などを参照。

ブランド内競争だけでなくブランド間競争も回避し，高い価格・利潤を維持することができる。なぜなら，併売店は common agency に相当し，競合するブランドに対する調整手段（共通販売店）として機能するからである。このとき，メーカーは，小売価格が自社のマージンに与える効果のみならずライバルの小売マージンへの影響も考慮することができる。この可能性が大きいのは，相互の反応が分かり易い，高集中で市場の透明性がある場合である。この議論は，再販に対してより厳しい規制が望ましいことを示唆する。従って，併売店の機能を考慮しながら再販とブランド間競争の関係に注目することが重要である。

5.3. ハマナカの正当化理由の主張と審判決の経済分析

5.3.1. 毛糸産業の競争構造と再販

　ハマナカ事件の分析に入る前に，再販の形成と効果に影響すると思われる毛糸産業の市場構造を簡単に展望しておこう。まず，産業は，ハマナカが総合手芸糸メーカーとして最も大きなブランド力と4割程度のシェアを有する，寡占で，安定的な競争構造である。第2に，流通段階は，小零細規模の店から大型店まで多様で多数の小売業者を含み，しかもいずれも併売店の形態をとり，また毛糸以外の多数の商品も販売する。また，実店舗販売だけではなく，ネット販売やメーカー自身によるネット直販もあり，マルチチャネル型である。最後に，毛糸産業は需要の成熟した産業に該当する。

　こうした市場構造下で，ハマナカは，ネット販売業者も含めて，価格拘束を，その実効性を確保するための方法として出荷停止とともに実施した。再販実施の背景として，大手販売店の値引きに影響を受けた周辺の小零細小売店から苦情・不満を受け，その影響を配慮したことがと考えられる。再販は他社へのシグナルとして行われた可能性がある。その「シグナリング」効果は，1つはユザワヤと同様に値引きを行う他の大手販売店への警告（見せしめ）であり，もう1つは，大手業者への対応を行ったことを小零細小売店側に告知するものであろう。また，安定的な寡占構造を想起すると，競合メーカーに対して価格管理の意思を伝える効果も含むと理解できる。なお，本件はハマナカ単独の行為で，マルチ再販ではない。

5. 3. 2. ハマナカの主張と審判決の経済分析

　この事件では，先の厚生効果の議論から見ると，再販の経済的合理性を判断するために必要な要因のうち，ハマナカは，経営効率効果並びにブランド間競争への影響について主張していない。ここに係争上の特徴の1つがある。そのうえで，いくつかの問題について論及しよう。

(1) 再販行為と原則違法

　まず，日本では再販は原則として違法であり，従って法律的には再販の有無の認定が重要である。実施を当事者が認めるか，あるいは明白ないし実質的な証拠が存在するならば，現行ルールで判断する限り違法である。この場合具体的に，小売店側がハマナカの圧力に屈し値引きを要請の範囲内に戻しているという事実でもって，再販の結果価格が上昇ないし下げ止まりしたことを確認できる。しかも，ハマナカよりも企業規模が大きく，また社内での毛糸の取扱高比率が決して大きくないために行動の自由度，裁量性が本来大きいと思われるユザワヤなどがハマナカの要請を受け入れたことは，1つに，後者の影響力・支配力が大きいことを反映すると捉えることができる。

　単独メーカーが行う再販の場合に，ブランド間競争にどのような悪影響を与えるかは経済学においても十分な蓄積がない[14]が，本件ではハマナカが競合メーカーも追随的に値上げすることを期待して再販を実施したことが考えられ，ブランド間競争にも悪影響は及んでいるであろう。ブランド間競争にハマナカの言及がないことは，むしろ競争制限の可能性を暗黙に認めていることを示唆する。

　以上の事実からすれば，再販による競争制限が裏付けられることになる。上で示唆したように，このときの経済分析の役割が注目される。経済分析は，再販実施の実効性や厚生効果を理論的，実証的に明らかにすることを求められるが，これは今日求められている競争政策の事後評価に該当するであろう。

(2) 再販の経済合理性と経済分析

　ハマナカは，上記の事実を前に，審判・裁判において，1) 標準価格がほとんど拘束力を持たず，再販の実効がない，そして2) 再販は独禁法の「正当な理由」により正当化される，と主張する以外に抗弁の余地がなかったと言える。事実，そうした議論，すなわち「単に事業経営上の合理性，必要性

---

14) 詳しくは中川 (2016) を参照。

からではなく，大多数の中小の小売業者が生き残れるようにし，産業としての，文化としての手芸手編み業を維持し，手芸手編み業全体を守るためである」（公取委審決案 2010, 15 頁）と主張する。従って，再販の合理性を経営効率や競争促進に求めず，中小企業保護，文化など，経済効率・競争秩序とは異なる側面に求めた。

　ハマナカの審判・裁判請求は，広く再販の経済的合理性の考慮について問題提起したと見ることもできる。ハマナカの主張を受けて，審決・判決はともに再販の正当化について論及し，合理的根拠がないことを指摘する。しかし，経済学の視点から見る場合，経営効率効果と競争制限効果について厚生分析を行った上で判断が求められる。そこで，いくつかの問題を整理できる。

　第 1 に，単独による再販が，他のメーカーの対応など，産業内の競争に及ぼす影響を明らかにしなければならない。そのさい，毛糸産業の競争構造が重要である。しかし，ハマナカはブランド間競争について主張しているわけでもない。また，「単に事業経営上の合理性，必要性からではなく」と指摘し，再販の経営効率効果にも詳細に言及していないが，それは，経営効率効果がむしろ小さいことを認識していることを示唆する。

　第 2 に，ハマナカは，再販の論拠として小零細小売店の保護を主張するが，上記のとおり，小売店の経営は毛糸販売だけで成り立っているわけではない。また，他社の毛糸も扱っているので，ハマナカ毛糸だけで企業を保護することは難しい。そして何よりも，もし何らかの政策が必要であるとしても，中小業者保護は競争政策の範囲に入らず，別の経済政策の範疇に属するものである。

　第 3 に，ハマナカは「文化としての手芸手編み」という文化性要素を強調するが，審判決の指摘を待つまでもなく，その要素は認めるとしても，決して大きいとは言えないであろう。

　第 4 に，審判決には触れられていないが，上記の販売前サービスの効果の可能性が注目される。安売り店が販売前サービスを行っている場合には，そもそもただ乗りの議論が成立しない。しかし，販売前サービスが行われたとしても，その効果が期待されないこともある。例えば，成熟産業であり，そして毛糸の利用・工夫はインターネット上の情報，あるいは趣味・手芸の雑誌・本などで十分に説明されている場合，小売店側で特別の販売サービスを

行う余地は少ないからである。また，顧客に対面説明を行うほど素材，編み方等，利用方法に画期的な変化があり，また顧客との対話から画期的な新商品の開発に有用な情報が得られるとは思われず，革新に有用な情報を得る手段として大きな有効性は期待できない場合があろう。従って，買い手の編み方の習熟度などを考慮して，販売前サービスの有効性を判断することが求められるであろう。

6. おわりに

　以上より，係争となったハマナカ事件の再販は，経営効率効果はほとんどなく，またブランド間で競争制限を導く可能性が著しく大きく，比較衡量の経済分析から判断しても合理性に欠けると結論できる。それ故，違法と判断した審判決は経済学から見て妥当である。

　この事件は，分かり易いだけに，再販の潜在的な効果の複雑さを考慮すれば，逆に再販が十分な経済的合理性を有する場合，どのような規制が必要かという基本的問題を提起すると言えよう。特に，消費者行動（クロスチャネル・ショッピングなど）や流通構造が大きく変化する今日，再販の効果や再販規制のあり方をあらためて問うものとして意義がある。インターネット販売の普及により，小売価格の透明性はますます高まっており，流通段階での市場構造は今後も急速に変化する可能性がある。それはまた，伝統的な小売店による再販の要請を増加させる可能性を秘めている。他方で，集中度の高まる小売業界は，今後も価格競争を主導すると考えられ，交渉力の強い小売業者が再販に対してどのようなスタンスを取っているのかの解明も求められる。また，この問題提起は，広く垂直的制限について規制のあり方の再検討にも及ぶであろう。

　最後に，経済理論は再販の効果について厳密な議論を要することを示唆するが，ハマナカ事件の審判・裁判では係争上議論されていないものがある。例えば，本件の特徴から，競争政策上重要と思われる支配的企業寡占（そしてまたマルチ再販），再販と非価格拘束との関係，併売店型流通構造，マルチチャネル（チャネル間競争），ネット販売などである。これらの要因はまたアディダスジャパン事件にも共通するものである。日本では，こうした要因を

含めて多元的な経済分析の拡充が不可欠であり，規制見直しの是非が議論の俎上に上る今日この必要性は大きい。公取委で事件化されたものは，再販の経済合理性を見出しにくい事件に偏っているかもしれないが，法の適用においては捨象される経済的事実を含めて実証的に検証していくことは，経験的な知見に基づく政策を推し進める上で，重要なステップである。

参考文献

中川晶比兒（2016）「再販売価格維持と小売マージン」北大法学論集 67 巻 3 号，310 頁。

Baily, E. M. and G. K. Leonard（2010）"Minimum Resale Price Maintenance: Some Empirical Evidence from Maryland," *The B.E. Journal of Economic Analysis & Policy* 10, 1–6.

Bonnet, C., D. Pierre, S. B. Villas Boas, and D. Klapper（2013）"Empirical Evidence on the Role of Nonlinear Wholesale Pricing and Vertical Restraints on Cost Pass-Through," *Review of Economics and Statistics* 95, 500–515.

Elzinga, K. G. and D. E. Mills（2014）"Resale Price Maintenance Wins a Reprieve: Leegin v. PSKS," in J. E. Kwoka, Jr. and L. J. White eds., *The Antitrust Revolution: Economics, Competition, and Policy*, 6th edition, Oxford University Press, 435–457.

Gundlach, G. L. and R. T. Krotz（2015）"Resale Price Maintenance after *Leegin*: The Curious Case of Contact Lens," Working Paper, American Antitrust Institute.

MacKay, A. and D. A. Smith（2014）"The Empirical Effects of Minimum Resale Price Maintenance on Prices and Output," discussion paper, University of Chicago.

Rey, P. and T. Vergé（2010）"Resale Price Maintenance and Interlocking Relationships," *Journal of Industrial Economics* 58, 928–961.

Schöning, F.（2015）"Resale Price Maintenance for On-line Businesses: The Hard Position of the Federal Cartel Office (Germany)," *Journal of European Competition Law & Practice* 6, 659–663.

IV

優越的地位の濫用

第11章

優越的地位濫用の規制趣旨と要件該当性

トイザらス事件

岡室博之・伊永大輔

1. はじめに

　優越的地位の濫用は，1953 年独占禁止法改正によって不公正な取引方法とされて以来，民事事件では最高裁判決（最判昭和 52 年 6 月 20 日民集 31 巻 4 号 449 頁）のほか下級審では多くの司法判断があるのに対し，公取委によって審判を経た具体的な判断が出されたことはほとんどなかった。しかし，2009 年独占禁止法改正を経て，優越的地位の濫用が新たに課徴金対象行為とされたことから，これまでのところ，課徴金対象となった事件は全て審判で係争している状態にある。その最初の審理結果がトイザらス事件審決（審判審決平成 27 年 6 月 4 日）であり，本審決は抗告訴訟を提起されずに確定している。

　優越的地位濫用の成立要件は，これまで争訟手続を通じてその具体的内容が明らかにされるというプロセスを踏んでこなかった。そのため，本審決は，当面の間，優越ガイドライン[1] の内容を具現化した先例として，優越的地位濫用事件に関する公取委の審査活動や審判審理の新たな指針となると考えられる。また，本審決で採用された規範や認定手法は，民事事件における要件該当性判断にも影響を与えることが予想される。

　本章では，本審決を題材にして，優越的地位の有無，濫用の成否等について，法学的分析と経済学的分析を行うことにより，優越的地位濫用の規制趣

---

1) 「優越的地位の濫用に関する独占禁止法上の考え方」（平成 22 年 11 月 30 日公取委）。

旨を質すとともに，本件で問題となる行為の経済合理性や認定手法の是非を論評する。また，課徴金算定の基準や手法も考察の対象とする。

なお，優越的地位濫用規制が日本特有のものであるとの誤解に接することがあるが，欧州やアジア諸国では類似する法規制が存在し，現実に法的秩序を形成している。民事事件への影響や比較法的観点からも規制のあるべき姿に言及したい。

2. トイザらス事件

被審人 X（日本トイザらス株式会社）は，玩具，育児用品，子供衣料，文具，学用品，家庭用ゲーム機，ゲームソフトウェア，書籍，スポーツ用品等の子供・ベビー用品全般を専門的に取り扱う小売業を営む者である。X の 2011年度の年間売上高は約 1,624 億円であり，我が国に本店を置く子供・ベビー用品全般を専門的に取り扱う小売業者の中で最大手の事業者であった。納入業者は X が販売する商品の製造業者または卸売業者であるところ，X は，自社が販売する商品のほとんどすべてを納入業者から買取取引で仕入れており，バイヤーが納入業者と商談を行い，事前に仕入価格等の取引条件を決定していた。

X は，遅くとも 2009 年 1 月 6 日以降，納入業者 117 社に対し，次の行為を行っていた。

① 納入業者 117 社のうち 63 社に対し，取引に係る商品を受領した後，当該商品を返品していた。この返品（総額約 2 億 3,320 万円に相当）を受けた 63 社は，X との取引を継続して行う立場上，その返品を受け入れることを余儀なくされていた。

② 納入業者 117 社のうち 80 社に対し，取引に係る商品について値引き販売を実施し，その値引き相当額の一部または全部を 80 社に負担させる方法で支払うべき代金の額から減じていた。この減額（総額約 4 億 746 万円）を受けた 80 社は，X との取引を継続して行う立場上，その減額を受け入れることを余儀なくされていた。

公取委は，2011 年 12 月 13 日，これらの行為は独占禁止法 2 条 9 項 5 号（改正法施行日〔2010 年 1 月 1 日〕前は旧一般指定 14 項）に該当し，同法 19 条の

規定に違反するものであるとして，Xに対し，排除措置命令とともに，本件違反行為は同法20条の6に規定する「継続してするもの」であり，改正法の施行日以後に係るものについて，Xとその納入業者61社それぞれとの間における購入額を前提に，3億6,908万円の課徴金納付命令を行った。

両命令が争われた審判では，①納入業者14社に対する行為の要件該当性，②公正競争阻害性の有無，③課徴金算定における違反行為期間の認定方法が争われた結果，本審決は，納入業者2社に対する違反行為とともに，納入業者8社に対する改正法施行日以後の濫用行為を否定し，排除措置の一部および2億2,218万円を超えて納付を命じた課徴金部分を取り消した。

3. 法的視点からの考察

3.1. 優越的地位濫用の規制趣旨

本審決は，優越ガイドラインを引用し，優越的地位濫用が規制されているのは，①当該取引の相手方の自由かつ自主的な判断による取引を阻害するとともに，②当該取引の相手方はその競争者との関係において競争上不利となる一方で，行為者はその競争者との関係において競争上有利となるおそれがあり，公正な競争を阻害するおそれ（公正競争阻害性）があるからだとした（審決で引用する審決案（以下，単に「審決案」という）19頁）。①の自由競争基盤侵害に加えて②の間接競争侵害にも言及する見解[2]は，1982年一般指定改正時の独禁法研究会報告書[3]が示してから一貫して公取委のガイドライン等に取り入れられてきたものである。

しかし，公正競争阻害性に間接競争侵害を取り込むことには疑問も多い。まず，排除措置命令や本審決を見る限り，間接競争侵害は観念的なものに留まり，関連事実が具体的に認定されるわけではなく，違反行為を絞り込む機能が現実に機能しているとは思われない。また，あくまでも観念的なものだ

---

2) 今村成和『独占禁止法（新版）』148頁（法律学全集52-Ⅱ，有斐閣，1978）において，本来の行為の悪性の理解とは異なるが，間接的に競争秩序に影響を及ぼす点からの解釈もありうるとしていた内容を受けたものとされる。しかし，その後，今村成和『私的独占禁止法の研究（5）』258頁（有斐閣，1985）において「技巧的に過ぎた」として，以後この解釈を優越的地位濫用の公正競争阻害性の説明に用いていない。

3) 独占禁止法研究会「不公正な取引方法に関する基本的な考え方」公正取引382号35頁（1983）。

と割り切ってみても，濫用行為を広く行えば行うほど納入業者間の競争上の有利不利は生じなくなるし，競争者も同様の濫用を行っている場合には行為者の有利不利も生じなくなるなど，理論的な弱点がある。さらに，間接競争侵害が生じることを前提とすれば，濫用を受ける「取引の相手方」に消費者を含めることができなくなるおそれもある[4]。間接競争侵害を強調して公正競争阻害性を説明するのは，説得的でないばかりか，有形無形の弊害も懸念される。

3. 2. 「優越的地位」の概念と認定手法

本審決は，優越ガイドラインと同様，取引の継続が困難になることが事業経営上大きな支障を来すため，著しく不利益な要請等を行っても，これを受け入れざるを得ないような場合に「優越的地位」があるとする（審決案 19 頁）。この概念自体は，近年の裁判例（東京高判平成 25 年 8 月 30 日判時 2209 号 10 頁ほか）においても受容されつつあるが，その認定手法については未だ確立されていなかった。

この点，本審決は，「取引の相手方に対し正常な商慣習に照らして不当に不利益を与える行為（以下「濫用行為」ということもある。）は，通常の企業行動からすれば当該取引の相手方が受け入れる合理性のないような行為であるから，甲が濫用行為を行い，乙がこれを受け入れている事実が認められる場合，これは，乙が当該濫用行為を受け入れることについて特段の事情がない限り，乙にとって甲との取引が必要かつ重要であることを推認させる」（審決案 19 頁）とする認定手法を導入した。さらに「優越的地位にある行為者が取引の相手方に対して不当に不利益を課して取引を行えば，通常『利用して』行われた行為であると認められる」とする（審決案 26 頁）。したがって，「濫用行為」が認められれば，「優越的地位」の要件も「利用して」の要件もいずれも通常認められることとなる。

このような推認方法が採られたのは，当事者双方の地位を比較して優劣を決めることが実際上容易でない一方で，現実に行われた行為から著しい不利益を受け入れざるを得なかったかどうかが判断できるためだとする[5]。しか

---

4) 白石忠志『独占禁止法（第 2 版）』87 頁（有斐閣，2009）。同旨として，川濵（2014）8 頁注 32。

第11章　優越的地位濫用の規制趣旨と要件該当性　　253

し，本来，優越的地位というのは，競争原理が機能するための前提条件である取引先選択の自由が，一方の側にのみ有利に働く場合において，そのことに基づく優越した取引上の地位を意味する[6]というのが中心概念であって，相手方に合理性のない要請を受け入れさせたかどうかは，優越的地位があることを前提に，これを「利用して」いるかどうかの問題に過ぎない[7]。また，理論的には，不利益の程度が著しければ著しいほど，これを受け入れることを余儀なくされるのに必要な取引上の地位は，より強いものである必要であるはずであり，優越的地位を「利用して」行われたものと言えるためには，それ相応の「優越的地位」が認定される必要があると考えることもできよう。

　したがって，本件で問題となった返品や減額のような，特段の事情となる正当化事由の類型化が進んでいる典型的な濫用行為であっても，「不利益行為」から「優越的地位」を推認することが可能なのは，「優越的地位」を前提としない限り行い得ないような「不利益行為」であった場合になると思われる。優越ガイドラインが「取引当事者間における自由な交渉の結果，いずれか一方の当事者の取引条件が相手方に比べて又は従前に比べて不利となることは，あらゆる取引において当然に起こり得る」（第1の1）とするように，不利益を受け入れざるを得ない場面は単なる競争の反映であることもありうることからすれば，独占禁止法が保護すべきは公正な競争秩序であって経済合理的な判断それ自体ではないことに立ち帰り，自由な交渉の結果と区別することができる「優越的地位」を客観的に認定する必要があろう[8]。

　なお，本審決では，不合理を受け入れたという事実それ自体が，そうせざるを得ない場合にあったことの現実化であって，これは「事業経営上大きな支障を来すことに結び付く重要な要素になる」ともしている（審決案20頁）。しかし，これまで公取委は「事業経営」という文言を「事業者の経営全体」と理解していたこと[9]からすれば，そもそも論理的帰結として不合理を受

---

5)　小室・土平（2015）70頁。

6)　今村成和『独占禁止法入門（第4版）』165頁（有斐閣，1993）。類似規制を持つフランスにおける「経済的従属状態」の概念も，一方的に決定した条件での取引を拒否すると他の取引方法がなくなる状態をいうとしており，「他の選択肢の欠如」が重視される点で似ている。泉水ほか（2014）50頁参照。同様に，ドイツにおける「相対的地位」の概念も，十分かつ合理的な取引先変更可能性に着目している。同78頁参照。

7)　伊永（2014）参照。

8)　根岸哲・舟田正之『独占禁止法概説（第5版）』276頁（有斐閣，2015）参照。

け入れたくらいで経営全体が大きな支障を来すとまで言えるか疑問である。「事業経営上大きな支障を来す」が条文から必然的に導出される概念とはいえないことを踏まえれば，これを要件として扱うことまで要求されていないと思われる[10]。

3. 3. 「優越的地位」の判断要素

本審決は，優越的地位の認定に当たっては，上記特段の事情の有無の検討に加え，取引依存度，地位，取引先変更可能性，その他の取引必要性を総合的に考慮して判断するとしている（審決案20頁）。しかし，これらの考慮要素の多くは取引先の主観的認識によって認定されているに留まる。客観的要素の1つである取引依存度については2.2%で10位（A），1.5%で11位（G），0.5%で12位（H），0.7%で19位（I）など非常に低い数字であっても，年間売上高や主力商品の取引依存度などに注目して「主な取引先」と言えるため，取引依存度があるとしている（表11–1参照）。この点は，借入額が全体の15%程度に過ぎないことを理由に取引先銀行の優越的地位を否定したSMBC損害賠償事件（福岡高判平成23年4月27日判例タイムズ1364号158頁）と比べて説得的か疑問がある[11]。

また，本審決では，優越ガイドラインで他の事業者との取引開始・拡大の可能性や関係特殊投資の有無を扱う「取引先変更可能性」において，年間売上額が大きいから取引停止の損失補填が困難だとするなど，本来「取引依存度」に属する要素を使い回すことで認定しており，考慮要素を区別・分類した趣旨を踏まえていない。

取引依存度や取引先変更可能性を個別に評価する上で，最終的に取引の相手方の主観的要素に依拠する側面が強くなるのは，事件調査の限界点として理解できる部分もあるが，可能な限り客観的要素を重視するとともに，各考

---

9) 白石ほか（2012）26頁参照。また，小室・土平（2015）70頁は，「事業経営上大きな支障」というためには，「収益の大幅な落ち込みが予想されるなど，その後の経営に大きな困難を来すことが看取できる程度のものであることが必要」と解説する。

10) 「事業経営上大きな支障を来す」を重視すれば，本来善悪とは無関係であるはずの優越的地位の概念に悪質性を持ち込むことに繋がる点が懸念される。白石ほか（2012）18–19頁。

11) フランスの競争委員会は，「優越的地位」の類似概念である「経済的従属状態」を認定するには，取引依存度が数十%以上必要だと考えているようである。泉水ほか（2014）53頁参照。

第 11 章　優越的地位濫用の規制趣旨と要件該当性　　255

表 11-1　各納入業者のトイザらスへの取引依存度等

納入業者	濫用類型		取引依存度	順　位	主力商品の依存度
A		減額	2.2%	10 位	20%
B		減額	100.0%	1 位	
C	返品	減額	27.7%	1 位	
D		減額	濫用行為に当たらない		
F	返品		91.9%	1 位	
G		減額	1.5%	11 位	
H		減額	0.5%	12 位	10%
I		減額	0.7%	19 位	5%
J		減額	68.2%	1 位	
K	返品	減額	4.1%	5 位	
L		減額	濫用行為に当たらない		
M		減額	6.9%	1 位	
N	返品	減額	49.6%	1 位	
O	返品	減額	12.8%	1 位	

＊　「取引依存度」は，納入業者の年間売上高に占めるトイザらスへの売上の比率である。複数年度のデータが示されている場合は，課徴金算定対象となる 2011 年 1 月 1 日以降の期間に係る数値を記載する。
　　「順位」は，全取引ごとの取引依存度に占めるトイザらスとの取引依存度の順位である。「主力商品の依存度」は，納入業者の主力商品の売上額に占めるトイザらスへの売上額の割合である。
出所）審決資料より筆者作成。

慮要素は重複しない諸事情から認定を行うのが基本であろう。

　ところで，優越的地位の有無は当事者間の相対的な関係によって決せられるから，取引相手方から見た行為者の地位のみならず，行為者から見た取引相手方の地位も検討されるべきという主張 12) がなされたところ，本審決では，仮に行為者から見て必要かつ重要な取引先であったとしても，それだけで優越的地位にあるとの認定を覆すことはできないとされた（審決案 26 頁）。

　しかし，たとえ取引相手方から見て取引必要性がある場合でも，行為者がそれ以上の取引必要性に直面しているのであれば，行為者が相対的優越性を獲得しないこともありうる。そのため，取引相手方から見た取引必要性だけを考慮しても，行為者の優越的地位の有無を判断することはできない。両当

12)　このような主張が可能であることについては，菅久修一編著『独占禁止法』169-171 頁［伊永大輔］（商事法務，2013）参照。

事者の取引必要性を踏まえつつ，問題となる取引について，被審人が相対的に優越した地位にあるかを検証する必要がある[13]。

3.4. 濫用行為

本審決は，取引の相手方の責めに帰すべき事由がない場合の返品や減額は，本来負うべきリスクや不利益を取引の相手方に転嫁する行為であって，特段の事情がない限り，あらかじめ計算できない不利益を与えるものと推認しつつ，例外として，取引の相手方の直接の利益となる場合などは特段の事情に当たり，濫用行為には当たらないとした（審決案21頁）。

「直接の利益」というのは優越ガイドライン上の特定用語でもあるが，ここでは引用されておらず，どのような概念か定かでない。しかし，市場メカニズムへの過度な介入とならないようにするためには，本件取引と直接的には関係のない利益であっても，取引実態を丹念に見て「正常な商慣習に照らして不当」でなければ，実現可能な具体的利益は考慮されるべきである[14]。

また，本審決では，納入業者の責めに帰すべき事由のない返品や減額が業界の慣行ではないのだから加味する必要がない（審決案78頁）としたが，個々の具体的取引において「直接の利益」がどの範囲で実現可能なものであるか，協議の内容や方法が自由かつ自主的な判断をするのに十分なものとなっているかなどは，業界における商慣習を加味しなければ十分な判断は不可能なはずである[15]。個々の事業分野における取引実態について専門的知見を有しない者からすれば，長い年月をかけて取引慣行として定着している「商慣習」について，これが濫用を前提として形成されているのでない限り，積極的に踏まえて取引実態に合致した現実的な判断を行う必要があろう。この視点は，個々の取引における私的自治を尊重し，市場メカニズムへの過剰な介入とならないようにするために特に重要な意味を持つと考える。

---

13) この点，池田毅「判批」ジュリスト1485号7頁（2015）は，本審決のこの判示部分について，いわゆる「双方優越」の場合でも優越的地位の成立を肯定するものと理解する。確かに標準必須特許の保有者同士についても優越的地位が成立することもあると思われるが，それは，両者の取引必要性を踏まえても，互いのライセンス取引を個々に見れば，一方が他方よりも相対的に優越した地位にあるからである。

14) 詳しくは，伊永（2014）35頁。同旨として，越知保見「流通激変の環境下における優越的地位の濫用規制の新たな課題」公正取引724号26頁（2011）。

15) 同旨として，川濵（2014）9頁。

第 11 章　優越的地位濫用の規制趣旨と要件該当性　　257

　なお，本審決で「公正な競争秩序の維持・促進の観点から是認されないものは『正常な商慣習』とは認められない」（審決案 78 頁）としたのは，優越ガイドラインの「『正常な商慣習』とは，公正な競争秩序の維持・促進の立場から是認されるものをいう」（第 3）からの重要な前進が見られる。両者の違いは「正常な商慣習」の射程にあるが，優越ガイドラインの理解は狭く，公正な競争秩序の維持・促進の観点以外の社会公共的な観点を加味しようがないように見える点で誤解を招くものである。

3. 5.　課徴金算定の概要

　優越的地位の濫用に対する課徴金算定の基礎は，取引上の地位の優越性を生み出している主要因の 1 つに相手方との間の取引額があるとの理解から，違反行為に係る特定の商品・役務の売上額ではなく，濫用行為の相手方との間における取引額とされている（独禁法 20 条の 6）。

　優越的地位の濫用の違反事業者には，濫用行為の相手方に対して商品・役務を供給する立場にある場合と濫用行為の相手方から商品・役務の供給を受ける立場にある場合とがある。これに従い，違反事業者が前者である場合は相手方への売上額が，後者である場合は相手方からの購入額がそれぞれ課徴金算定の基礎となる。例えば，大規模小売業者である X 社が，商品 A を納入している Y 社に対し，Y 社にとって利益のない商品 B を購入させた場合，課徴金算定の基礎となるのは，商品 A の購入額であり，商品 B の売上額ではない。

　課徴金算定の基礎である取引額に乗じられる課徴金算定率は，違反事業者の業種を問わず，一律 1％ となっている。

3. 6.　課徴金算定対象としての違反行為期間

　本審決は，「濫用行為は，これが複数みられるとしても，また，複数の取引先に対して行われたものであるとしても，それが組織的，計画的に一連のものとして実行されているなど，それらの行為を行為者の優越的地位の濫用として一体として評価できる場合には，独占禁止法上一つの優越的地位の濫用として規制されることになり，課徴金算定の基礎となる違反行為期間についても，それを前提にして，濫用行為が最初に行われた日を『当該行為をし

た日』とし，濫用行為がなくなったと認められる日を『当該行為がなくなる日』とするのが相当である」（審決案 79 頁）とする。

この考えによれば，優越的地位を利用して，いずれかの相手方に対して何らかの濫用行為を行った時点が違反行為期間の始期となる[16]。しかし，取引上の地位の優越性は，その時々の相手方との関係で生じる相対的なものであるため，ある時点で，ある相手方に対して濫用行為が成立したとしても，他の相手方に対しても当然に優越的地位が認められるわけでなく，取引上の地位が優越している期間は相手方ごとに異なりうるはずである。相手方に対する優越的地位が認められない期間における取引額については，課徴金算定の基礎から除外されなければ，規定の趣旨と一致しないと思われる[17]。

この点で，「行為を包括して一つの違反行為ととらえて一律の算定期間を認定した場合に過剰な徴収となるおそれは，算定率の設定段階で解消している」としつつ，「取引上の地位の優越性は違反行為の要件であることにとどまり，課徴金の算定期間の全期間を通じて違反事業者の取引上の地位の優越性が当然に要求されるものではない」等として，違反事業者が不当に収受しうる利得額の範囲は，「取引上の地位の優越性が認められる期間の取引額のみと関連づけられるわけではなく，それ以前の期間も含めた当該違反行為の全期間の取引額と関連づけられるものと考えることは，不合理ではない」とする解説[18]には疑問がある。たとえば，談合事件における課徴金算定の基礎となる売上額が「具体的な競争制限効果が発生するに至ったもの」（最判平成 24 年 2 月 20 日）に限定されるのは，違反行為と離れて行われる取引を算定対象から外すためである。同様に，違反事業者との取引の中には他の取引先に容易に切り替えることができる取引も存在しうるのであって，このような取引まで必然的に算定対象となるとの解釈は，規定の趣旨から見て硬直的に過ぎるように思われる。ここで指摘しておきたいのは，他社との企業結合や

---

16) 本条における継続性要件は，課徴金賦課要件に留まり，違反行為の成立要件とはなっていないことから，濫用行為が開始されて一定期間継続した時点が違反行為期間の始期となるわけではない。

17) 滝澤（2014）37 頁は，「原則として相手方ごとに搾取による法益侵害もしくはその高度の蓋然性の有無を個別に判断することが求められる」とする。濫用行為が未だ行われていないという一事をもって優越的地位を否定しようとする趣旨ではない。

18) 山口正行・黒澤莉沙「課徴金納付命令（私的独占，不公正な取引方法）の課徴金算定─優越的地位の濫用を中心に─」商事法務 2090 号 50-51 頁（2016）。

有力な新商品の開発等によって両者の取引上の地位に変動がありうることを前提として，柔軟な法適用・法解釈の余地を否定することの問題点である。

違反行為期間の終期については，優越的地位の濫用は，カルテル等の共同性が問題となる行為類型とは異なり，公取委による立入検査が違反行為を取りやめる契機となることはあっても，立入検査が行われたことそれ自体が直ちに違反行為期間の終期を決定付ける要因とはなり得ない[19]。本件では，立入検査を契機としつつも，特段の理由なく違反行為の終期が認定されている。これは，エディオン事件（排除措置命令平成24年2月16日審決集58巻第1分冊278頁）のように，自社が納入した商品の装飾等に業務を限定するとともに，従業員等を派遣する納入業者に対して一定の金銭を負担する対策を講じているなどの事情が考慮された結果であろうと推測される。しかし，そうだとしても，違反行為の終期を特定する事情は，課徴金算定期間を根拠付ける重要な事実でもあり，課徴金納付命令書において具体的に明らかにしなければならない事項だと思われる。この場合，当該事情を相手方が知っているからといって，記載の必要性がなくなるわけではないことにも留意したい（最判昭和38年5月31日民集17巻4号617頁ほか）。

結局，本来個別に違反行為を形成するはずの濫用行為を1つの違反行為としてまとめたのは，被害額に比例した課徴金額を目指しつつ，算定段階での濫用行為による個別侵害の認定を回避するための方策であったと考えられる[20]。しかし，実体法の要件解釈は民事事件での問題解決にも直接影響を及ぼすことを踏まえれば，本来なら課徴金を規定する条文において絞りをかけるなどして，実体法上の解釈に影響しないようにするのが望ましい制度の在り方であったと考えられる。

4. 経済学的視点からの考察

4.1. 優越的地位の濫用の認定について

「優越的地位」は取引相手に対する相対的な優越性を意味し，市場支配的

---

19) この点で，立入検査日を終期とした山陽マルナカ事件（排除措置命令平成23年6月22日審決集58巻第1分冊193頁）は，明らかに不適切である。

20) 同旨として，滝澤（2014）35–37頁。

地位を要件としない。したがって，優越的地位の濫用も，取引相手に対する相対的な優越性があれば生じうる。スポット取引では，取引相手が理不尽な要求をすれば別の取引相手に乗り換えればよいので，優越的地位の濫用は生じにくい。優越的地位の濫用は，継続的な取引関係において，取引相手を容易に変更できないときに起こりうる。したがって，納入業者に対するトイザらスの優越的地位の要件の1つは前者の後者への取引依存度の高さである。

審決の別表1に記載されたトイザらスへの納入業者14社（同社が不当な返品又は減額を行ったとされたもの）のうち，排除措置命令の取り消し対象になった2社を除く12社については，本章の表11-1にある通り，トイザらスへの取引依存度が0.5%（H社）から100%（B社）まで大きく異なる（単純平均は30.5%）。取引依存度1%未満が12社中2社，2%未満が3社ある。審決は，例えばH社について，2008年度と2009年度のトイザらスに対する取引依存度がともに0.5%であるとしながら，取引先の中でのトイザらスの順位が9位（2008年度）あるいは12位（2009年度）と「比較的高く」，H社の主な取扱商品に限定すればトイザらスへの取引依存度が10%弱であることにより，H社がトイザらスを主な取引先としている状況にあり，したがってH社はその商品についてはトイザらスに代わる取引先を見つけることは困難である，とする。H社の他にI社とA社についても同様に，主な取扱商品に限定してトイザらスへの取引依存度が確認される。

取引依存度が1〜2%しかなく，順位も上位ではない取引先が，なぜ優越的地位を持つのだろうか。例えばG社の場合，トイザらスへの取引依存度は1.5%で，取引先の中でのトイザらスの順位は11位であるが，審決では，同社のトイザらス担当者が，主力商品であるベビー用品について同社に代わる取引先を見つけることが困難であると認識していたことにより，取引先の変更可能性は低いと判断されている。しかし，このように低い依存度であるにもかかわらず「トイザらスに代わる取引先を見つけるのが困難」だというのは，自明ではない。また，取引先の変更可能性を判断する対象が，納入業者によって，取引全体であったり主な取扱商品（主力商品）であったりするのは，適切と言えるだろうか。課徴金の対象を主力商品の取引額に限定せず，取引全体を対象にするのであれば，取引先の変更可能性を判断するさいにも取引全体を対象にするべきではないか。

第11章　優越的地位濫用の規制趣旨と要件該当性　　　261

　経済学的な議論で，取引相手の回避可能性を制限する1つの要因とされるのは，関係特殊投資（relation-specific investment），つまりある特定の取引関係においてのみ経済的な価値を持つような物的・人的投資やノウハウ等である。例えば，ある特定の製品の製造にしか使用できない機械設備や部品，ある取引先に特化したノウハウがそれに該当する。関係特殊投資が高ければ，取引当事者は取引相手に縛られ（ロックイン），取引相手からの不当な要求を受け入れざるを得なくなる。しかし，納入業者から見て，トイザらスのような小売業者との取引には関係特殊投資はほとんどなく，ホールドアップは生じにくいはずである[21]。トイザらスに納入する商品は，そのまま他の小売業者にも販売可能だからである。審決においても，一部の納入業者の主な販売先がドラッグストアであると指摘されている。

　納入業者側に関係特殊投資が少なく，ホールドアップの危険性が少ないにもかかわらず，多くの業者がトイザらスの要請に応じたのは，取引継続のメリットがデメリット（不当な返品・減額）を上回っているからであろう。取引継続のメリットは，同社が「我が国に本店を置く子供・ベビー用品全般を専門的に取り扱う小売業者の中で最大手の事業者」（審決案3頁）であり，将来にわたって多額の受注が期待できることである[22]。つまり，納入業者は，返品や減額の要請を受け入れる代わりに，国内首位の業者と将来にわたる大きな取引が可能になるという期待を持っており，同社との取引を失うよりは返品や減額の要請を受け入れるほうがよいと考えている。審決は，その意味において，トイザらスが納入業者に対して優越的地位にあると判断している。しかし，少なくとも事前には取引先を変更する余地が十分にあるにもかかわらず，将来の取引への期待が強いからと言って，優越的地位があると断定することには疑問が残る。

　濫用行為があったか否かについても，審決では，返品・減額の大部分に正当な理由は認められず，トイザらスの行為は通常の商慣行に照らして正当とはみなされなかった。トイザらスが一旦買い取った商品の返品や減額には納

21）　納入業者と小売業者の間の関係特殊投資は，当該小売業者に特有の取引慣行や購買担当者との人的関係に限定されると思われる。

22）　このように，関係特殊投資がなくても，取引相手の名声や魅力のために取引先の変更が困難であるために優越的地位の濫用が生じるというのは，ドン・キホーテ事件などこれまでの多くの優越的地位の濫用事件と共通する重要なポイントである（岡室・林 2009）。

入業者の責めに帰すべき事由がなく，それらは納入業者にとって通常は何ら合理性のないことであるから，納入業者にあらかじめ計算できない不利益を与えるものであり，優越的地位の濫用行為に当たると解される。しかし，納入業者が将来の取引を期待してトイザらスによる返品や減額の要請に応じたのであれば，それは合理的な経営判断であるから，それを優越的地位の濫用とみなして納入業者を一方的に保護するのは，妥当とは言えない。

　ただし，審決は優越ガイドラインと同様の例外事由も認めており，本件では，納入業者の個別の返品・減額事例を，関係者からの聞き取りや文書・電子メール等の資料に基づいて，例外に該当するか否かを詳細に検討する。その結果，K社とO社に関する返品すべてと，D社，H社，I社，J社，K社，L社に関する減額の一部または全部が，上記例外規定により濫用行為に当たらないと判断された。例えばK社への返品については「いずれも新商品を早急に市場に流通させ（垂直立ち上げ），販売を促進させることを目的として，Kが被審人に対し旧商品の返品を提案したこと，その結果，Kの被審人に対する上記各商品の販売実績が上がったことが認められる」「そうすると，返品①ないし⑥については，Kから申し出があり，かつ，Kが当該返品の対象商品を処分することがKの直接の利益となる場合に当たると認められる。したがって，返品①ないし⑥については，Kにあらかじめ計算できない不利益を与えるものではなく，濫用行為に当たるとは認められない」と判断されている（審決案52-53頁）。

　なお，審決は，個々の納入業者の個別の返品・減額事例について，優越的地位の濫用の有無を考察している。改正法施行日前（2009年12月31日以前）の返品や減額は課徴金の対象でないことから，トイザらス側は濫用行為の認定に異議を唱えていない。しかし，審決では，例えば改正法施行日前のG社に対する減額について「被審人は減額①ないし⑨について具体的な主張をしていないところ，同各減額について例外事由に当たるなどの特段の事情はうかがわれないから，同各減額については，Gにあらかじめ計算できない不利益を与えたものと推認され，濫用行為に当たると認められる」（審決案27頁）とする。しかし，審判が被審人にとって課徴金を減ずることを目的としており，課徴金の対象外（改正法施行日前）の期間における濫用行為の有無が特に問題にされないとするなら，その期間中の返品・減額について被審人

が異議を申し立てないからといって，その期間中の返品・減額を一律に優越的地位の濫用と機械的に認めるのは適当ではない。

4.2. 規制の趣旨——公正競争の阻害

優越的地位の濫用は個別の取引関係における相対的な優越性に基づくものであり，市場における支配的地位を要件としない。取引関係における弱者の保護という色彩が強く，市場支配的地位の濫用と比べて判断基準に曖昧さが残る。優越的地位の濫用を独占禁止法において規定し，民事手続ではなく行政手続によって扱うことは，経済学の立場からしばしば批判的・懐疑的に捉えられてきた[23]。優越的地位とその濫用を，独占禁止法の枠内で経済学的にどのように捉えるべきかについても，議論の余地がある。

ここでは，このような濫用行為が公正競争を阻害し，社会厚生を低下させるかどうかを検討しよう。小売業者が納入業者に対して後者の責任に帰すことのできない返品や減額を強要することにより，納入業者から小売業者に所得が移転する。また，子供・ベビー用品の小売業者の中で最大手の事業者であるトイザらスのみが優越的地位の濫用を行うことによって，他の小売業者との競争における同社の競争優位が不当に強化され，同社の市場地位が高まるとすれば，濫用行為によって子供・ベビー用品の小売市場における公正競争が阻害されることになる[24]。

しかし，このような議論は一面的である。動態的に考えると，トイザらスは納入業者の無償の「協力」を得て商品の仕入れの費用を下げ，商品の回転率を高めて品揃えを改善することにより，売上を伸ばして納入業者への需要を増やしてきたと見ることもできる。だからこそ，多くの納入業者が同社との取引を継続し，それを希望しているのである。静態的には納入業者の余剰を下げるとしても，納入業者の協力によって同社の効率性が上昇し，市場需要が増加すれば，最終消費者と納入業者の余剰を含めて社会厚生は増加する。したがって，動態的に見れば，同社の行為によって社会厚生が増加した可能

---

23) 三輪（1991），伊藤・加賀見（1998），若杉（1999），松村（2006）を参照。

24) これは間接競争侵害をサポートする見解とも言えるが，小売企業にある地域市場でしか販売しないものと複数の地域市場で販売するものがある場合，後者が納入業者に対してより強い交渉力を持つために，納入業者は前者への卸売価格を引き上げ，そのために消費者余剰が減少するという議論もある（Inderst and Valletti 2011）。

性は否定できない[25]。

ただし，優越的地位の濫用とされる行為が一定の経済合理性を持つ一方で社会的費用を生むこともあるので[26]，優越的地位の濫用を違反行為として取り上げるべきかどうかについては，優越的地位の濫用によって，またそれを排除することによって社会厚生が増大するのかどうかを慎重に検討することが必要である。

4.3. 課徴金の算定基準

前記 3.6. で見た本審決の違反行為期間の認定手法については，本件のように納入業者の数が多く，業者ごとにさまざまな取引とそれに伴う返品・減額等の行為が見られる場合に，どのような条件を満たせばそれらを「一体として評価」すべきことになるのか，つまり独占禁止法上 1 つの優越的地位の濫用として規制すべきであるのかは，今後検討されるべき論点として残されている。特に，本件の審決に見られるように，返品や減額の一部に合理性が認められ，不当な返品・減額の間に正当な返品・減額が混じるような場合に，この論点は重要な意味を持ちうる。本来「一体として評価」するためには，個別行為間の時間的・場所的近接性や目的の共通性などが必要だと考えられるが，これを課徴金の算定対象と算定期間に完全に関係づけるのは容易ではない。

---

25) このような議論はもちろん，小売市場が十分に競争的であることを前提とする。大手小売業者が優越的地位ではなく市場支配的地位を濫用する場合には，濫用行為が小売価格の低下に結びつかず，商品への需要も増えないので，社会厚生は減少すると考えられる。ただし，その場合でも，注 26 のシグナリング・モデルに見られるように，優越的地位にある業者が好ましいタイプの納入業者を合理的に判別することで，社会厚生が増大する可能性はある。

26) 松村（2006）は，下請取引におけるシグナリングないしスクリーニングを 1 つの例として挙げている。元請会社は長期的に誠実に協力してくれる下請業者を求めているが，情報の非対称性のために，どの業者が好ましいタイプかを容易に判別できないとしよう。このとき，元請会社が下請業者に短期的に無体な要求を出せば，短期的利害を重視する業者が退出するので，元請会社は好ましいタイプを判別することができる（スクリーニング）。また，下請業者は元請会社の要求を受け入れることによって，好ましいタイプであることを示すことができる（シグナリング）。もちろん，元請会社の要求は，好ましいタイプの下請業者までが退出するほど高い水準であってはならない。このような「優越的地位の濫用」は好ましいタイプを判別する手段として経済合理性を持つが，シグナリングの費用は社会的な負担となる。後者の効果がより大きい場合には，シグナリングの禁止によって社会厚生が高まることになる。

5. おわりに

本章の議論をまとめると，子供・ベビー用品の国内最大手の小売業者であるトイザらスは納入業者の一部に対して優越的地位を持ち，それを濫用したが，審判で返品や減額の個別事例を仔細に検討した結果，その一部に経済合理性を高める特別な事由があるため優越的地位の濫用と認められず，課徴金の減額が決定されたということになる。ただし，この事件における優越的地位の源泉は，関係特殊投資ではなく，取引相手の名声ないし魅力であり，関係特殊投資の存在が明瞭な下請取引と同列に議論することはできない。また，大手小売業者から納入業者への返品・減額要請には，商品のリニューアルを促進するという，効率性と共同利潤を高める可能性がある。

審決では，トイザらスのとった行為に全体としてそのような経済合理性によっても十分に正当化されない「行き過ぎ」があり，優越的地位の濫用があったと判断された。しかし，そのような取引関係の経済合理的側面および旧商品の値引き販売と新商品の流通促進による最終消費者のメリットを考慮すれば，同社の行為が優越的地位の濫用に当たるとしても，それが最終的に社会厚生を増加させた可能性は否定できない。審判の結果，トイザらスの納付すべき課徴金の金額が3億6,908万円から2億2,218万円へ約40％も減額されたのは，動態的な社会厚生の改善の可能性を考慮した結果ではないかもしれないが，少なくとも一部の納入業者との取引関係におけるトイザらスの行為の経済合理性が十分に認められたからだと考えられる。諸外国の規制手法を踏まえるまでもなく，問題となる行為が競争秩序に悪影響を及ぼすおそれがあるか否かについては，市場メカニズムへの過剰な介入とならないよう慎重に判断できる枠組みを構築する必要がある。

参考文献

伊藤元重・加賀見一彰（1998）「企業間取引と優越的地位の濫用」三輪芳朗・神田秀樹・柳川範之編『会社法の経済学』東京大学出版会，393-424頁（第13章）。

岡室博之・林秀弥（2009）「優越的地位の濫用—三井住友銀行事件とドンキホーテ事件—」岡田羊祐・林秀弥編『独占禁止法の経済学—審判決の事例分析—』東京大学出版会，

273-294 頁（第 13 章）。

川濱昇（2014）「近時の優越的地位の濫用規制について」公正取引 769 号，2-9 頁。

小室尚彦・土平峰久（2015）「不公正な取引方法—優越的地位の濫用—」商事法務 2080 号，67-81 頁。

伊永大輔（2014）「優越的地位濫用の成立要件とその意義」日本経済法学会年報 26 号，11-27 頁。

白石忠志・長澤哲也・伊永大輔（2012）「鼎談　優越的地位濫用をめぐる実務的課題」ジュリスト 1442 号，16-32 頁。

泉水文雄ほか（2014）「諸外国における優越的地位の濫用規制等の分析」公正取引委員会・競争政策研究センター共同研究報告書（CR02-14）。

滝澤紗矢子（2014）「優越的地位濫用に対する課徴金賦課をめぐって」日本経済法学会年報 26 号，28-45 頁。

松村敏弘（2006）「優越的地位の濫用の経済分析」日本経済法学会年報 27 号，90-102 頁。

三輪芳朗（1991）『日本の取引慣行』有斐閣。

若杉隆平（1999）「不公正な取引方法に関する規制（1）—不当廉売及び優越的地位の濫用・下請取引—」後藤晃・鈴村興太郎編『日本の競争政策』東京大学出版会，97-129 頁。

Inderst, R. and T. M. Valletti（2011）"Buyer Power and the Waterbed Effect," *Journal of Industrial Economics* 59, 1-20.

第12章

フランチャイズ契約における優越的地位の濫用

セブン-イレブン事件

萩原浩太・渕川和彦・堀江明子

1. はじめに

　本章では，コンビニエンスストア（以下，「コンビニ」という）の本部と加盟者との間のフランチャイズ契約の枠組みの中で生じた優越的地位の濫用事件をとりあげる。フランチャイズの定義は様々であるが，互いに独立した事業者が契約を結び，それに基づいて（ア）一方の事業者（フランチャイザー）は他方の事業者（フランチャイジー）に自己の商標等及び経営ノウハウを用いて同一のイメージのもと商品の販売等の事業を行う権利を与え，（イ）フランチャイジーはその見返りとしてフランチャイザーに対価を払い，事業に必要な資金を投下してフランチャイザーの指導・援助を受けて事業を行う，という継続的関係をフランチャイズと呼ぶ[1]。そして，フランチャイズ（以下，「FC」という）においては，本部と加盟者の間で継続的取引をするための基本契約（以下，「フランチャイズ契約」という）を締結する。

　コンビニ経営におけるフランチャイズ契約は加盟店基本契約と呼ばれ（次節で詳述），加盟者（フランチャイジー）の経営内容（商品の発注，仕入れ，代金決済等）や本部（フランチャイザー）に対する支払等について詳細に規定されている。加盟店基本契約を巡っては，加盟者が本部に支払うロイヤルティ算

---

1) 一般社団法人日本フランチャイズチェーン協会の定義による（http://www.jfa-fc.or.jp/particle/78.html）。

268 IV　優越的地位の濫用

表 12-1　主なセブン–イレブン・ジャパン事件

事件番号	主な行為	主な行為類型	適用法条
事件①：最判平 19・6・11	チャージ算定	錯誤無効	民法 703 条
事件②：排除措置命令平 21・6・22	見切り販売	優越的地位の濫用	独禁法 19 条
事件③：東京高判平 24・6・20	手数料収受等	優越的地位の濫用	独禁法 24 条
事件④：福岡高判平 25・3・28	見切り販売	価格拘束	民法 709 条
事件⑤：東京高判平 25・8・30	見切り販売	優越的地位の濫用	独禁法 25 条
事件⑥：東京高判平 26・5・30	見切り販売	優越的地位の濫用	独禁法 25 条

出方法が争われた事件（表 12-1：事件①）において，最高裁は，加盟店基本契約において，加盟店は本部に対して売上総利益（売上高から売上商品原価を控除した金額）に一定の率を乗じた額を支払う旨の条項がある場合に廃棄ロス原価等は売上高から控除されないとの判断を行っている（つまり，廃棄となれば廃棄分の原価についてもロイヤルティを支払うことになる）。以下では，事件①の最高裁判決を受けたロイヤルティ算出方法（所謂コンビニ会計）に起因するデイリー商品（弁当等の食料品を指す；次節参照）の消費期限前の値下げ販売（以下，「見切り販売」という）の妨害行為について，公取委の排除措置命令（表 12-1：事件②）を中心に，独禁法 25 条に基づく損害賠償請求をあわせて論じていく（表 12-1：事件⑤，⑥）。また，契約にない事項の強制（24 時間営業や公共料金等の収納代行の強要）等に関する訴訟（表 12-1：事件③）や拘束条件付取引としての訴訟（表 12-1：事件④）についても適宜言及する。

2. 事件の概要

2.1. 排除措置命令（事件②）

　株式会社セブン–イレブン・ジャパン（以下，「S 社」という）は，コンビニ業界において店舗数及び売上高において我が国最大手の事業者である。他方，S 社の FC に加盟する事業者（以下，「加盟者」という）は，ほとんどすべてが中小の小売業者である。

　S 社は加盟者との間で加盟店基本契約を締結し，加盟店基本契約には，加盟者が自ら用意した店舗で経営を行う A タイプと，S 社が用意した店舗で加盟者が経営を行う C タイプがある。

　加盟店基本契約においては，S 社から仕入先や推奨商品についての標準的

な販売価格（以下，「推奨価格」という）が提示されるが，加盟者は，加盟店で販売する商品の販売価格を自らの判断で決定することができる。S社は，推奨商品のうちデイリー商品（品質が劣化しやすい食品及び飲料であって，原則として毎日店舗に納品されるものをいう）について，メーカー等が定める消費期限または賞味期限より前に，独自の販売期限を定め，当該販売期限を経過したデイリー商品についてはすべて廃棄することとされている。

　加盟店基本契約の契約期間は15年間であり，当該契約期間の満了までに，加盟者とS社との間で契約期間の延長または契約の更新について合意できなければ加盟店基本契約は終了する。Aタイプの加盟者は，加盟店基本契約終了後少なくとも1年間は，コンビニに係るFC事業を営むS社以外の事業者のFCに加盟することができず，Cタイプの加盟者は，加盟店基本契約終了後直ちに，店舗をS社に返還することとされている。

　S社は，加盟店が所在する地区にオペレーション・フィールド・カウンセラーと称する経営相談員（以下，「OFC」という）を配置し，加盟店基本契約に基づき，OFCを通じて，加盟者に対し，加盟店の経営に関する指導，援助等を行っており，加盟者は，それらの内容に従って経営を行っている。

　公取委は，平成21年6月22日，S社が加盟店で廃棄された商品の原価相当額の全額が加盟者の負担となる仕組みの下で，加盟者に対し，見切り販売を行わないようにさせ，見切り販売を取りやめないときは，加盟店基本契約の解除等の不利益な取扱いをする旨を示唆するなどして，見切り販売の取りやめを余儀なくさせ，加盟者が自らの合理的な経営判断に基づいて廃棄に係るデイリー商品の原価相当額の負担を軽減する機会を失わせているとして，S社の見切り販売の禁止が優越的地位の濫用に該当し，独禁法19条に違反する旨の排除措置命令を行った（事件②）。

2.2. 独禁法25条訴訟Ⅰ（事件⑤）

　XらはS社とCタイプの加盟店契約を締結しているものである。Xらは見切り販売の妨害行為によって損害を被ったとして独禁法25条に基づく損害賠償請求を行った。裁判所は原告の請求を一部認容し，独禁法25条に基づく損害賠償請求訴訟において審理の対象となる損害賠償請求権は，本件排除措置命令（事件②）において違反行為と認定された行為に基づいて発生す

るものに限られるとし，S社が，加盟店オーナーに対し，「販売システムに関する説明，指導の域を超えて，具体的にデイリー商品の値下げはできない又は禁止されているなどと述べた場合には，見切り販売の実施の可否につき，これをしてはならないとの強い心理的な強制を受けるものであり，一旦生じたこのような心理状態は，被告から明示的に訂正されなければ，そのまま継続し，自己の店舗の経営に関する判断としても，見切り販売の実施を見合わさざるを得ないまま期間が経過していくことが通常であると考えられる」と述べ，OFCによるデイリー商品の値下げ販売はできない旨の発言は，見切り販売の実施に関する経営上の判断に影響を及ぼす事実上の強制となっており，本件違反行為に当たるとした。

2.3. 独禁法 25 条訴訟 II（事件⑥）

XはS社とCタイプの加盟店契約の説明を受け，まず店舗運営管理委託契約を締結した後に，S社と加盟店基本契約を締結するに至った。OFCは，Xの店舗を訪問した後，Xへの助言，指導を行い，無駄な廃棄が多いとして不良品額の減少に向けた指導を行うなどした。XはS社の加盟店に対する見切り販売の妨害行為，並びにS社の原告に対する妨害行為に対して独禁法 25 条に基づく損害賠償請求を行った。裁判所は，事件⑤と同様本件排除措置命令（事件②）において違反行為とされた行為は，S社が，加盟者に対して，デイリー商品を推奨価格で販売するのが望ましい旨の助言や指導をする域を超えて，見切り販売を行うことにより加盟店基本契約上の不利益が生じることを申し向けたりなどして，加盟店が有する商品の価格決定権の行使を現実に妨げ，見切り販売の取りやめを余儀なくさせたと評価される行為であるとした。そして，すべての加盟店に対する見切り販売の妨害行為（共通妨害行為）について，見切り販売が禁止されていると認識させているとはいえず，Xの主張する共通妨害行為に本件違反行為に当たる行為があったとは認めることができないとし，Xに対する妨害行為（個別的妨害行為）についても，Xはその後も見切り販売を継続していたことなどから照らすと，本件違反行為に当たる行為があったとは認めることができないとした。

3. 法的論点の整理

3. 1. フランチャイザーとフランチャイジーの取引上の地位の格差

3. 1. 1. 優越的地位

優越的地位とは，市場支配的地位である必要はなく，取引当事者間における相対的な地位の優越性で足りる。優越的地位について，公取委は，平成22年に公表した「優越的地位の濫用に関する独占禁止法上の考え方」（以下，「優越ガイドライン」という）では，取引の一方当事者が他方当事者に対して優越した地位にあるとは，取引の継続が困難になることが事業経営上大きな支障を来すため，著しく不利益な要請等を行っても，これを受け入れざるを得ないような場合であるとする。優越的地位の有無の判断に当たっては，①取引依存度，②市場における地位，③取引先変更の可能性，④その他取引することの必要性を示す具体的事実を総合的に考慮するとしている（優越ガイドライン第2，2）。

③の取引先変更の可能性がなければ，①の取引依存度は必然的に高く，また，②の市場の地位についてシェアやその順位が高いことが通常であり，③の取引先変更の可能性が最も重要な考慮要素であること自体には異論がない。しかし，取引先変更の可能性だけを優越的地位の判断基準とすることは，たとえば，寡占市場において，取引先変更の可能性があったとしても，同様の濫用行為を受ける場合があるため，狭すぎるとの批判がある。

3. 1. 2. セブン-イレブン事件における優越的地位の認定

FC 契約との関係においては，FC 契約締結前であれば，通常の場合，他の競合 FC 店との契約も可能であると考えられる。例えば，コンビニの FC 契約前であれば，S 社以外のコンビニと FC 契約を締結することは可能である[2]。寡占的市場であり，どのコンビニも似通った契約であるとすれば，コンビニ経営以外の事業を検討することも可能であろう。そこで，FC 契約締結後において，大手コンビニの加盟店に対する優越的地位が認められるかが問題となる。

FC 契約締結後の優越的地位に関して，事件②では，（a）S 社が加盟者に

2）　白石（2010）398–399 頁参照。

推奨商品及び仕入先を提示しており，加盟店で販売される商品のほとんどすべては推奨商品であることから，加盟店のS社に対する取引依存度は高いこと（取引依存度），（b）S社が，我が国においてコンビニに係るFC事業を営む者の中で最大手の事業者であるのに対して，加盟者のほとんどすべてが中小の小売業者であること（市場における地位及び事業規模の格差），そして，（c）15年という長期の契約期間と競業避止義務があること（取引先変更の可能性が低いこと）を挙げている。また，事件③では，（i）コンビニ事業の経営ノウハウの使用を許諾され，商品の仕入れもS社に大きく依拠していること，（ii）開業時に少なくとも250万円の初期投資をしている上，契約期間が15年と長期にわたり，契約終了後少なくとも1年間はコンビニ営業ができないこと，（iii）S社が全国37都道府県に1万店舗以上の加盟店を擁し，年間2兆円以上の売上高を有しているのに対して，加盟店らが数億円程度の売上高にとどまる中小規模の小売業者であることから，加盟店らにとって取引を継続することができなくなれば事業経営上多大な支障を来すという関係があるということができるとして，S社の取引上の地位が，加盟店に対して優越しているとする。

このように，コンビニのFC契約に関して，少なくともFC契約締結後において，取引先変更の可能性，取引依存度，市場における地位及び事業格差などを総合的に考慮して，コンビニ本部の加盟店に対する取引上の地位が認められる傾向にある。FC契約締結後については広く優越的地位が認められるため，濫用行為が認められるか否かが重要となる。

3.2. 濫用行為，見切り販売行為

S社の加盟店契約において，加盟店が本部に支払うロイヤルティは，

（総売上額−（総売上原価−廃棄ロス原価−棚卸ロス原価−仕入値引高））×チャージ率

で計算される（以下，「コンビニ会計方式」という）。これによれば商品を廃棄した場合には，ロイヤルティ計算上は総売上額から差引くことができる売上総原価に含まれず，その帰結として，廃棄商品の原価相当額にロイヤルティがかかることになる。他方，販売価格決定権は加盟店にあることが規定されている。

第 12 章　フランチャイズ契約における優越的地位の濫用　　273

　優越的地位にある者が，その地位を利用して正常な商慣習に照らして不当に，取引の実施について相手方に不利益を与える行為は優越的地位の濫用として不公正な取引方法となる（命令時一般指定 14 項 4 号，現独禁法 2 条 9 項 5 号ハ）。そして，公取委の FC ガイドライン（3 (1)）[3] は，本部が加盟店に対し，FC・システムによる営業を的確に実施する限度を超えて，そのような取引を実施する場合は優越的地位の濫用に該当するとし，その例として，廃棄ロス原価を含む売上総利益がロイヤルティの算定の基準となる場合において，本部が加盟店に対し，正当な理由がないのに，品質が急速に低下する商品等の見切り販売を制限し，売れ残りとして廃棄することを余儀なくさせること，を挙げている。本件排除措置命令の事案はこれと同種のものといえる。

　排除措置命令書の主文及び理由の記載によれば，「かねてから，デイリー商品は推奨価格で販売されるべきとの考え方について，OFC を始めとする従業員に対し周知徹底を図ってきている」ことや，「加盟店で廃棄された商品の原価相当額の全額が加盟者の負担となる仕組みの下」（コンビニ会計方式）といった記載がされているが（理由中の第 1 事実，2），これら自体を違反行為とするのではなく，これらの事実関係の下で，加盟店が実際に見切り販売を行い，あるいは既に行った場合に，①担当者が，当該加盟店に見切り販売を行わないようにさせる，②加盟店が見切り販売を再度行わないようにさせる，③ ①②にかかわらず，加盟店が見切り販売を取りやめないときは，加盟店契約の解除等の不利益な取り扱いを示唆するなどして，加盟店が見切り販売を取りやめることを余儀なくさせる行為を，違反行為すなわち濫用行為とするものである [4]。

　見切り販売の制限に関する損害賠償訴訟では，さらに具体的な違反行為が認定されている [5]。すなわち，S 社の統一的イメージを構築し，他との差別化を図るため，デイリー商品は推奨価格で販売されるべきとの方針に基づきマニュアルの作成，研修など，従業員に対し周知徹底を図っていたこと自体

---

　3)　正式には「フランチャイズ・システムに関する独占禁止法上の考え方」である。
　4)　平林英勝「本件評釈」ジュリスト 1384 号 101 頁（2009），金井貴嗣ほか「座談会　最近の独占禁止法違反事件をめぐって」公正取引 718 号 9–10 頁〔中島，川濵，岸井発言〕（2010）。なお，岸井は，コンビニ会計方式自体の問題性にも言及している。
　5)　本件排除措置命令に由来する独禁法 25 条訴訟として，表 1 の事件⑤，⑥がある。その他民法 709 条訴訟も提起されている。

は許されるとし，デイリー商品の推奨価格での販売をすることが望ましい旨の助言・指導を超え，見切り販売が契約違反であると指摘したり，見切り販売によって契約更新の拒絶等の不利益を生じることを申し向け，あるいは経営指導に従うよう恫喝したりするなど，加盟店に事実上の強制を加えて価格決定権の行使を現実に妨げ（本章においてこれを「妨害行為」という），見切り販売の取りやめを余儀なくさせる場合に違法としている。そして，加盟店に対し個々の妨害行為があったかが判断されている。

　もっとも，実際の妨害行為の認定は微妙である。裁判例の中には，本部の方針の周知徹底，レジ・会計システム[6]等によりデイリー商品の見切り販売について嫌忌されているという認識が相当程度強固となっていたことを推認し，担当者がデイリー商品の値下げはできない旨を述べていた場合には，それが明示的に訂正されない限りそれ以降も継続的にこれをしてはならないとの強い心理的な強制を受けるとして妨害を肯定するものもあるが[7]，価格決定権が加盟店にあることを重視し，それが実際に行使できないような妨害を受けたことの立証を求めるものもある[8]。

　このような枠組みに対し，優越的地位の濫用に係る公正競争阻害性は，自主的な意思決定ができる事業者であれば通常受け入れることのない不利益を負わせる場合に認められるとして，濫用行為該当性は，契約における助言・指導の範囲を超えるか否かではなく，そのような不利益を加盟店に負わせるかどうかによって判断されるべきとする見解がある[9]。しかし，本件契約締結前であれば本部が優越的地位に立つわけではなく，加盟店に契約を締結する選択機会が与えられるとするなら，加盟店は契約を締結した以上，契約条項に基づく不利益は受け入れざるを得ない[10]。そうすると，契約内容とさ

　6）　判決では，推奨価格以外の価格で販売する場合にはレジでバーコード入力ができず，手動操作等が必要となる。値下げ販売をした場合には本部会計部署に警報が行くことが認定されている（事件⑥）。

　7）　事件⑤。

　8）　事件⑥。

　9）　大槻文俊「本件評釈」NBL1028 号 82 頁（2014）。

　10）　事件③の原審（東京地判平成 23 年 12 月 22 日）では，括弧書きのなお書きの中で，「（なお，本件全証拠によっても，原告ら各自と被告との間で本件基本契約等が締結されるまでの段階で，被告の（セブン−イレブン＝筆者挿入）の取引上の地位が原告ら（加盟店ら＝筆者挿入）に優越していたものと認めることはできない。）」と述べている。もっとも，同会計方式について加盟者募集時に十分に開示・説明をしないと欺瞞的顧客誘引（一般指定 8 項）と

れている推奨価格維持の方針やコンビニ会計方式といった仕組みが加盟店に一定の不利益を生じさせる可能性があるとしても，適正な数量の仕入れをして廃棄を少なくすること，そして最終的には自主的判断により見切り販売を行うことでその不利益を回避する責任は加盟店にあることになり，そのような行動が困難な場合にのみ，不利益を加盟店に負わせることが違法とされることになる。

　また，見切り販売，とくに原価以下での販売の野放図な拡大は本部のロイヤルティ収入の減少を招き，コンビニ・チェーンなり FC 全体の発展を阻害するので，本部側が推奨価格販売に関する助言・指導を行うことの合理性を指摘するものがある[11]。一方で，廃棄が迫った商品について見切り販売が制約されると，加盟店は，少しでも廉価で販売することで原価を回収する機会を奪われる上，結局廃棄になれば原価部分につきロイヤルティを支払うことになるという意味で二重のダメージを受けるが[12]，本部は廃棄となっても利益を取得できる。コンビニ会計方式については，杜撰な過剰発注を回避し廃棄ロスを減らすインセンティブを確保する面があるが，他方で加盟店は，欠品，不足品を生じないよう在庫維持に努める義務を負い，これを守れば廃棄を完全に回避することは至難の業だと指摘するものがある[13]。

　本件命令後，S 社は見切り販売方法に関するガイドラインを作成し，①見切り販売は廃棄時間の 1 時間前からこれを認め，②仕入原価を割る販売について，その負担は加盟店との話し合いによるものとし，加盟店の負担とすることも可能とすることで公取委の承認を得た，とされる[14]。

　　して問題になる可能性がある（FC ガイドライン 2（3））。なお，説明義務の存在を肯定した裁判例として，事件④及びその原審である福岡地判平成 23 年 9 月 15 日（判例時報 2133 号 80 頁）。

11）　金井ほか・前掲注（4）9 頁〔中島発言〕。

12）　金井ほか・前掲注（4）11 頁〔川濵発言〕。

13）　齊藤高広「本件評釈」ジュリスト 1464 号 109 頁（2014）。

14）　若林亜理砂「本件評釈」公正取引 709 号 5 頁（2009），金井ほか・前掲注（4）9 頁〔岸井・中島発言〕。なお S 社は本件命令の執行とは別に，自主的判断として，廃棄原価の 15% を本部の負担とする措置をとった（セブン＆アイ・ホールディングス公式 HP「加盟店様をバックアップする新たな支援策について」（2009 年 6 月 23 日））。

4. 経済学的論点

4.1. コンビニ FC 契約におけるホールドアップ

コンビニの本部・加盟者間の契約は長期にわたる継続的取引であり，経済情勢の変化に伴って当初の契約にない状況が生じる可能性が高いという意味で不完備契約の状況である。

コンビニ経営に先立って加盟者が支払う初期費用は [15]，S 社の A タイプであれば研修費（50 万円），開業準備手数料（100 万円），自己資本（150 万円）及び店舗の建築資金であり，これらは埋没費用である。この場合加盟者は，土地・建物を提供して S 社の店舗として改築し，研修等により経営ノウハウを学ぶ。しかし，S 社との契約終了後少なくとも 1 年間は他のコンビニ・チェーンへの加盟はできず（競業避止義務），これら有形・無形の投資を他チェーンのために転用できない [16]。したがってこれらの出費は加盟者にとっての関係特殊的投資であり，加盟者は本部との間でロックインされた関係にあるといえる。

不完備契約においては，このような投資がなされた後に，本部が自己に有利な取引条件を加盟者に押しつける（機会主義的行動）可能性がある。重要なのは，事前にそれを予想した加盟者が関係特殊的投資を控えて過少投資となるかどうかという点であるが，加盟店基本契約においては関係特殊的投資についての金額や内容は細かく規定され，加盟者の裁量の余地はないと考えられる。経営スキルの形成など加盟者の自主的な努力の要素が含まれるとしても，日常業務の遂行に必要なレベルに達していなければ営業に支障を来すであろう。このように，本部の機会主義的行動が過少な関係特殊的投資をもたらすとは考えられず，ホールドアップ問題は存在しないことになる [17]。

一方，本部による機会主義的行動をおそれて潜在的加盟者が契約を断念し，

---

15) セブン-イレブン・ジャパン HP（http://www.sej.co.jp/owner/keiyaku/）2015 年 10 月 28 日。

16) コンビニとしての店構えはチェーン間で大きな差がないから，もし競業避止義務がなく S 社との契約終了後に他のコンビニ・チェーンの店舗として開業できるなら，店舗建設のコストは一部回収でき，コンビニ経営のノウハウも生かせる可能性がある。

17) ここでは関係特殊的投資が過少となる状況を「ホールドアップ問題」とよぶ。

第 12 章　フランチャイズ契約における優越的地位の濫用　　277

表 12-2　S 社と主要コンビニ・チェーンの国内店舗数推移

	S 社		主要コンビニ・チェーン（S 社以外）	
	店舗数（店）	前年度比	店舗数（店）	前年度比
2005 年度	11,310	4.3%	28,789	1.7%
2006 年度	11,735	3.6%	29,081	1.0%
2007 年度	12,034	2.5%	29,155	0.3%
2008 年度	12,298	2.1%	29,706	1.9%
2009 年度	12,753	3.6%	30,062	1.2%
2010 年度	13,232	3.6%	29,861	−0.7%
2011 年度	14,005	5.5%	30,809	3.1%
2012 年度	15,072	7.1%	32,456	5.1%
2013 年度	16,319	7.6%	33,611	3.4%

出所）（社）日本フランチャイズチェーン協会調査月報，セブン-イレブン・ジャパン HP より作成。

　その結果加盟店数が過少になることも考えられる。実際の加盟店数が過少であるかを判断するのは難しいが，2009 年の本排除措置命令の前後で S 社の店舗数（加盟者）の変化を他の主要コンビニ・チェーンと比べると（表 12-2）[18]，排除措置命令後の S 社の店舗数の伸びは他チェーンよりもたしかに大きい。しかし，排除措置命令後に見切り販売をする加盟者が著しく増加したという事実は認められず，したがってこの時期の店舗数の増加の原因が見切り販売制限の取りやめであるとは断定できない。

　このように，三越事件やドン・キホーテ事件のような大規模小売業者と納入業者のケースとは異なり [19]，コンビニ契約において関係特殊的投資は存在するが，契約の不完備性によりその投資が過少になるとは考えにくい。そこで以下では，見切り販売制限がホールドアップ以外の何らかの非効率を招いているかについて検討する。

4. 2.　インセンティブとリスク負担，情報の非対称性

4. 2. 1.　需要の変動と発注精度——インセンティブの側面

　コンビニ加盟者は，日々自己の判断によって個々の商品の発注量を決定し，

---

18)　ここで主要コンビニ・チェーンとは S 社の他，（社）日本フランチャイズチェーン協会正会員であるコンビニ本部をいい，ココストア，サークル K サンクス，スリーエフ，セイコーマート，ファミリーマート，ポプラ，ミニストップ，デイリーヤマザキ，ローソン（2010 年 2 月以前はエーエム・ピーエム・ジャパンを含む）を指す。

19)　小田切（2008）147-150 頁，岡室・林（2009）286 頁。

それを「売りきる」努力をしている。その際，加盟者は各商品の需要（消費者の嗜好，地域固有の事情，天候等様々な要因によって変動）を的確に予測しなければならない。本部は加盟者に対して「単品管理[20]」による発注精度の向上を要求しつつ，コンビニ会計方式と見切り販売制限を組み合わせた形で加盟者に廃棄ロスを負担させることを通して，売れ残りが出ないような発注を促す[21]。他方，本部は「販売機会ロス」（品切れや客の要望に合った品揃えをしていないための損失）を減らす厳しい指導を行い，過少発注を防いでいる。これは，加盟者の発注精度と販売努力の向上を引き出す巧妙なしくみであり，効率性の観点からはむしろプラスに評価できる。

4. 2. 2.　リスク負担の問題

　加盟者が需要に関する情報を本部より多く持っており，相応の努力により個々の商品の需要を正しく予測できるのであれば，この方式は加盟者の経営努力を引き出すため妥当であるといえる。

　しかし，（特に契約当初は）加盟者が本部よりも情報上優位にあるとは必ずしもいえない。また，加盟者の多くは個人や家族であり，よりリスク回避的であると考えられる。この状況で，よりリスク中立的であると考えられる本部が廃棄ロスを含めてより多くのリスクを負担することは，双方にプラスとなる可能性がある。また，多様な加盟者が直面するリスクが互いに独立であるならば，それらを本部が負担することでリスクをプールすることにもなり，この点でも合理的である[22]。

　もっとも，一般にリスク負担とインセンティブの問題はトレードオフの関係にあり，本部が加盟者のリスクを負担することにより加盟者の発注・販売のインセンティブを低下させる可能性もある。効率性の観点からは，政府による契約への介入は慎重であるべきである。

4. 2. 3.　加盟者の能力の選別──情報の非対称性

　本部によるコンビニ会計方式と見切り販売制限の組合せを，加盟者の発

20）「単品管理」とは，情報システムにより「商品1品ごとの動きを管理し，データで検証しながら次の発注の精度を高める」（セブン－イレブン・ジャパンHP）しくみを指す。

21）　本部の指導が見切り販売制限のみであれば，加盟者の発注は過少になることが示される（堀江 2010）。

22）　S社本部が加盟者から受け取るロイヤルティが売上総利益の一定割合になっていること自体，リスク分担の一形態である。なお，排除措置命令後，S社は廃棄ロスの15%を負担し，加盟者のリスクをより多く負うこととなった。

注・販売に対する能力を選別するしくみと捉えることもできる[23]。能力の高い加盟者と能力の低い（潜在的）加盟者が存在し，本部が個々の加盟者がどちらのタイプであるかの情報を持たない場合，本部の機会主義的行動がないならば，両方のタイプの加盟者が市場に混在するか，能力の低い加盟者のみが市場に存在する逆選択の状況となる。ここで本部がコンビニ会計方式と見切り販売制限の組合せを（コストをかけて）採用すれば，能力の高い加盟者は利益を出すことができるが，能力の低い加盟者は利益をあげられないため市場に参加しないことを選ぶ。結果的に能力の高い加盟者が選別され，逆選択の非効率が解消される。

この場合，本部が見切り販売制限をすることは実質的なコストとなるから，このコストが逆選択の非効率によるコストよりも大きいのであれば政策的な介入の根拠となるし，逆であれば政策による介入は社会的に望ましくない。

4.3. 価格拘束としての「見切り販売制限」

本項では，見切り販売制限を価格拘束と捉え，価格競争に及ぼす影響を考察する[24]。

加盟店基本契約においては，個々の商品の価格の決定権は加盟者にあるとされるが，実際はほとんどの加盟者が本部の提示する「推奨価格」を採用し，チェーンごとに価格はほぼ統一されている。これは，本部の指導や決済システムによるものであると考えられるが，加盟者側でも本部・他店舗との長期的な関係の中であえて短期的な利益を求めて価格競争をしないと推測される。しかし，見切り販売に関しては，排除措置命令以前はデイリー商品の廃棄分はすべて加盟者の負担となっていたから，加盟者の値引きの誘因はより強かったはずである。

S社は排除措置命令に対する声明において「安易な見切り販売は，中長期的に見れば加盟店様の利益にはなりません」としている[25]。これらは，「同じ時間帯に値下げした商品と推奨価格の商品が並び，"一物二価"となるこ

---

23) 松村（2006）97-99 頁の議論を参照。

24) 事件④の原審である福岡地裁判決（平成 23 年 9 月 15 日）では，見切り販売制限を拘束条件付取引（旧一般指定 13 項）と認定している。

25) セブン＆アイ・ホールディングス公式 HP「公正取引委員会からの排除措置命令に関する弊社見解について」（2009 年 6 月 22 日）。

と」に対する顧客の"不信感"や，加盟店同士の見切り販売合戦（ブランド内競争）ならびに他のコンビニ・チェーンやスーパー等との価格競争（ブランド間競争）による利益減少を指している。そこで以下では，見切り販売によるブランドイメージの毀損，他店舗との価格競争及び「推奨価格」商品の需要減少，についてそれぞれ検討する。

4.3.1.　ブランドイメージの毀損

　一般に，FC システムにおいてはブランドの信頼性や統一的イメージが重要であり，そのために本部が統一した方針の下で加盟者にブランドを使用させ，経営方法の指導等を行う。その統一性確保の対象に販売価格も入れるべきであるとする説[26] と，販売価格の制限までは認めるべきでないとする説[27] がある。

　現在はスーパーや百貨店等でも消費期限の迫った弁当等の安売りは珍しくなく，コンビニが行っても不信感が生まれるとは考えにくい（そもそも通常のデイリー商品と消費期限の迫った商品とは別物だから「一物二価」ではない）。また，低価格での販売自体がブランドイメージを傷つけるか否かという点についても同様に考えられる。

4.3.2.　他店舗との価格競争による利益低下

　本部はむしろ，見切り販売がひきおこすであろう（同一チェーンの）店舗間あるいは他のコンビニ・チェーンやスーパーとの価格競争を懸念しているように思われる。ブランド内・ブランド間競争の激化により各加盟者の利益が低下し，本部へのロイヤルティが減少することはありえよう。しかし，これは同時に消費者にとっては福音であり，（消費期限間近のデイリー商品という限定はあるが）資源配分効率性の観点からは望ましい。この効果が前述のブランドイメージに対するマイナス効果を上回るならば，価格制限としての見切り販売制限は社会的に容認されないことになる。

4.3.3.　見切り販売実施による通時的な需要シフト

　見切り販売が常態化すると，見切り販売が行われるまで待って購入しようとする消費者が現れるかもしれない。すなわち，見切り販売実施により，需要が見切り販売開始以降にシフトする可能性がある。消費者の中には購入時

---

26)　根岸（2009）1頁，川越（2001）464頁。

27)　若林・前掲注（14）5頁。

間をずらしても低価格で買いたいと考える消費者と，高い推奨価格でもあえて購入する（安くなるまで待てない，賞味期限間近の商品は買いたくない等）消費者がいると考えられるが，前者の割合が大きいほど見切り価格での需要は大きくなり，推奨価格での需要は小さくなるため推奨価格も下げざるを得なくなる。これも見切り販売実施による加盟者・本部の利益の減少要因である。

　この場合も，見切り販売により消費者余剰・総余剰も増大すると考えられるから，見切り販売は経済厚生上プラスと評価できる。

　このように，見切り販売制限は，価格競争（店舗間，同一店舗の通時的需要シフト）を消滅させる点で消費者にマイナスを与え，資源配分効率性を損ねているとみなすことができ，見切り販売制限に対する政策的介入の根拠になりうる。

4.4.　小　括

　ここまでの議論は次のようにまとめられる。第1に，見切り販売制限により加盟者の関係特殊投資が過少になるとは考えられず，また，それ以外の面で加盟者のインセンティブを損なうとも考えられない。第2に，双方のリスク分担及び優良な加盟者の選別という観点からは，見切り販売制限は経済厚生上プラス・マイナスどちらの可能性もある。第3に，価格拘束の側面に注目すると，見切り販売制限は消費者を含めた経済厚生を損なっていると考えられる。したがって，本排除措置命令は，価格拘束に対する措置としてはプラスに評価できる。

　もっとも，排除措置命令以前にこのような見切り販売をしていた加盟者はS社によればごく少数であり[28]，本命令後に加盟者による見切り販売が大きく増加した，という事実もなく，現状での価格競争への影響がさほど大きくないことは認めざるを得ない。

　ここまで本部による見切り販売制限の是非を効率性の観点から論じてきたが，本来優越的地位の濫用規制は公平性の観点から考察されるべきである。その際，本部の機会主義的行動が加盟者にもたらす不利益が合理的範囲を超えた（著しい）ものであるか，また，あらかじめ計算できないものであるか，

---

[28]　排除措置命令後のS社の報道発表（前掲注25）によれば，S社側が見切り販売制限をしていたと公取委から説明を受けた店舗の数は全国12,323店舗のうちわずか34店舗であった。

という点が問題となる。

　本排除措置命令以降，見切り販売制限に関連して提起された損害賠償請求訴訟（事件④⑤⑥）においては，損害賠償を一部認める判決も下されている（事件⑤）。事件⑤における原告による損害賠償請求額は1店舗当たり月額30万〜45万円程度で，少なからぬ額である。しかしこれは単純に見切り販売制限期間の廃棄ロス総額に0.8を乗じたものであり[29]，判決で述べられている通り，見切り販売常態化による推奨価格での売上減少や他店舗との価格競争の可能性を無視している。それらを考慮すると，各店舗の「損害額」は請求額よりもかなり小さくなる[30]。一方，加盟店基本契約により価格決定権は加盟者にあるとしている以上，見切り販売における価格決定のみを例外的に，しかも事後的に拘束することは加盟者による不利益の計算を困難にしていると考えられ，正当とはいえない。本部は契約締結時に，廃棄についての会計方式とともに，見切り販売に関する説明もすべきである。

　なお，類似の論点として，本部による競合店出店の問題がある。一般にコンビニ加盟店の売上・利益は各商圏に存在する店舗数によって大きな影響を受けるため，個々の加盟店にとって同一商圏内の競合店の出店はかなりの打撃となる[31]。

　しかし，利潤機会があれば新規参入するのは経営者の当然の判断であり，それはまた消費者の利便性の向上という形で経済厚生の改善をもたらす。もし，加盟店が被る不利益を理由に本部による新規出店を制限するならば，経済厚生は損なわれ，過剰な介入となろう。また，同一チェーンで出店しなくても他チェーンが出店するかもしれない。いずれにせよ，本部は競合店舗出店に関して，契約締結時にも出店計画時にも加盟者に十分な説明を尽くす必要があると考える。最近では，既存店の近くに出店する場合は，既存店に二号店としての経営を打診するなど，本部による配慮がみられる。

---

　29)　原告側によると，廃棄ロス総額に0.8を乗じているのは，見切り販売をしても発生しえた廃棄ロス等を考慮するためである。

　30)　たとえば事件⑤における原告（P1）の見切り販売制限期間の損害賠償請求額，売上総利益総額はそれぞれ36,895,903円，743,143,378円である。見切り販売の実施により仮に推奨価格での需要が2.5%減少するならば（見切り販売分の損益はゼロとする），この時期の売上総利益総額は18,578,584円減少し，その結果見切り販売禁止による損害額は半減する。

　31)　前述（注24）の福岡地裁判決においては，競合店の出店とともに原告店舗の売上高・利益が大きく減少したことが示されている。

5. おわりに

　フランチャイズ契約のうちコンビニの加盟店基本契約では，長期契約が締結され，競合避止義務を負うことで取引先変更の可能性が低くなっているため，優越的地位の濫用の問題が生じることがあり，少なくとも加盟店基本契約後の本部と加盟店との取引関係において本部側に優越的地位が広く認められることとなる。本章で取り扱ったセブン‐イレブン事件では，コンビニ会計を前提としたデイリー商品の値下げ販売の禁止，すなわち見切り販売の禁止が濫用行為に該当するかが問題となっている。

　デイリー商品の値下げ販売の禁止は，本部側の推奨価格での販売の助言・指導を超えて，契約行使の拒絶等，事実上の強制を行うことで，加盟店の価格決定権の行使を妨げる場合には濫用行為に該当することとなる（事件②，④，⑤，⑥）。但し，本部側の推奨価格での販売の助言・指導を超えたか否かは，具体的にデイリー商品の値下げは出来ないと述べ強い心理的強制が生じた場合には指導・助言の範囲を超えるとする場合（事件⑤）がある一方で，価格拘束として見切り販売の禁止が争われた事例では，値下げ販売を否定する発言がなされているにもかかわらず，統一性のある同一事業のイメージの下の経営方針として指導・助言の範囲内であるとしており（事件④），その基準は必ずしも明らかではない。

　経済学的観点からは，見切り販売の禁止は，経済厚生上プラス・マイナス両方の効果があると考えられる。コンビニ経営に際して関係特殊的投資や経営のインセンティブに対するネガティブな効果は認められない。他方，価格拘束の側面に着目すれば，見切り販売という限定的な場面であっても，ブランドの統一性のためにブランド内競争を消滅させることは経済厚生上マイナスとなろう。但し，見切り販売を行っていた加盟者は少数で，排除措置命令後に増加しているわけでもない。見切り販売の制限の問題解決を考えた場合，加盟店基本契約締結の段階で，見切り販売に関して本部から加盟者への十分な説明が求められるといえる。

　本章では，見切り販売の制限について優越的地位の濫用規制を中心に捉えたが，価格拘束（再販売価格維持行為または拘束条件付取引）としての規制の可

能性もある。価格拘束で捉えた場合には，拘束の有無，競争減殺としての価格維持のおそれ等が問題とされることになる。特に，検討対象となる市場について，本部と加盟者との取引関係を市場と捉えるのか，他の競合するコンビニも含めて市場と捉えるのかについては今後の検討が必要となろう。

参考文献

岡室博之・林秀弥（2009）「優越的地位の濫用」岡田羊祐・林秀弥編『独占禁止法の経済学―審判決の事例分析―』東京大学出版会，第 13 章。

小田切宏之（2008）『競争政策論』日本評論社。

川越憲治（2001）『フランチャイズシステムの法理論』商事法務研究会。

川濵昇（2010）「本件評釈」平成 21 年度重要判例解説，288 頁。

川濵昇ほか編（2014）『ベーシック経済法（第 4 版）』有斐閣，276-277 頁（泉水文雄執筆）。

小塚荘一郎（2006）『フランチャイズ契約論』有斐閣。

伊永大輔（2014）「優越的地位濫用の成立要件とその意義」日本経済法学会年報 35 号。

白石忠志（2010）『独禁法事例の勘所（第 2 版）』有斐閣。

白石忠志・長澤哲也・伊永大輔（2012）「鼎談 優越的地位の濫用をめぐる実務的課題」ジュリスト 1442 号。

根岸哲（2009）「フランチャイズ・システムの本質的特性と独禁法の適用のあり方」NBL912 号。

長谷河亜希子（2012）「本件評釈」新・判例解説 Watch11 号，197 頁。

堀江明子（2010）「コンビニ・フランチャイズ契約における『見切り販売』制限の是非」経済論集（東洋大学）36 巻 1 号，195-213 頁。

金井貴嗣ほか（2010）「座談会 最近の独占禁止法違反事件をめぐって」公正取引 718 号。

松村敏弘（2006）「優越的地位の濫用の経済分析」日本経済法学会年報 27 号，90-102 頁。

終　章

本書の達成と今後の展望

川濵　昇

1.　独禁法の「法と経済学」——本書の達成と今後の展望

　本書と同様のアプローチで審決・判例等を法学者，実務家，経済学者が共同で検討した『独占禁止法の経済学』は 2009 年に公刊されている。同書のはしがきでは「独禁法実務に経済学的視点を導入させる努力は日本では十分でない」「経済法学者のなかにも経済分析の重要性を理解する者は少ない」という現状認識が語られている。この間，努力が積み重ねられ，経済分析の重要性の理解も拡大したものと思われる。同書が意図した「独禁法分野における経済学者・法学者の相互理解」も促進された。

　独禁法分野における経済分析の重要性は自明のように思われるかもしれないが，なぜ経済分析が必要なのかをまず確認し，本書の貢献，さらにこれから期待されるべき法学と経済学の共同作業のあり方を述べる。

2.　独禁法と経済学の関係——近時の世界的潮流

　法と経済学による研究は法の多くの領域で活発になっている。わが国においては，会社法の研究では独禁法以上に経済分析が重視されているようである[1]。

---

　1)　法と経済学の現状については，川濵昇「法と経済学の現状と課題」亀本洋編『岩波講座・

しかし，本書のように多くの先例について包括的に法学と経済学の両面からの共同研究が行われている（かつそれが必要とされている）分野は独禁法の他にはない。法と経済学がもっとも盛んな米国でも包括的な事例研究がなされているのは反トラスト法ぐらいである。独禁法は経済学と密接に関係するのだから当然と思えるかもしれない。しかし，経済学の影響が強かったはずの反トラスト法でも経済学が法運用に広範に使われ出したのはそれほど昔ではない。まず，独禁法で経済学が重要なことの理由を確認し，それがなぜ今になって重要性を持ったのかを説明する。

経済学の利用に関して，独禁法の特徴は，具体的な法運用において経済学の知見が必要なことである。独禁法の規律対象となる行為は通常それらが競争へ悪影響を持つ場合に規制される。ある行為が法の要求する反競争効果をもつと判断するには，経験則に依拠せざるを得ない。それは経済学に裏打ちされる必要がある。たとえば企業結合が「一定の取引分野における競争を実質的に制限することとなる」か否かを判断する場合を考えよう。これは，当該企業結合により市場支配力が形成・維持・強化されるか否かということである。市場支配力とは競争状態に比べて自己に有利に価格その他の取引条件を設定する地位とされている。この効果の判定を，結合当事会社の状況，市場の具体的状況にかかわる事実から判断するのである。このような判断は合理的な経済的経験則[2] なしにできそうもない。公正競争阻害性のなかでも自由競争減殺については，当該行為がどのように競争の排除または回避を通じて市場の競争機能を制限する危険性等をもたらすのかを判定しなければならない。また，問題となった行為が効率性等の競争促進的効果を達成するために行われたかどうかを判断するにも経済学的に根拠のある形で判断を下す必要がある。

他の法律分野での「法と経済学」の主要な課題は，特定のルールが関係当事者にどのような行動をとらせ，その結果どのような帰結をもたらすのかということの解明である。このような知見は，規範形成の根拠となる事実（立

現代法の動態　第6巻　法と科学の交錯』223-251頁（岩波書店，2014）を参照。

2)　経験則という用語が法学と経済学では異なった含意を持つので注意を要する。ここで経験則と呼ぶものは，理論の裏付けのない rule of thumb としての経験則ではない。証拠から証明すべき事実を導くための論理的，理論的なものをも含むすべての法則的知識のことである。

法事実）レベルでの話である[3]。もちろん，この課題の探求は競争法の分野でも極めて重要である。しかし，独禁法では司法事実レベルでも経済学が重要な意味を持つ点に特徴がある。もちろん，規範形成根拠事実の探求も重要な意味を有するが，独禁法ではそれが司法的事実と連続していることも特徴である。

したがって，明示的な経済分析なしに独禁法が適用されているように見える場合であっても，直観的な経済分析（私家版経済学に過ぎないときもある）が前提とされているのである。それゆえ，独禁法の母法である米国反トラスト法では1940年代から法学と経済学の共同作業が進められはじめていた[4]。わが国でも法学と経済学の双方からその必要性が40年以上前から主張されていたが，最近までさほど進展しなかったことは否定できない。先述したように米国でも反トラスト法の法実務において経済分析の重要性が増大したのはそれほど古い話ではない。手短に述べると米国では1970年代までは市場構造を重視し，また競争状態では観察されない慣行が存在し，それが直観的に競争的活動に影響しそうであれば，基本的に問題視するという形でルール形成がなされ，法が発展してきた。その当時有力だった構造・行動・成果パラダイムに拠る産業組織論はそれらのルールに根拠を与えるものと考えられていた。具体的に反競争効果を立証することなくして違法と判断できる準則の下では具体的な事件についての経済分析が低調なのは当然のこととも言える。これに対し1970年代まで問題とされていた慣行が実際には競争制限効果をもたない可能性や効率的な目的を有する可能性が主張され，形式的に運用可能な従来のルールに対して強い批判がなされた。シカゴ学派と呼ばれるこの立場は従来問題とされてきた慣行は基本的に効率性促進であるとみるべきだとして従来のルールの全面的書き換えを主張した。シカゴ革命と呼ばれる1980年代前半の米国反トラスト法の変容は，このように従来の慣行がおよそ反競争効果を生じることはないという前提でルールを作り替えるという方向のものであった。そこでは，規範形成根拠事実レベルで経済学が登場したのであった。しかし，問題の慣行が反競争効果をもちうるという反論も展

3）　川濱・前掲注（1）229-230頁。
4）　反トラスト法と経済学の歴史的な関係については，川濱昇「独禁法と経済学」日本経済法学会編『経済法講座　第2巻　独禁法の理論と展開Ⅰ』39頁（三省堂，2002）。

開され，具体的なコンテクストでどのような事実関係があれば反競争的になりうるかについての精緻な議論が展開されるようになった。その結果，具体的事件において，当事者の状況，背景となった市場の慣行，当該行為が当事者にとって有した意味を整理した上で，特定の行為が反競争効果や競争促進効果を持ち得たか否かが吟味されることになった。これまでの同種の事実関係でどのような効果が存在したかという経験的研究と理論的な成果にもとづいて反トラスト法事件が検討できるようになったのである。また，このような具体的作業を通じてルール選択がもたらす経済的帰結が議論されるようになったのである。同種の変化は EU 法にも生じた。かつて形式的な基準が優勢であった EU 競争法もそれでは過剰規制ないし過小規制になり消費者の利益を害する行為を同定できないという反省から，1990 年代後半に経済分析を多用する方向に転舵した。

　ところで，わが国では米国のような厳格な形式的ルールが広範に採用されたことはなかった。他方，反競争効果の有無を当事者が問題にする余地のある事件，根岸哲の言葉を借りると「経済学的知識の援助を求めなければ解決できないような高級な独禁法違反事件がなかった」[5]，あるいは少なかったため，かつては経済分析の必要性が顕在化しなかったのかもしれない。

　1990 年以降，競争法が国際的に急速に普及しはじめた。Ezrachi[6] の総括によれば，競争法の国際的な現状はより透明かつ調和のとれたものとなっており，記録的な数の競争当局がますます同様の言葉で語るようになり，執行活動の調整も進展しているという。各国の競争法の細部は様々であるし，競争法の目的も多様である。しかし，消費者厚生という重要な目的は共有しており，それがまさに経済分析に好都合なものであることがこのような調和の一要因であることは否定できない。結論において異なった立場をとっている場合にも，経済学の言葉で説明できることが相互の了解を可能にし，透明性と調和を増加させることに貢献している。わが国独禁法の運用においても経済的な背景を明示していることが国際的な競争法の世界でわが国独禁法がガラパゴス化せず，わが国市場が透明で競争的なものであることを示すのに不

---

5)　根岸哲「独禁政策―法学と経済学―」季刊現代経済学 24 号 154 頁，156 頁（1976）。

6)　Ariel Ezrachi, "Setting the scene: the scope and limits of 'international competition law'," in Ariel Ezrachi ed., *Research Handbook of International Competition Law* 3 (2012).

可欠なのである。

3. 本書の取り組み

　1節と2節では，独禁法（競争法）の領域で法学と経済学の協働作業が不可欠であること，それも個々の事件の検討において重要であることを法律要件に関連付けて説明した。たとえば，反競争効果の具体的な判断や問題とされた行為が正常な競争過程を反映したものと言えるかどうか，問題のある行為が持ちうる競争促進効果の確認といった問題に関して，関連する経済モデルを検討し，実証を試みるというものである。法律要件それ自体でなくとも，その充足をチェックするのに必要な間接事実について経済分析に依拠した推論がなされることも重要である。本書のほとんどの章でこのような検討がなされている。企業結合を扱った第3章から第5章，私的独占・不公正な取引方法を扱った第6章から第10章ではそれが中心課題である。これらの経済分析はルール形成のための前提事実の供給源とも言える。しかし，独禁法にとっての経済分析の有益性はそれに留まるものではない。第1章の入札談合では，反競争効果要件の立証に留まらず，違反行為の生成メカニズムの分析がなされている。このような理解なしには，適切に違法行為を抑止するための制度設計やそれに適した規範形成は難しい。また，第2章では競争制限的行為がなおかつ公益に合致することがありうるのかという問題が扱われているが，そこでは競争制限的なメカニズムが安全性に有益であるための条件が具体的な事案に即して分析されている。第11章，第12章では優越的地位の濫用が検討されている。優越的地位の濫用は米国のように反トラスト法の直接的な規制対象ではないとする国も多く，競争法の世界では周辺的なものであるとされることが多い。また，そこでは市場支配力や消費者厚生，効率性といった経済分析の対象となる概念は法適用に直接的な関連性を持たない。他方，わが国同様にこのような規制を設けている国も多い。第11章，第12章はまずこの規制が対象としている行為の性質を経済的に分析している。優越的地位の濫用規制がいわゆる経済目的とは異なった公正さなどを中心目的とするものであったとして，法的介入がそれを実現するにはどのような手段が適切であるかは重要である。また，不公正とされている行為が本当に不公

正なのか否かについての検討も必要である。当該取引が実は両当事者の共通利益の達成に有益であるのか否か，規制が不公正な取引の防止を抑止できず，単に効率的な行為を抑制するだけだという良くある批判が本当か否か。これらの問題の考察にも経済学が有益であることを明らかにしている。

　既に述べたように独禁法の運用において経済分析の有用性は何度も主張されてきた。他方で，明確で正しい基準を経済学が直ちに与えてくれると考えて，それに失望したり，いわゆるシカゴ学派全盛期にそれを空理空論で法的価値判断を無効化するものだという反発から経済分析それ自体への嫌悪を示すなど，誤解にもとづく経済学の忌避も多かった。本書を一読すると誤解がどこにあったか法律家にとってもよくわかるはずである。経済学にもとづく推論は独禁法にとって極めて有力な武器であるが，個々の事件で直ちに正解を与えてくれるものではなく，具体的な事件の様々な関連事実に応じて何が生じそうかを判断するための道具である。具体的事件で経済分析が多用される欧米で，当事者の双方が経済学の専門家証言を利用するのはその意味で当然のことなのである。

4. 今後の課題

　3節ではいささか個別事件の検討における経済分析の効能を強調しすぎたかもしれないが，上述したようにそれらの分析はルール形成のための前提事実の供給源とも言える。個別事案の解決だけではなく，法的介入の予測評価を通じた規範形成のために経済分析を活用するのは，他の法領域における法と経済学の分野ではもっとも重視される課題である。たとえば，第6章の不当廉売や第10章の再販においては当該事案における反競争効果の確認だけでなく，当該行為類型に固有のルール形成の前提としての経済分析が重要な意味を持つ例であるし，第11章と第12章は優越的地位の濫用の立法論的妥当性のための前提事実にかかわるとも言える。

　法と経済学の共同作業としては，個別の事件の検討よりも，このような規範選択や制度設計についての検討も重要な課題である。様々なガイドラインの検討はその一例であるが，それに留まらない。たとえば，サンクションの選択，和解型手続の導入，リーニェンシー制度のあり方など，法と経済学の

分析は実り多いものと思われる。個別事件の検討を中心課題とする本書では無い物ねだりかもしれないが，本書で行われた共同作業はそのような主題についても有益なように思われる。

　次に，本書で行われた具体的事件の検討に関連したこれから望まれる作業に触れたい。1つは具体的な事件の解決に焦点を合わせた実証研究の利用である。企業結合の分野で経済分析や経済的証拠が世界的に重視されていることは良く知られている[7]。そこでの経済分析とは何よりも計量的手法による実証分析を指す。現在，法と経済学の全般において実証研究が重視されるようになっている[8]。もっともわが国の法学では，実証研究についての関心は商法学者を中心とするものであって，独禁法では少なかったことは否めない。本書でも，個別事件についての実証分析の利用については十分な検討はなかった。しかし，最近のわが国の企業結合事例では実証分析がしばしば利用されている。特に米国の2010年ガイドラインで反競争効果の直接的立証の手段として言及されたGUPPIが利用された事件もある（公取委「平成27年度における主要な企業結合事例について」事例9）し，自然実験型の実証研究がなされた事例も多い[9]。これに関して，わが国の裁判所が計量的な証拠を適切に判断できるのかという懸念もある[10]。逆に言うと，競争法のみならず多くの法分野で実証分析・計量的手法に馴染んだ法律家が今日のわが国で必要とされているということかもしれない。米国の一流のロースクールでは専門的な個別法の分野を学習する前提条件として最低限の統計・計量的分析手法の習得が要求されると言われている[11]。計量的手法を忌避する傾向は法律

---

7)　この点については，瀬領真悟「企業結合規制における市場支配力立証の新展開」日本経済法学会年報33号18頁（2012），武田邦宣「企業結合規制における定量的評価と定性的評価」日本経済法学会年報33号42頁（2012）参照。

8)　森田果『実証分析入門』（日本評論社，2014）は，法律家向けに計量・統計的手法を包括的に説明したものとして有益である。

9)　自然実験については，森田・前掲注（8）240頁参照。

10)　黒沼悦郎「金融商品取引法における市場価格の意義と利用」商事法務2076号9頁，12-15頁（2015）は裁判所がマーケットモデルを利用した損害額の算定に習熟していないと指摘して，裁判所が統計学に習熟することと当事者による分かり易い専門家意見書の提出を要請している。

11)　ハウェル・ジャクソンほか著（神田秀樹・草野耕一監訳）『数理法務概論』第8章，第9章（有斐閣，2014）を参照。数理法務という翻訳名は厳めしいが，同書は計量的分析に特に関心のある学生向けの書物ではない。同書の著者の一人によれば，むしろ学部段階で計量的な素養を持たなかった，たとえばフランス文学専攻で高校2年から後は数学を選択しなかっ

家に強いようであるが，米国の例を見るとわが国でもキャッチアップするのは十分に可能だと思われる[12]。独禁法の具体的な事件に即した実証研究の利用について，本書のような共同研究が行われることはそのためにも有益である。なお，企業結合規制において定量的分析が強調されることに対して，定性的分析も重要なのだという形で懸念を示す向きがわが国の法学者に見られるようである。飢餓状態の者にカロリーの過剰摂取を忠告するような懸念に思われるが，定性的証拠が正しく因果効果を示唆するものかどうかを理解するためにも実証研究に関する習熟は必要である。

　本書では行動経済学からの分析は見られない。法律家の文献では最近は行動経済学への言及の方が一般に多くなってきたのと対照的である。法律家が行動経済学に言及する際，標準的な経済学の分析（合理的選択と均衡）を拒絶するためになされていることも多い。逆に，法と経済学に熱心な法学者のなかには行動経済学を敵視する傾向も見られる。どちらも不毛であるが，事実として合理性で説明できない場合には行動経済学の視点が重要であることは確かである[13]。ここでのポイントは先験的に行動経済学か合理的選択かが問題なのではないことである。具体的なケースで合理的選択がほころびを生じているか否かは，当該ケースや類似ケースの細部にわたる事実から判断すべきことである。法と経済学のファウンディングファーザーの一人 Calabresi が法と経済学の将来を論じた近著で述べているように，法の外在的な経済分析ではなく，法律家も参画する法と経済学の研究分野における法律家の役割の1つは，理論が様々なケースの具体的事実を説明できるかを問いかけ，時には合理的選択では説明できない具体例を持ち出して，その説明を求

　　たようなハーバードロースクールの学生に1年次でその後に必要な最低限の素養を身につけさせるために読ませるべき書物として企画されたものなのである（Howell E. Jackson, Analytical Methods for Lawyers, 53 J. Legal Educ. 321, 326, 2003）。実際，いわゆる教養課程段階で法学部学生が隣接社会科学の入門レベルの知識を身に着けるための好著として推奨に値する。

12)　最低限の計量リテラシーがさほど困難ではない点については，前掲注11を参照。また，前掲注10の論稿が提出された私法学会シンポジウムにおける須藤元最高裁判事の発言によれば計量学，統計学の成果が成熟し定着してきているのであれば裁判所はその成果を利用しない手はないし，裁判所がその適切さを判断することは可能だとしている，シンポジウム「会社法・金商法における株式市場価格の意義と機能の探求」私法78号57頁，80-81頁（2016）。

13)　法的議論における行動経済学の意義については，川濵昇「行動経済学の規範的意義」（亀本洋ほか編『現代法の変容』405頁（有斐閣，2013）参照。

終　章　本書の達成と今後の展望　　293

めることにある[14]。独禁法の文脈でも消費者の選択行動がかかわっている場合やいわゆるシカゴの独占利潤拡張不能理論の限界を考察するとき，具体的な事実関係でのほころびを法学の側で提出することもありうるように思われる。このような問いかけと応答は，合理的選択を非現実的と拒絶しがちな法学徒に標準的経済学の力強さを確認させる上でも有益なものと思われる。

---

14)　Guido Calabresi, *The Future of Law and Economics*, Yale University Press, 2016, 4-6.

資　料

＊ 独占禁止法条文（抜粋）

条の途中まで掲記した場合には，（以下略）の注記を省略した。また，一部，……により省略した箇所もある。

第一章　総　則

1条（目的）

この法律は，私的独占，不当な取引制限及び不公正な取引方法を禁止し，事業支配力の過度の集中を防止して，結合，協定等の方法による生産，販売，価格，技術等の不当な制限その他一切の事業活動の不当な拘束を排除することにより，公正且つ自由な競争を促進し，事業者の創意を発揮させ，事業活動を盛んにし，雇傭及び国民実所得の水準を高め，以て，一般消費者の利益を確保するとともに，国民経済の民主的で健全な発達を促進することを目的とする。

2条（定義）

(4) この法律において「競争」とは，二以上の事業者がその通常の事業活動の範囲内において，かつ，当該事業活動の施設又は態様に重要な変更を加えることなく次に掲げる行為をし，又はすることができる状態をいう。

一　同一の需要者に同種又は類似の商品又は役務を供給すること

二　同一の供給者から同種又は類似の商品又は役務の供給を受けること

(5) この法律において「私的独占」とは，事業者が，単独に，又は他の事業者と結合し，若しくは通謀し，その他いかなる方法をもつてするかを問わず，他の事業者の事業活動を排除し，又は支配することにより，公共の利益に反して，一定の取引分野における競争を実質的に制限することをいう。

(6) この法律において「不当な取引制限」とは，事業者が，契約，協定その他何らの名義をもつてするかを問わず，他の事業者と共同して対価を決定し，維持し，若しくは引き上げ，又は数量，技術，製品，設備若しくは取引の相手方を制限する等相互にその事業活動を拘束し，又は遂行することにより，公共の利益に反して，一定の取引分野における競争を実質的に制限することをいう。

(9) この法律において「不公正な取引方法」とは，次の各号のいずれかに該当する行為をいう。

一　正当な理由がないのに，競争者と共同して，次のいずれかに該当する行為をすること。

　　イ　ある事業者に対し，供給を拒絶し，又は供給に係る商品若しくは役務の数量若しくは内容を制限すること。

　　ロ　他の事業者に，ある事業者に対する供給を拒絶させ，又は供給に係る商品若しくは役務の数量若しくは内容を制限させること。

二　不当に，地域又は相手方により差別的な対価をもって，商品又は役務を継続して供給することであつて，他の事業者の事業活動を困難にさせるおそれがあるもの

三　正当な理由がないのに，商品又は役務をその供給に要する費用を著しく下回る対価で継続して供給することであつて，他の事業者の事業活動を困難にさせるおそれがあるもの

四　自己の供給する商品を購入する相手方に，正当な理由がないのに，次のいずれかに掲げる拘束の条件を付けて，当該商品を供給すること。

　　イ　相手方に対しその販売する当該商品の販売価格を定めてこれを維持させることその他相手方の当該商品の販売価格の自由な決定を拘束すること。

　　ロ　相手方の販売する当該商品を購入する事業者の当該商品の販売価格を定めて相手方をして当該事業者にこれを維持させることその他相手方をして当該事業者の当該商品の販売価格の自由な決定を拘束させること。

五　自己の取引上の地位が相手方に優越していることを利用して，正常な商慣習に照らして不当に，次のいずれかに該当する行為をすること。

　　イ　継続して取引する相手方（新たに継続して取引しようとする相手方を含む。ロにおいて同じ。）に対して，当該取引に係る商品又は役務以外の商品又は役務を購入させること。

　　ロ　継続して取引する相手方に対して，自己のために金銭，役務その他の経済上の利益を提供させること。

　　ハ　取引の相手方からの取引に係る商品の受領を拒み，取引の相手方から取引に係る商品を受領した後当該商品を当該取引の相手方に引き取らせ，取引の相手方に対して取引の対価の支払を遅らせ，若しくはその額を減じ，その他取引の相手方に不利益となるように取引の条件を設定し，若しくは変更し，又は取引を実施すること。

六　前各号に掲げるもののほか，次のいずれかに該当する行為であつて，公正な競争を阻害するおそれがあるもののうち，公正取引委員会が指定するもの

　　イ　不当に他の事業者を差別的に取り扱うこと。

　　ロ　不当な対価をもって取引すること。

　　ハ　不当に競争者の顧客を自己と取引するように誘引し，又は強制すること。

ニ　相手方の事業活動を不当に拘束する条件をもって取引すること。

ホ　自己の取引上の地位を不当に利用して相手方と取引すること。

ヘ　自己又は自己が株主若しくは役員である会社と国内において競争関係にある他の事業者とその取引の相手方との取引を不当に妨害し，又は当該事業者が会社である場合において，その会社の株主若しくは役員をその会社の不利益となる行為をするように，不当に誘引し，唆し，若しくは強制すること。

第二章　私的独占及び不当な取引制限

3条（私的独占又は不当な取引制限の禁止）

事業者は，私的独占又は不当な取引制限をしてはならない。

7条（排除措置）

第三条又は前条の規定に違反する行為があるときは，公正取引委員会は，第八章第二節に規定する手続に従い，事業者に対し，当該行為の差止め，事業の一部の譲渡その他これらの規定に違反する行為を排除するために必要な措置を命ずることができる。

(2) 公正取引委員会は，第三条又は前条の規定に違反する行為が既になくなっている場合においても，特に必要があると認めるときは，第八章第二節に規定する手続に従い，次に掲げる者に対し，当該行為が既になくなっている旨の周知措置その他当該行為が排除されたことを確保するために必要な措置を命ずることができる。ただし，当該行為がなくなった日から五年を経過したときは，この限りでない。

一　当該行為をした事業者

二　当該行為をした事業者が法人である場合において，当該法人が合併により消滅したときにおける合併後存続し，又は合併により設立された法人

三　当該行為をした事業者が法人である場合において，当該法人から分割により当該行為に係る事業の全部又は一部を承継した法人

四　当該行為をした事業者から当該行為に係る事業の全部又は一部を譲り受けた事業者

7条の二（課徴金，課徴金の減免）

事業者が，不当な取引制限……に該当するものをしたときは，公正取引委員会は，……当該事業者に対し，当該行為の実行としての事業活動を行った日から当該行為の実行としての事業活動がなくなる日までの期間（当該期間が三年を超えるときは，当該行為の実行としての事業活動がなくなる日からさかのぼって三年間とする。……）における当該商品又は役務の政令で定める方法により算定した売上額……に百分の十（小売業については百分の三，卸売業については百分の二とする。）を乗じて得た額に相当する額の課徴金を国庫に納付することを命じなければならない。ただし，その額

が百万円未満であるときは，その納付を命ずることができない。

　　一　商品又は役務の対価に係るもの
　　二　商品又は役務について次のいずれかを実質的に制限することによりその対価に
　　　影響することとなるもの
　　　イ　供給量又は購入量
　　　ロ　市場占有率
　　　ハ　取引の相手方

第三章　事業者団体

8 条（事業者団体の禁止行為）

事業者団体は，次の各号のいずれかに該当する行為をしてはならない。

　　一　一定の取引分野における競争を実質的に制限すること。
　　二　第六条に規定する国際的協定又は国際的契約をすること。
　　三　一定の事業分野における現在又は将来の事業者の数を制限すること。
　　四　構成事業者（事業者団体の構成員である事業者をいう。以下同じ。）の機能又
　　　は活動を不当に制限すること。
　　五　事業者に不公正な取引方法に該当する行為をさせるようにすること。

第四章　株式の保有，役員の兼任，合併，分割及び営業の譲受け

10 条（会社の株式保有の制限，届出義務）

会社は，他の会社の株式を取得し，又は所有することにより，一定の取引分野におけ
る競争を実質的に制限することとなる場合には，当該株式を取得し，又は所有しては
ならず，及び不公正取引方法により他の会社の株式を取得し，又は所有してはなら
ない。

15 条（合併の制限，届出義務）

会社は，次の各号のいずれかに該当する場合には，合併をしてはならない。

　　一　当該合併によつて一定の取引分野における競争を実質的に制限することとなる
　　　場合
　　二　当該合併が不公正な取引方法によるものである場合

16 条（事業の譲受け等の制限，届出義務）

会社は，次に掲げる行為をすることにより，一定の取引分野における競争を実質的に
制限することとなる場合には，当該行為をしてはならず，及び不公正な取引方法によ
り次に掲げる行為をしてはならない。

　　一　他の会社の事業の全部又は重要部分の譲受け

298 資　料

　　二　他の会社の事業上の固定資産の全部又は重要部分の譲受け
　　三　他の会社の事業の全部又は重要部分の賃借
　　四　他の会社の事業の全部又は重要部分についての経営の受任
　　五　他の会社と事業上の損益全部を共通にする契約の締結

第五章　不公正な取引方法

19条（不公正な取引方法の禁止）

事業者は，不公正な取引方法を用いてはならない。

20条（排除措置）

前条の規定に違反する行為があるときは，公正取引委員会は，第八章第二節に規定する手続に従い，事業者に対し，当該行為の差止め，契約条項の削除その他当該行為を排除するために必要な措置を命ずることができる。

20条の六（優越的地位の濫用に係る課徴金）

事業者が，第十九条の規定に違反する行為（第二条第九項第五号に該当するものであつて，継続してするものに限る。）をしたときは，公正取引委員会は，第八章第二節に規定する手続に従い，当該事業者に対し，当該行為をした日から当該行為がなくなる日までの期間（当該期間が三年を超えるときは，当該行為がなくなる日からさかのぼって三年間とする。）における，当該行為の相手方との間における政令で定める方法により算定した売上額（当該行為が商品又は役務の供給を受ける相手方に対するものである場合は当該行為の相手方との間における政令で定める方法により算定した購入額とし，当該行為の相手方が複数ある場合は当該行為のそれぞれの相手方との間における政令で定める方法により算定した売上額又は購入額の合計額とする。）に百分の一を乗じて得た額に相当する額の課徴金を国庫に納付することを命じなければならない。ただし，その額が百万円未満であるときは，その納付を命ずることができない。

第六章　適用除外

21条（知的財産権の行使行為）

この法律の規定は，著作権法，特許法，実用新案法，意匠法又は商標法による権利の行使と認められる行為にはこれを適用しない。

第七章　差止請求及び損害賠償

24条（差止請求権）

第八条第五号又は第十九条の規定に違反する行為によつてその利益を侵害され，又は侵害されるおそれがある者は，これにより著しい損害を生じ，又は生ずるおそれがあ

資　料　　　　　　　　　　　　　　　　　299

るときは，その利益を侵害する事業者若しくは事業者団体又は侵害するおそれがある事業者若しくは事業者団体に対し，その侵害の停止又は予防を請求することができる。

25 条（無過失損害賠償責任）

第三条，第六条又は第十九条の規定に違反する行為をした事業者（第六条の規定に違反する行為をした事業者にあつては，当該国際的協定又は国際的契約において，不当な取引制限をし，又は不公正な取引方法を自ら用いた事業者に限る。）及び第八条の規定に違反する行為をした事業者団体は，被害者に対し，損害賠償の責めに任ずる。

(2) 事業者及び事業者団体は，故意又は過失がなかつたことを証明して，前項に規定する責任を免れることができない。

26 条（損害賠償請求権の裁判上の主張の制限，消滅時効）

前条の規定による損害賠償の請求権は，第四十九条に規定する排除措置命令（排除措置命令がされなかつた場合にあつては，第六十二条第一項に規定する納付命令（第八条第一号又は第二号の規定に違反する行為をした事業者団体の構成事業者に対するものを除く。））が確定した後でなければ，裁判上主張することができない。

(2) 前項の請求権は，同項の排除措置命令又は納付命令が確定した日から三年を経過したときは，時効によつて消滅する。

第八章　公正取引委員会

27 条（任務，所轄）

内閣府設置法（平成十一年法律第八十九号）第四十九条第三項の規定に基づいて，第一条の目的を達成することを任務とする公正取引委員会を置く。

(2) 公正取引委員会は，内閣総理大臣の所轄に属する。

28 条（職権行使の独立性）

公正取引委員会の委員長及び委員は，独立してその職権を行う。

29 条（組織並びに委員長及び委員の任命並びに身分）

公正取引委員会は，委員長及び委員四人を以て，これを組織する。

(2) 委員長及び委員は，年齢が三十五年以上で，法律又は経済に関する学識経験のある者のうちから，内閣総理大臣が，両議院の同意を得て，これを任命する。

(3) 委員長の任免は，天皇が，これを認証する。

(4) 委員長及び委員は，これを官吏とする。

30条（任期）

委員長及び委員の任期は，五年とする。但し，補欠の委員長及び委員の任期は，前任者の残任期間とする。

(2) 委員長及び委員は，再任されることができる。

(3) 委員長及び委員は，年齢が七十年に達したときには，その地位を退く。

31条（身分保障）

委員長及び委員は，次の各号のいずれかに該当する場合を除いては，在任中，その意に反して罷免されることがない。（各号略）

40条（調査のための強制権限）

公正取引委員会は，その職務を行うために必要があるときは，公務所，特別の法令により設立された法人，事業者若しくは事業者の団体又はこれらの職員に対し，出頭を命じ，又は必要な報告，情報若しくは資料の提出を求めることができる。

47条（調査のための強制処分）

公正取引委員会は，事件について必要な調査をするため，次に掲げる処分をすることができる。

一　事件関係人又は参考人に出頭を命じて審尋し，又はこれらの者から意見若しくは報告を徴すること。

二　鑑定人に出頭を命じて鑑定させること。

三　帳簿書類その他の物件の所持者に対し，当該物件の提出を命じ，又は提出物件を留めて置くこと。

四　事件関係人の営業所その他必要な場所に立ち入り，業務及び財産の状況，帳簿書類その他の物件を検査すること。

61条（排除措置命令）

排除措置命令は，文書によつて行い，排除措置命令書には，違反行為を排除し，又は違反行為が排除されたことを確保するために必要な措置並びに公正取引委員会の認定した事実及びこれに対する法令の適用を示し，委員長及び第六十五条第一項の規定による合議に出席した委員がこれに記名押印しなければならない。

(2) 排除措置命令は，その名あて人に排除措置命令書の謄本を送達することによつて，その効力を生ずる。

72条（不公正な取引方法の指定の告示）

第二条第九項第六号の規定による指定は，告示によつてこれを行う。

資　料　　　301

＊　不公正な取引方法（昭和五十七年六月十八日公正取引委員会告示第十五号）

共同の取引拒絶

1　正当な理由がないのに，自己と競争関係にある他の事業者（以下「競争者」という。）と共同して，次の各号のいずれかに掲げる行為をすること。

　一　ある事業者から商品若しくは役務の供給を受けることを拒絶し，又は供給を受ける商品若しくは役務の数量若しくは内容を制限すること。

　二　他の事業者に，ある事業者から商品若しくは役務の供給を受けることを拒絶させ，又は供給を受ける商品若しくは役務の数量若しくは内容を制限させること。

その他の取引拒絶

2　不当に，ある事業者に対し取引を拒絶し若しくは取引に係る商品若しくは役務の数量若しくは内容を制限し，又は他の事業者にこれらに該当する行為をさせること。

差別対価

3　私的独占の禁止及び公正取引の確保に関する法律（昭和二十二年法律第五十四号。以下「法」という。）第二条第九項第二号に該当する行為のほか，不当に，地域又は相手方により差別的な対価をもって，商品若しくは役務を供給し，又はこれらの供給を受けること。

取引条件等の差別取扱い

4　不当に，ある事業者に対し取引の条件又は実施について有利な又は不利な取扱いをすること。

事業者団体における差別取扱い等

5　事業者団体若しくは共同行為からある事業者を不当に排斥し，又は事業者団体の内部若しくは共同行為においてある事業者を不当に差別的に取り扱い，その事業者の事業活動を困難にさせること。

不当廉売

6　法第二条第九項第三号に該当する行為のほか，不当に商品又は役務を低い対価で供給し，他の事業者の事業活動を困難にさせるおそれがあること。

不当高価購入

7　不当に商品又は役務を高い対価で購入し，他の事業者の事業活動を困難にさせる

おそれがあること。

ぎまん的顧客誘引

8　自己の供給する商品又は役務の内容又は取引条件その他これらの取引に関する事項について，実際のもの又は競争者に係るものよりも著しく優良又は有利であると顧客に誤認させることにより，競争者の顧客を自己と取引するように不当に誘引すること。

不当な利益による顧客誘引

9　正常な商慣習に照らして不当な利益をもって，競争者の顧客を自己と取引するように誘引すること。

抱き合わせ販売等

10　相手方に対し，不当に，商品又は役務の供給に併せて他の商品又は役務を自己又は自己の指定する事業者から購入させ，その他自己又は自己の指定する事業者と取引するように強制すること。

排他条件付取引

11　不当に，相手方が競争者と取引しないことを条件として当該相手方と取引し，競争者の取引の機会を減少させるおそれがあること。

拘束条件付取引

12　法第二条第九項第四号又は前項に該当する行為のほか，相手方とその取引の相手方との取引その他相手方の事業活動を不当に拘束する条件をつけて，当該相手方と取引すること。

取引の相手方の役員選任への不当干渉

13　自己の取引上の地位が相手方に優越していることを利用して，正常な商慣習に照らして不当に，取引の相手方である会社に対し，当該会社の役員（法第二条第三項の役員をいう。以下同じ。）の選任についてあらかじめ自己の指示に従わせ，又は自己の承認を受けさせること。

競争者に対する取引妨害

14　自己又は自己が株主若しくは役員である会社と国内において競争関係にある他の事業者とその取引の相手方との取引について，契約の成立の阻止，契約の不履行の誘引その他いかなる方法をもってするかを問わず，その取引を不当に妨害すること。

競争会社に対する内部干渉

15 自己又は自己が株主若しくは役員である会社と国内において競争関係にある会社の株主又は役員に対し，株主権の行使，株式の譲渡，秘密の漏えいその他いかなる方法をもってするかを問わず，その会社の不利益となる行為をするように，不当に誘引し，そそのかし，又は強制すること。

公正取引委員会による企業結合審査のフローチャート

出所)「企業結合審査に関する独占禁止法の運用指針」(平成16年5月31日,公正取引委員会) 39頁。

あとがき

　本書は，独禁法に係る重要な審判決事例を精選して，日本の競争政策を法学と経済学の視点を交錯させつつ分析・評価しようと試みたものである。独禁法は，近年，国際実務の面で大きな進展が見られ，厳正な法執行と国際的調和がますます求められるようになっている。グローバル化や規制改革にともなう独占的な事業者の出現，また，インターネットを核とする IT 化の進展にともなう国境を超えた市場の流動化を背景として，カルテル・談合，企業結合，不当廉売，垂直制限など，多様な行為類型にわたり，違法性の判断の難しい独禁法事件が頻発している。

　このようなグローバル市場の革新が続くもとで，市場機能を質的に改善するという次元での国際的な制度間競争が活発化している。それと同時に，国際的に整合性ある市場競争ルールをいかに構築していくべきかという課題が改めて注目されるようになっているともいえる。にもかかわらず，日本では，経済学者と法学者・実務家との共同研究の機会が乏しく，米国・EU の競争政策と比較して，判例研究が経済分析を刺激し，それが新たな制度構築・競争政策の発展に寄与するというプロセスが十分に機能してこなかったのではなかろうか。本書は，このような空隙を少しでも埋めたいという動機から構想されたものである。

　本書の取り纏めにあたった編者らは，法学と経済学にわたる学際的な共同研究に積極的に参画してきた。その活動のきっかけとなったのは，公取委の競争政策研究センター（CPRC）をプラットフォームとして発足した「独禁法審判決研究会」である。この研究会を通じて，経済学者は審判決という具体的な事例を通じて法的ルールを法学者・実務家から学び，また法学者・実務家は審判決を経済学的視点から分析する手法を学ぶことができた。この研究会を始めた当初は，経済法の研究者に経済分析の重要性を理解する者は少なく，また経済学の研究者も独禁法実務に関心を寄せる者はごく限られていた。しかし，幸いにも，この研究会は徐々に熱心な参加者を得るようになり，

今日に至るまで，すでに70回以上にわたり実施されてきた。その成果の一部は，岡田羊祐・林秀弥編『独占禁止法の経済学—審判決の事例分析—』（東京大学出版会，2009年）に纏められている。

　本書は，前著が編まれて以降，われわれの研究会で採り上げた事例のなかから，多くの読者の関心を惹きそうな12の事例を選んで編集したものである。主たる読者としては，独禁法と産業組織論の双方に興味をもつ法学部や経済学部の学部上級または大学院生，および独禁法に関心をもつ実務家を想定している。また，数学的にテクニカルな内容は必要最小限に留め，図表等を利用した分かりやすい記述を心がけた。本書の協同作業がどこまで成功しているかは，もとより読者の判断に委ねるほかはない。読者からの忌憚のないご批判・ご叱正を仰ぐ次第である。

＊　　　　　＊　　　　　＊

　本書の上梓は多くの方々のご厚意とご協力によって実現した。後藤晃氏は，1994年に始まった法学者と経済学者の参集する「日本の競争政策」プロジェクトに編者らをお誘い頂き，その後もさまざまな共同研究の場にお招き頂き，独禁法審判決研究会に対しても熱心なご指導と暖かい激励を絶やされなかった。また，本書への序文（「はしがき」）もお寄せ頂いた。鈴村興太郎氏は，CPRC初代所長として審判決研究会の発足への激励と暖かいご支援とともに，その後も「公正かつ自由な競争」の意義を考えるヒントを与え続けてくださっている。小田切宏之氏は，2012年まではCPRC所長として研究会に熱心にご参加頂くとともに，法学と経済学の連携の道標として刺激を与え続けてくださった。また，2012年以降は，公取委の委員としてのお立場から編者らの研究へのご指導と激励を賜った。われわれの研究会は，その発足以来，CPRCとの様々な形の連携によって支えられてきた。歴代のCPRC次長，事務局長をはじめとするCPRC事務局には大変にお世話になった。佐藤英司氏は，独禁法審判決研究会の事務局を担当し本書の著者としても参加してくれた。研究会の連絡や事務処理等では一橋大学岡田研究室の竹内久美子氏の手も煩わせた。そして，本書の作成にあたり，東京大学出版会編集部の山田秀樹氏には，前著のときと変わらぬ綿密な編集作業と的確なアドバイスを頂戴した。本書の完成には，文部科学省科学研究費補助金（課

題番号 15H03341) の助成を得た。編者を代表して，これらすべての方々に心より厚くお礼を申し上げたい。

2016 年 12 月 1 日

国立の研究室にて

岡 田 羊 祐

事件索引

アディダスジャパン事件（公取委排除措置命令 2012 年 3 月 2 日審決集 58 巻第 1 分冊 284 頁）……233

インテル事件（公取委勧告審決 2005 年 4 月 13 日審決集 52 巻 341 頁）……195

SMBC 損害賠償事件（福岡高判 2011 年 4 月 27 日証券取引被害判例セレクト 40 巻 164 頁）…254

エディオン事件（公取委排除措置命令 2012 年 2 月 16 日審決集 58 巻第 1 分冊 278 頁）……259

NTT 東日本事件（公取委審判審決 2007 年 3 月 26 日審決集 53 巻 776 頁）……171

東京高判（東京高判 2009 年 5 月 29 日審決集 56 巻第 2 分冊 262 頁）……192, 193

最判（最判 2010 年 12 月 17 日民集 64 巻 8 号 2067 頁）……57, 154

大阪バス協会事件（公取委審判審決 1995 年 7 月 10 日審決集 42 巻 3 頁）……182

大山農協事件（公取委排除措置命令 2009 年 12 月 10 日審決集 56 巻第 2 分冊 79 頁）……216

協和エクシオ事件（公取委審判審決 1994 年 3 月 30 日審決集 40 巻 49 頁）……59

熊本魚事件（公取委勧告審決 1960 年 2 月 9 日審決集 10 巻 17 頁）……218

ごみ焼却炉談合課徴金事件（東京高判 2011 年 10 月 28 日審決集 58 巻第 2 分冊 37 頁）……59

コールマンジャパン（株）に対する件（公取委排除措置命令 2016 年 6 月 15 日）……234

山陽マルナカ事件（公取委排除措置命令 2011 年 6 月 22 日審決集 58 巻第 1 分冊 193 頁）……259

社会保険庁シール談合事件（東京高判 1993 年 12 月 14 日高刑集 46 巻 3 号 322 頁）……38, 57

JASRAC 事件（最判 2015 年 4 月 28 日民集 69 巻 3 号 518 頁）……191

ジュース表示事件（最判 1978 年 3 月 14 日民集 32 巻 2 号 211 頁）……12

新日鐵・住友金属合併事件（2011 年度における主要な企業結合事例 2）……91

新聞販路協定事件（東京高判 1953 年 3 月 9 日高民集 6 巻 9 号 435 頁）……28

石油製品価格協定刑事事件（最判 1984 年 2 月 24 日刑集 38 巻 4 号 1287 頁）……76

セブン–イレブン・ジャパン事件……268

最判平 19・6・11（最判 2007 年 6 月 11 日集民 224 号 521 頁・判タ 1250 号 76 頁）……268

排除措置命令平 21・6・22（公取委排除措置命令 2009 年 6 月 22 日審決集 56 巻第 2 分冊 6 頁）……268

東京高判平 24・6・20（東京高判 2012 年 6 月 20 日審決集 59 巻第 2 分冊 113 頁）……268

福岡高判平 25・3・28（福岡高判 2013 年 3 月 28 日判時 2209 号 10 頁）……268

東京高判平 25・8・30（東京高判 2013 年 8 月 30 日審決集 60 巻第 2 分冊 261 頁）……268

東京高判平 26・5・30（東京高判 2014 年 5 月 30 日判タ 1403 号 299 頁）……268

多摩談合事件（最判 2012 年 2 月 20 日民集 66 巻 2 号 796 頁）……49

土屋企業事件（東京高判 2004 年 2 月 20 日審決集 50 巻 708 頁）……59

DeNA 事件（公取委排除措置命令 2011 年 6 月 9 日審決集 58 巻第 1 分冊 189 頁）……211

トイザらス事件（公取委審判審決 2015 年 6 月 4 日）……249

東京重機工業事件（公取委勧告審決 1963 年 1 月 9 日審決集 11 巻 41 頁）……218

ドライアイス仮処分事件（東京地決 2011 年 3 月 30 日審決集未登載）……218

新潟タクシー価格協定事件（公取委審判審決 2015 年 2 月 27 日審決集 61 巻 45 頁）············69
日本医療食協会事件（公取委勧告審決 1996 年 5 月 8 日審決集 43 巻 209 頁）··················176
ハマナカ事件（公取委審判審決 2010 年 6 月 9 日審決集 57 巻第 1 分冊 28 頁）··················230
　東京高判（東京高判 2011 年 4 月 22 日審決集 58 巻第 2 分冊 1 頁）·························230
パラマウントベッド事件（公取委勧告審決 1998 年 3 月 31 日審決集 44 巻 362 頁）··········176
BHP ビリトン及びリオ・ティント JV 型統合事件（2009 年度における主要な企業結
　合事例 1）···109
広島電鉄事件（公取委同意審決 1973 年 7 月 17 日審決集 20 巻 62 頁）·······················26
有線ブロードネットワークス事件（公取委勧告審決 2004 年 10 月 13 日審決集 51 巻 518 頁）···151

DeutscheTelekom 欧州裁判所 C–280/08 判例集 I–9555 ······························179
TeliaSoneraSverige 欧州裁判所 C–52/09EuZW（2011）p. 339. ·····················179
Leegin Creative Leather Products, Inc., v. PSKS, Inc., 551 U.S. 877（2007）···28, 239
Pacific Bell Telephone Co. v. linkLine Communications Inc., 129 S. Ct. 1109
　（2009）··180
Verizon Communications Inc. v. Law Offices of Curtis V. Trinko, LLP, 540
　U. S. 398（2004）　··182

事項索引

ア 行

異議告知書（Statement of Objection）
　113
意見聴取手続　36
意識的並行行為　60
意思（の）連絡　55, 60, 63
著しい損害　42
一定の取引分野　27, 57, 74, 100
一発課徴金事件　49
一般指定　22
　2 項　219
　3 項　154
　6 項　154, 155
　8 項　274
　12 項　217, 219, 223, 233
　14 項　216, 218, 223
一般消費者の利益　12
イノベーション市場　136
審判手続　35
インピュテーション・ルール　173, 185
選ぶ権利　12
エンフォースメント（enforcement）
　33, 111
欧州（EU）機能条約 101 条　111, 112

カ 行

Guideline on Virtual Restraints（2010/
　C130/01）　28
回避可能費用　155
価格圧搾（price squeeze）　184
価格差別（price discrimination）　158,
　159
　第 1 級価格差別　160
　第 2 級価格差別　160
　第 3 級価格差別　160
価格上昇圧力（upward pricing pressure:
　UPP）　17, 102

価格分散（price dispersion）　81
仮説的補償原理（hypothetical compensa-
　tion principle）　18
課徴金　37, 257
　課徴金減免（リニエンシー）制度　39
　課徴金納付命令　37
　課徴金の算定期間　258
合併シミュレーション　100
可変的性質を有する費用　155
関係特殊（的）投資（relation-specific
　investment）　261, 276
間接競争侵害　251, 263
完全歩合制　84
機会主義的行動　276
企業結合　24
　企業結合ガイドライン　26, 92
　企業結合審査　25
　企業結合審査に関する独占禁止法の運用
　　指針　26
　企業結合審査の手続に関する対応方針
　　94
　混合型——　25
　垂直型——　25, 127
　水平型——　25
技術スピルオーバー　141
規制影響分析　5
規制改革委員会　5
規制改革会議　9, 10
規制改革実施計画　29
規制改革推進 3 か年計画　5
規制改革・民間開放推進会議　6
規制緩和委員会　5
規制緩和推進計画　5
基本合意　56, 59
欺瞞的顧客誘引　274
逆選択　83, 279
供給に要する費用　155
行政指導　69, 76, 79

競争回避　21
競争者の秘密情報の入手　134
競争手段の不公正さ　24, 219
競争的周縁企業　15
競争の実質的制限　56, 96, 103, 116
　協調的行動による——　27, 116
　単独行動による——　27, 116
競争の排除　22
共通諒解（common knowledge）　63
共同して　55
緊急停止命令　153
GUPPI（gross upward pricing pressure）　291
経験則　286
結合関係　94, 113
限界費用（marginal cost）　14
減額　256, 261
原則違法　229, 234, 242
顕著な市場支配力（significant market power）　185
公共工事に関わる建設業における事業者団体の諸活動に関する独禁法上の指針　6
公示送達　110
公正且つ自由な競争　12
公正競争阻害性　22, 24, 219, 235, 274
構造・行動・成果パラダイム　287
行動経済学　292
行動に基づく価格差別（behavior-based price discrimination: BBPD）　160
衡平性　20
　世代間——　20
効率性の抗弁（efficiency defense）　19, 117
コーディネーション（coordination）　61
顧客奪取効果（business stealing effect）　123, 161
顧客閉鎖　131, 132
国際競争ネットワーク（International Competition Network: ICN）　7
告知・聴聞　36
混合型企業結合　25
コンテスタブル市場　17, 195

コンビニ会計方式　272

サ　行

埼玉土曜会事件　6, 51
最低価格再販　230, 238
サイドペイメント　64
再販売価格の拘束　229, 234
裁量型課徴金（行政制裁金）　38, 39
搾取（exploitation）　184
酒類小売規制　11
差止請求　41
サブゲーム完全ナッシュ均衡（subgame perfect Nash equibrium）　61
差別対価　157
シカゴ学派　287
シグナリング（signal jamming）　165, 184, 241, 264
市場画定　74, 95, 115, 187
市場支配力（market power）　14, 100
市場の閉鎖性・排他性　131
市場閉鎖（market foreclosure）　128, 184
事前相談　34
実質的証拠法則　36
指定職員　36
私的独占　22
シャーマン法2条　180
社会厚生（social welfare）　17
自由競争基盤（の）侵害　24, 251
自由競争（の）減殺　24, 220
囚人のジレンマ　162
需要の価格弾力性　15, 120
需要の交差弾力性　16
ジョイント・ベンチャー（JV）　109, 118
上限価格（プライスキャップ）　183
消費者余剰（consumer surplus）　18
消費者余剰基準　17, 98
情報遮断措置　134
情報の非対称性　83, 98, 264, 278
職権行使の独立性　6
知らされる権利　12
人為性　176
　正常な競争手段の範囲を逸脱するような

―― 177, 193
新厚生経済学　21
新成長戦略　10
浸透価格（penetration price）　187
審判制度　35
垂直型企業結合　25, 127
水平型企業結合　25
スクリーニング　264
SSNIP　96, 101
生産者余剰（producer surplus）　18
生産能力制約（capacity constraint）
　　120
正常な商慣習に照らして不当　256, 257
製品差別化　144
接続義務　172
接続料金　181
セロファンの誤謬（cellophane fallacy）
　　16, 101
専属告発　34
選択的流通　29
総合規制改革会議　5
相互拘束　55
双方向市場（two-sided market）　8,
　　212 → 二面市場　195, 205
総余剰（total surplus）　18
総余剰基準　17, 98
損害賠償　40

タ　行

大規模小売店舗法（大店法）　4
タクシー事業における需給調整を認める特
　　別措置法（タクシー特措法）　11, 70
ただ乗り（free riding）　235, 238
奪取的価格　165
単品管理　278
チープトーク（cheap talk）　62
忠誠リベート　207
長期増分費用（long-run average incre-
　　mental cost: LRAIC）　180
長期増分費用（total element long-run
　　incremental cost: TELRIC）　187
著作権等管理事業法　192
地理的市場　96
適用除外カルテル　5

手続管理官　36
転換率（diversion ratio）　102
電気通信事業法　172
当該商品または役務　59
同等に効率的（な）競争者（equally
　　efficient/as-efficient competitors）
　　103, 157, 180, 185, 186
投入物閉鎖　131, 132, 184
特殊指定　6, 22
独占禁止法
　　1条　14, 219
　　2条5項　22, 153, 154, 175
　　2条6項　21, 49, 55, 57, 72
　　2条9項　22
　　2条9項2号　154
　　2条9項3号　154, 155
　　2条9項4号　233, 235
　　2条9項5号　250, 273
　　3条　69, 72, 153
　　3条前段　22
　　3条後段　22
　　7条1項および2項　33
　　7条の2第1項，2項，4項および5項
　　　37
　　7条の2第1項および2項　38
　　7条の2第4項　209
　　7条の2第11項　39
　　8条の2第1項，2項および3項　33
　　8条の3　37, 38
　　9条　10
　　10条　25, 113
　　10条1項　113
　　13条　25
　　14条　25
　　15条　25, 113
　　15条の2　25
　　15条の3　25
　　16条　25
　　17条の2　33
　　19条　216, 250, 268, 269
　　20条1項および2項　33
　　20条の2　37
　　20条の3　37
　　20条の4　37

事項索引　　313

20 条の 5　　37, 235
20 条の 6　　37, 251, 257
23 条　　232
24 条　　33, 41, 268
25 条　　33, 40, 268, 269, 270
26 条 1 項　　40
28 条　　6
49 条　　36
53 条 2 項　　36
54 条 5 項　　36
67 条 1 項　　153
85 条の 2　　36
特別の責任　　182
取引依存度　　254, 260, 271
取引先変更（の）可能性　　254, 260, 271
取引妨害　　219

ナ　行

二重限界性（double marginalization）
　　137, 238
日米構造問題協議（Structural Impedi-
　　ments Initiative）　　4
日米包括経済協議　　4
二部料金制（two-part tariff）　　81, 202
二面市場（two sided market）　　195,
　　205 → 双方向市場　　8, 212
入札談合　　49, 59
値下げ競争による消耗戦による排除
　　（financial predation）　　184
ネットワーク効果　　213
　　直接——（direct network effect）
　　213
　　間接——（indirect network effect）
　　213
能率競争（competition on the merits）
　　19, 220

ハ　行

ハーフィンダール指数　　17
per-processor 契約　　202
排除（exclusion）　　184
　　排除行為　　31, 176
　　排除効果　　199
排除型私的独占ガイドライン　　31, 198

排除措置命令　　33
排除措置命令等前置主義　　40
パレート効率性（Pareto efficiency）
　　17
評判効果（reputation effect）　　184
不完備契約　　276
複数市場における接触（multi-market
　　contact）　　65
不公正な取引方法　　22
不当廉売　　156
不当廉売ガイドライン　　164
プラットフォーム（PF）　　211
プラットフォーム事業者　　196
フランチャイズ（FC）・ガイドライン
　　30, 273
フランチャイズ（FC）契約　　267, 271
フランチャイズ・システムに関する独占禁
　　止法上の考え方について　　30, 273
ブランド間競争　　29, 237, 242
ブランド内競争　　29, 236
平均回避可能費用（average avoidable
　　cost）　　186
併売店　　241
返品　　256, 261
包括契約　　194
包括徴収　　200
ホールドアップ　　261
　　——問題　　276

マ　行

マージンスクイーズ　　178, 183
見切り販売　　273
見切り販売制限　　279
民法
　　703 条　　268
　　709 条　　33, 41, 268
無過失損害賠償責任　　40
モラルハザード　　85
問題解消措置　　97, 103, 135

ヤ　行

誘因制約（incentive constraints）　　61
優越的地位　　252, 271
優越的地位の濫用　　222, 251

優越的地位の濫用に関する独占禁止法上の
　　考え方（優越的地位の濫用ガイドライ
　　ン）　30, 222, 249, 271
輸入競争圧力　105

ラ　行

ラーナー指数　14
ライバル企業のコスト（費用）引上げ
　　（raising rivals' cost）　139, 184,

222
濫用行為　256
リスクシェアリング　84
リスク負担　278
略奪的価格　165
流通・取引慣行に関する独占禁止法上の指
　　針（流通取引慣行ガイドライン）
　　28, 217, 229, 236

執筆者一覧（執筆順）

後藤　晃（ごとう・あきら）〔はしがき〕　東京大学名誉教授

岡田羊祐（おかだ・ようすけ）〔序章／第1章／第3章／第7章〕　一橋大学教授

林　秀弥（はやし・しゅうや）〔序章／第1章／第9章〕　名古屋大学教授

越知保見（おち・やすみ）〔第1章〕　明治大学教授

大久保直樹（おおくぼ・なおき）〔第2章〕　学習院大学教授

鈴木彩子（すずき・あやこ）〔第2章〕　早稲田大学准教授

武田邦宣（たけだ・くにのぶ）〔第3章〕　大阪大学教授

柏木裕介（かしわぎ・ゆうすけ）〔第4章〕　弁護士（TMI総合法律事務所）

西脇雅人（にしわき・まさと）〔第4章〕　早稲田大学准教授

池田千鶴（いけだ・ちづる）〔第5章〕　神戸大学教授

松島法明（まつしま・のりあき）〔第5章〕　大阪大学教授

川濵　昇（かわはま・のぼる）〔第6章／第8章／終章〕　京都大学教授

玉田康成（たまだ・やすなり）〔第6章〕　慶應義塾大学准教授

柴田潤子（しばた・じゅんこ）〔第7章〕　香川大学教授

池田　毅（いけだ・つよし）〔第8章〕　弁護士（森・濱田松本法律事務所）

大木良子（おおき・りょうこ）〔第8章〕　法政大学准教授

佐藤英司（さとう・えいじ）〔第9章〕　福島大学准教授

土井教之（どい・のりゆき）〔第10章〕　関西学院大学名誉教授

中川晶比兒（なかがわ・あきひこ）〔第10章〕　北海道大学教授

岡室博之（おかむろ・ひろゆき）〔第11章〕　一橋大学教授

伊永大輔（これなが・だいすけ）〔第11章〕　広島修道大学教授

萩原浩太（はぎわら・こうた）〔第12章〕　弁護士（公正取引委員会）

渕川和彦（ふちかわ・かずひこ）〔第12章〕　山口大学准教授

堀江明子（ほりえ・あきこ）〔第12章〕　東洋大学教授

〈編者略歴〉

岡田羊祐

1961 年生まれ。1994 年東京大学大学院経済学研究科第 2 種博士課程修了。博士（経済学）。現在，一橋大学大学院経済学研究科教授／公正取引委員会競争政策研究センター所長［主要著作］『経済制度の生成と設計』（共著，東京大学出版会，2006 年），『独占禁止法の経済学』（共編著，東京大学出版会，2009 年）

川濵 昇

1959 年生まれ。1986 年京都大学大学院法学研究科博士課程単位認定退学。現在，京都大学大学院法学研究科教授［主要著作］『モバイル産業論』（共編著，東京大学出版会，2010 年），『独占禁止法［第 5 版］』（共編著，弘文堂，2015 年）

林 秀弥

1975 年生まれ。2002 年京都大学大学院法学研究科博士課程単位認定退学。博士（法学）。現在，名古屋大学大学院法学研究科教授［主要著作］『企業結合規制』（商事法務，2011 年，大隅健一郎賞受賞），『独占禁止法の経済学』（共編著，東京大学出版会，2009 年）

独禁法審判決の法と経済学
事例で読み解く日本の競争政策

2017 年 1 月 27 日　初　版

［検印廃止］

編　者　岡田羊祐・川濵 昇・林 秀弥
　　　　おか だ ようすけ　かわはま のぼる　はやし しゅうや

発行所　一般財団法人　東京大学出版会

　　　　代表者　古田元夫

　　　　153-0041 東京都目黒区駒場 4-5-29
　　　　http://www.utp.or.jp/
　　　　電話　03-6407-1069　Fax 03-6407-1991
　　　　振替　00160-6-59964

印刷所　株式会社理想社
製本所　牧製本印刷株式会社

© 2017 Y. Okada, N. Kawahama, S. Hayashi *et al.*
ISBN 978-4-13-040279-8　Printed in Japan

JCOPY 〈(社)出版者著作権管理機構　委託出版物〉
本書の無断複写は著作権法上での例外を除き禁じられています．複写される場合は，そのつど事前に，(社)出版者著作権管理機構（電話 03-3513-6969，FAX 03-3513-6979，e-mail: info@jcopy.or.jp）の許諾を得てください．

モバイル産業論

　川濵 昇・大橋 弘・玉田康成 編　　　　A5　3800 円

日本のイノベーション・システム

　後藤 晃・児玉俊洋 編　　　　　　　　A5　5200 円

知的財産制度とイノベーション

　後藤 晃・長岡貞男 編　　　　　　　　A5　4800 円

イノベーション政策の科学

　山口栄一 編　　　　　　　　　　　　　A5　3200 円

法と経済学

　矢野 誠 編著　　　　　　　　　　　　A5　2800 円

アメリカ独占禁止法　第 2 版

　松下満雄・渡邉泰秀 編　　　　　　　　A5　5600 円

国際経済法

　松下満雄・米谷三以 著　　　　　　　　A5　8800 円

ここに表示された価格は本体価格です。御購入の
際には消費税が加算されますので御了承下さい。